Christliche Feste meditativ erfahren

Wolfgang Lenk

Christliche Feste meditativ erfahren

Ein Praxisbuch für einzelne und Gruppen

in Zusammenarbeit
mit Ellen Kubitza und Irmgard Lenk

Benziger Verlag
Zürich und Düsseldorf

Die Deutsche Bibliothek – CIP-Einheitsaufnahme

Christliche Feste meditativ erfahren: Ein Praxisbuch für einzelne und Gruppen /
Wolfgang Lenk … – Zürich; Düsseldorf: Benziger, 1999
ISBN 3-545-20169-4

Umschlag: Graphik Design Reckels & Schneider-Reckels-Wiesbaden
Satz: Fotosatz Moers, Mönchengladbach
Druck und Bindung: Clausen & Bosse, Leck
ISBN 3-545- 20169-4

Inhalt

7

Zur Anlage des Buches –
eine Gebrauchsanweisung

Das Buch ist ein Praxisbuch – aus der Praxis erwachsen und für die Übungspraxis geschrieben. Ursprünglich war es nur die Dokumentation von Erfahrungen des Teams[1], das seit 1993 in Nordelbien Kurse durchführt und dabei Anregungen der Meditationsbeauftragten der Bayerischen Kirche, Sr. Edith Krug CCR, und Irene Dilling, Nürnberg, aufgriff und weiterentwickelte. Dabei zeigte sich, daß jeder Kurs neue Akzente provozierte, jedes Team-Mitglied andere Aspekte erschloß. Von Jahrgang zu Jahrgang bekamen Vereinfachung und Elementarisierung größeres Gewicht. Das Buch ist sozusagen eine Zwischenbilanz auf dem Wege, der sich hoffentlich in LeserInnen und in Kursen an anderen Orten vervielfältigt und weiterentwickelt.

Im ersten Teil des Buches sind grundsätzliche Überlegungen zur Meditation zusammengestellt, die sich bei der Arbeit ergaben: beim Auswerten der Erfahrungen mit der Gruppe, beim Konzipieren der nächsten Übungsschritte oder auch durch Fragen von KursteilnehmerInnen. Es geht dabei nicht um eine Theorie der Meditation an sich – sondern um Einsichten, die sich im lebendigen Fluß der Gespräche ergeben haben. Dies erklärt zugleich ihren unterschiedlichen Charakter. Oft ist dabei noch der Zusammenhang mit konkreten Übungsschritten des Kurses erkennbar, auch wenn die Überlegungen nun in einen neuen Zusammenhang eingefügt sind. Es spiegelt sich in ihnen auch, wie Menschen einen Weg der Meditation auf die Tradition der evangelisch-lutherischen Kirche beziehen, die sie geprägt hat und in deren Rahmen sie arbeiten.

Das Buch ist ein Übungsbuch. In seinem zweiten Teil ist die Folge der christlichen Feste im Jahreszyklus («Kirchenjahr») als meditativer Übungsweg erschlossen. Bei der Einführung in das Kirchenjahr ist darum der leitende Gesichtspunkt, wie die einander ablösenden Themen Übungsschritte zur Meditation erschließen. Auf diesem Hintergrund werden «Übungsschritte» zur Meditation entfaltet, die als Leitfaden für die persönliche Übungspraxis genommen werden können. Wer vor allem daran interessiert ist, kann hier mit seiner Arbeit beginnen.

Die meisten Übungen, die sich in Seminaren mit Gruppen bewährt haben, können auch ohne Gruppe vollzogen werden. Nur für Gruppen geeignete oder als Anregung für GruppenleiterInnen vorgesehene Schritte sind mit einem ■ gekennzeichnet.

In einem abschließenden Teil zusammengefaßt sind Hinweise für die Gestaltung von Kursen und Tagungen aus diesen Übungsschritten.

Einleitung

Meditation ist wie ein Zauberwort, das eine verschlossene Tür öffnet. Hinter dieser Tür liegt all das, wonach wir uns sehnen: Befreiung vom Streß und vom Gefühl, hinter den Möglichkeiten zurückzubleiben, die unser Leben in sich birgt, Geborgenheit, zur Ruhe finden mitten in einer hektischen Umwelt, die eigene Mitte erschließen, wenn uns die vielerlei Rollen unseres Alltags zu zerreißen drohen – also: ganz werden.

Menschen, die solche Sehnsucht in sich nicht unterdrücken wollen, fühlen sich von Meditation angezogen. Sowohl in der Kirche als auch jenseits kirchlicher Erfahrungsräume gibt es eine Suchbewegung. Die christliche Tradition kann dieser Suchbewegung entgegenkommen, denn sie birgt in sich einen großen Reichtum und eine Vielfalt von Wegen zur Meditation. Allerdings wurden manche erst jetzt wieder freigelegt durch die Begegnung mit den Meditationserfahrungen anderer Kulturkreise und Religionen[2].

Viele erwarten von dem Zauberwort Meditation den Schlüssel, der im Handumdrehen eine ganz neue Welt und eine «Rundum-Erneuerung» ihrer Person erschließt. Manche Meditationsangebote und «Meister» versprechen «Erleuchtung» im Schnellverfahren. Meditation und Rückzug nach innen könnten dann neue verführerische Bausteine in dem alten System von käuflicher Lebensqualität, Machbarkeit und Sucht sein, dem wir gerade entkommen wollen. Die Unfähigkeit, Einsamkeit auszuhalten und in Beziehung zu sich selbst zu leben – unabhängig von allen äußeren Ablenkungsmöglichkeiten, Beziehungs-, Dienstleistungs- und Unterhaltungsprogrammen – kennzeichnet unsere suchtkranke Gesellschaft. Gesundung ist ein langer, oft mühsamer Prozeß, in dem der einzelne Mensch wieder neu die Beziehung zu sich selbst und zu Gott entwickeln oder freilegen muß. In der Tat kann Meditation der Schlüssel sein zu einer Tür, die uns jedoch nicht an das Ziel unserer Sehnsüchte bringt, sondern auf den Weg der Gesundung.

So verstehen wir diesen Meditationskurs als ein Training, genauer gesagt: einen spirituellen Übungsweg. Ziel dieses Weges ist es, wirkliche Beziehungsfähigkeit zu Gott und zu den Menschen zu fördern durch Übungen zur Wachsamkeit und zur Schulung unserer inneren wie äußeren Wahrnehmungsfähigkeit. Meditative Übungen können zu einer erstaunlichen Erfahrung führen:

Normalerweise bricht nichts und niemand zusammen, wenn ich eine halbe Stunde am Tag – oder auch ein paar Stunden in der Woche, einen Tag im Monat oder ein paar Tage im Jahr – ausschließlich für mich und mein «Seelenheil» sorge.

Es ist kein Luxus, Zeit zu haben, in die Beziehung zu sich selbst und zu Gott einzutauchen, sondern ein notwendiger Beitrag zur Gesundung der eigenen Person und der gesellschaftlichen Zusammenhänge, in denen wir leben und handeln. Und es ist auch kein reines Vergnügen, sondern ein Übungsweg, der nicht nur Erfolgserlebnisse, sondern auch Mühen in sich schließt.

Wie notwendig die Wiedergewinnung meditativer Übungswege auch innerhalb unserer Kirche ist, zeigen Äußerungen von Teilnehmenden an diesen Kursen in den vergangenen Jahren. Die hier beispielhaft genannten Aussagen stammen von Menschen, die als SeelsorgerInnen und PredigerInnen anderen viel zu geben haben: «Es fällt mir schwer, zu bewahren, was ich empfange. Ich muß immer sofort weitergeben. Dabei gehe ich oft selber leer aus.» – «Dieser Kurs ist das einzige, was ich wirklich für mich tue.»

Sicher entscheidet sich die Zukunft des christlichen Glaubens nicht an der Frage, wie viele Menschen noch Kirchensteuern zahlen, sondern daran, ob die Kirchen nur Teil unseres gesellschaftlichen Systems sind oder ob sie auch ein Gegenüber sein können, in dem heilende Kräfte zu finden sind bzw. mystische Erfahrungswege vermittelt werden. Karl Rahners Wort, der Christ der Zukunft werde entweder Mystiker oder überhaupt nicht mehr sein, könnte eine schicksalhafte Bedeutung bekommen.

Der Kurs «Meditation im Alltag» möchte zu einer notwendigen Erneuerung der Kirche wie zur Gesundung vieler einzelner Menschen beitragen. Er hat sich bewährt als Einladung an Menschen, die Zugänge zur Meditation suchen oder die Meditation in ihrem Umfeld weitervermitteln wollen. Dabei wird vorausgesetzt, daß Meditation nicht in einem halben Jahr «erlernt» werden kann – schon gar nicht mit dem Ziel, danach sofort andere anzuleiten. Meditation ist immer ein persönlicher Übungs- und Reifungsweg, der behutsam durch einen erfahrenen Menschen, eine Meisterin oder einen Meister, eingeführt oder begleitet werden sollte.

«Meister» dieses Kurses ist Christus, von dem wir erwarten können, daß er in jedem Menschen längst seinen Übungsweg begonnen hat und auch nach den Übungen des Kurses mit ihm weitergeht. «Meisterin» ist die Weisheit, die vom Anfang der Wege Gottes an als «sein geliebtes Kind» bei ihm war. Die rhythmisch wiederkehrenden Bewegungen des Jahres, der Natur und des Lebens sind Ausdruck dieser göttlichen Weisheit, die die wichtigsten Übungsschritte des Christusweges als «Kirchenjahr» entfaltet. So führt sie uns in jedem Jahr wieder neu zu den gleichen Grundmotiven der spirituellen Übung. Das Kirchenjahr selbst erweist sich als ein spiritueller Übungsweg und seine Themen beinhalten alle wichtigen meditativen Schulungsschritte.

Reifung geschieht wie das Wachsen der Ringe eines Baumes. Frucht eines Reifungsprozesses kann es sein, andere zur Meditation anzuleiten. Irgendwann auf dem Weg des Übens wird aus dem persönlichen Üben ein Weitergeben.

Es geht mit diesem Kurs also nicht um den Abschluß eines Übungsweges nach einem halben Jahr, sondern um das Kennenlernen eines wichtigen «Meisters» und einer sorgfältigen «Meisterin».

Meditation

Begriffsklärung

Im Hintergrund dieses Kurses steht eine Theorie von Meditation, die über aktive und passive Konzentration im Bereich der gegenständlichen Meditation hinaus auf kontemplative Erfahrung der Anwesenheit Gottes zielt. Kontemplative Erfahrung wiederum ist offen für ein Einheitserlebnis, in dem das Gegenüber von Gott und Mensch vorübergehend aufgehoben erscheint. Die Aspekte der aktiven und passiven Konzentration sind durch Übung erlernbar, die inneren Erfahrungen tragen gnadenhaften Charakter und sind nicht verfügbar. Die Übungen des Kurses bewegen sich im Bereich der aktiven und führen hin zur passiven Konzentration.

Jede meditative Übung kann beschrieben werden als spiralenförmiger Weg von außen nach innen und wieder zurück. Am Beginn des übenden Vollzuges steht ein *einleitendes Ritual* oder *Gebet*, das die Aufmerksamkeit auf die Mitte des Seins und ihre heilende Kraft richtet, auf Gott oder Christus. Dies Gebet schließt eine bewußte Abwendung von der zerstreuenden Vielfalt des alltäglichen Lebens in sich.

Ihm folgt die *aktive Konzentration*. Diese kann sich auf den eigenen Körper als Ort der Anwesenheit richten, auf eine Geschichte der Bibel, ein Bild oder Symbol, einen Gegenstand, auf eine Folge von Gebetsworten oder auf ein einzelnes Wort. Aktive Konzentration geschieht auch in einfachen, rhythmisch sich wiederholenden Bewegungen – beim meditativen Tanzen, in archaischen Kulttänzen zur Trommel oder anderen Rhythmus-Instrumenten.

Auf der Ebene der Betrachtung werden die Kräfte des diskursiven Denkens genutzt. Ziel aller Betrachtung dieser Art ist jedoch nicht eine logisch-analytische Untersuchung des betrachteten Inhaltes, sondern daß durch das betrachtete Gegenüber hindurch die Seinsmitte – Gott selbst – wahrgenommen werden kann.

Gelingt die aktive Konzentration, so kann es leicht zu einem «Rollenwechsel» kommen: Nicht mehr ich konzentriere mich auf mein Gegenüber, z. B. das Bild, das ich betrachten will, sondern das Gegenüber beginnt «aktiv» zu werden; es beginnt, mich zu faszinieren, zu «ergreifen», mich zu «betrachten».

15

Bei Formen rhythmischer Bewegung wird hier ein Stadium erreicht, in dem die Bewegung die Tanzenden erfaßt und diese sich nicht mehr selbst bewußt bewegen. Die Übung gewinnt die Qualität *passiver Konzentration*. Bis hierhin kann der Übungsweg als Betrachtung beschrieben werden. Mit der passiven Konzentration beginnt das, was im engeren Sinn *Meditation* genannt werden kann.

Intensive, in der Regel langjährige Übung, manchmal aber auch spontanes Erleben («geschenkte» Meditation) kann dazu führen, daß ein Bewußtseinszustand erreicht wird, in dem die Grenzen von BetrachterIn und Betrachtetem nahezu wegfallen. In Bewegung kann dieser Bewußtseinszustand als *Ekstase* erlebt werden. Ein Verweilen in diesem Zustand passiver Konzentration und in dem Bewußtsein, daß Gott selbst mit mir in Beziehung tritt, wird in der Sprache der christlichen Tradition *Kontemplation* genannt. Dabei dient das Bild des Tempels, in dem ein Mensch in intensive Beziehung zu Gott treten kann, als Modell für das, was sich in einem ganz nach innen genommenen Spannungsfeld zwischen Betrachtetem und Betrachtenden vollzieht. Der Leib des betrachtenden Menschen wird dabei als Tempel wahrgenommen, das Allerheiligste des Tempels als das Herz, die Personmitte des Menschen, in der sich Gott als anwesend und zugewandt zeigt[3].

Als seltenes Geschenk erfahren einzelne gelegentlich, was die westliche Tradition *unio mystica* nennt. Analoge Erfahrungen asiatischer Traditionen werden als *Erleuchtung* beschrieben. Hier ist die Grenze zwischen Subjekt und Objekt vorübergehend überwunden[4]. Die Nähe Gottes wird unmittelbar wahrgenommen. Mystische Texte sprechen über diese Erfahrungen in der Regel in Bildern, häufig mit sexueller Symbolik; oft ist aber auch vom mystischen Tod die Rede.

Der Rückweg aus dieser meditativen Übung bedarf der gleichen behutsamen Aufmerksamkeit wie der Weg in sie hinein. Die Übung wird in der Regel mit einem abschließenden Ritual oder Gebet beendet.

Vorbehalte und Mißverständnisse

Eine so verstandene Meditation ist ihrem Wesen nach zweckfrei, aber nicht altruistisch. Sie ist Ausdruck einer gesunden Regression bzw. eines gesunden Narzißmus. Der «Genuß Gottes» (fruitio dei) ist inneres Ziel der Meditation, ähnlich wie beim Empfang des Abendmahls, zu dem vielfach eingeladen wird mit den Worten: «Schmeckt und seht, wie freundlich Gott ist!»

Gottesgenuß ist in der Tradition der (evangelischen) Theologie weitgehend beargwöhnt worden.[5] «Was nützt es anderen Menschen, wenn ich meditiere?» Diese häufig gestellte Frage erschwert den Zugang zu einer meditativen Praxis – und ist vielleicht nur eine Rationalisierung tiefer liegender Vorbehalte.

Bezogen auf die Predigt hat Meditation auch im Protestantismus ihren selbstverständlichen Platz. Allerdings leitet in der Predigtmeditation der Zweck die Übungsschritte, die vor allem den Charakter von Analyse und Reflexion tragen. Damit sind sie nicht Meditation in dem hier gemeinten Sinn. Otto Händler ist einer der wenigen evangelischen Theologen, die sich dieser Problematik bewußt sind. Er entfaltet in seiner Predigtlehre eine regelrechte Anleitung zur Meditation. Neuerdings greift auch Manfred Josuttis (Einführung in das Leben) das Thema einer spirituellen Schulung für PastorInnen auf und bereitet damit einem qualifizierten Verständnis von Meditation einen neuen Weg.

Inzwischen ist jedoch Meditation zu einer Modeerscheinung geworden, die auch in den Kirchen Einzug hält. Eine stimmungsvolle Unterbrechung der vielen Worte mit Kerzenlicht und Musikuntermalung wird als Meditation bezeichnet. Die Sehnsucht, kultiviert zu entspannen, schafft sich ihre Räume. Auf den Kirchentagen ist die «Halle der Stille» überfüllt mit Schläfern, die auch durch Gesänge und Gebete nicht zu stören sind, beides im Gegenteil geradezu suchen: eine Institution gewordene Gestalt des Mißbrauchs, den das Wort «Stille» ebenso erleidet wie das Wort «Meditation» – geht es doch in beiden Fällen um gesammelte Aufmerksamkeit für die verborgenen Stimmen des Lebens, für Gott – also um Wachheit.

Gegen Freiräume zur Entspannung und Ruhe, ja zum Schlaf mitten in einer Überfülle der Eindrücke und Reize ist nichts einzuwenden. Im Gegenteil: Meditation kann nur gelingen, wo sie eingebettet ist in eine Lebensgestalt, in der ausreichend Schlaf möglich ist und in der auch Zeit und Raum vorhanden sind, das Übermaß der Eindrücke, Informationen und Reize unserer Zivilisation zu bewältigen. Solche Zeiten und Räume sind selten geworden in einer Welt, in der eine wachsende Freizeit-Industrie damit beschäftigt ist, die letzten Freiräume der Menschen zu vermarkten. Es ist gut, wenn sich die Kirche in unserer Gesellschaft zum Anwalt einer «Kunst» macht, deren Wort selbst aus unserer Sprache zu verschwinden droht: der «Kunst des Müßiggangs». Jedoch sollte diese «Kunst» nicht Meditation genannt werden, sondern Muße; denn sie beinhaltet gerade keinen ausdrücklichen Übungsweg.

Auch bei therapeutischen Verfahren und Schulungswegen des Körperbewußtseins breitet sich ein unklarer Begriff von Meditation aus. Vielfach werden da wahrnehmendes Innehalten und körperliche Vollzüge in Achtsamkeit als Meditation bezeichnet.

Hier wie dort sind die Grenzen fließend. Muße wie Übungen der Achtsamkeit können vorbereitenden Charakter haben und sinnvoll integriert werden in einen Übungsweg der Meditation.

Zur Betrachtung von Bildern, Symbolen und konkreten Inhalten in der Meditation[6]

Die Meditation eines Bildes setzt voraus, daß mich das ausgewählte Bild berührt. Anziehungskraft kann dabei als spontane Sympathie und Übereinstimmung, aber auch als Fremdheit und Herausforderung erlebt werden. Nicht jedes Bild ist für die Meditation geeignet.

Neben der Sympathie ergibt sich ein zweites Auswahl-Kriterium aus dem Vollzug der meditativen Begegnung. Meditierend setze ich das zentrale Kraftfeld des Bildes mit meiner «Mitte» in Beziehung, so daß ich das Bild als eine innere Dynamik in mir erfahren kann. Gegenüber dem Bild können sich dabei Farbe und Gestalt verändern. Das äußere Bild regt meine inneren Bilder an, um schließlich in der Meditation alle Bilder zu überschreiten und mich nur noch die in ihm dargestellte Kraft wahrnehmen zu lassen. Daraus ergibt sich als zweites Auswahlkriterium, daß die zentrale Aussage des Bildes eine positive Kraft symbolisieren bzw. in sich bergen sollte, die ich ohne Schaden in mich hineinnehmen und der ich mich anvertrauen kann. Die Auswahl erfolgt vor der Meditation als Klärung des Bildgehaltes auf analytischem Weg. So kann auch verhindert werden, daß ungeklärte Verstehensfragen von dem eigentlichen Prozeß der Meditation ablenken und zur unbemerkten Störung werden.

Bei der konkreten Betrachtung eines Meditationsbildes ist darauf zu achten, daß nicht nur das äußere Bild angeschaut wird. Das äußere Bild ist Spiegel einer inneren Wirklichkeit, die es wecken und beleben will.

Es gibt auch ein naives und unmittelbares Begegnen mit Kunst, das ähnlich wie die Werbung von den weitgehend unbewußten Symbolgehalten der (archetypischen) Bilderwelt ausgelöst wird. Dabei kann das Bild spontan betrachtet werden, als würde es zum ersten Mal gesehen.

Bei solcher betrachtenden Meditation geschieht eine grundsätzliche Weichenstellung in der Zielsetzung und Art des Meditierens. Geht es bei der gegenständlichen Meditation darum, einen vorgegebenen Inhalt bildnerischer,

18

symbolischer oder worthafter Art zu verinnerlichen, mit dem Ziel, sich in den Meditationsgegenstand hineinzuformen, ihm *gleichförmig zu werden?* Kirchliche Tradition hat Meditation weitgehend so verstanden und genutzt als Instrument zur *Verkirchlichung* des Menschen. Begründet wird diese Meditationsweise damit, daß es Ziel des christlichen Lebens sei, Christus gleichgestaltet zu werden. Vorausgesetzt ist dabei stillschweigend, daß die gesamte kirchliche Tradition auf Christus als Mitte des Glaubens ziele und daher meditativ zu verinnerlichen sei, der Mensch sich also von daher im Innersten prägen und formen lassen müsse. Je stärker nun der Bruch zwischen der geschöpflich in jedem Menschen angelegten Gottebenbildlichkeit und seiner vorfindlichen Realität betont wird, je stärker auch eine Theologie die Vermittlung der Christuserfahrung an das kirchliche Amt bindet, desto mehr droht Meditation zur Einübung in die Abhängigkeit von einer die Wahrheit verwaltenden Institution und ihren Repräsentanten zu führen. Religion steht hier in Gefahr, sich als ein «Haben» der Wahrheit zu verstehen, statt in der Wahrheit zu «sein». Mystische Erfahrungen des Durchbruchs durch alle vergegenständlichten Vorstellungen, Symbole und Lehrsätze zu der elementaren Gottunmittelbarkeit und Gottesebenbildlichkeit des Menschen wurden darum von der Amtskirche weitgehend kritisch beobachtet und bisweilen als Ketzerei verfolgt[7]. Dennoch geschahen sie immer wieder – auch im Rahmen eines klerikal instrumentalisierten Verständnisses von Meditation. Der Geist «weht, wo er will».

Zielt gegenständliche Meditation jedoch von vornherein auf das *Überschreiten und Loslassen aller Bilder,* Symbole, Vorstellungen und Lehrsätze, so dient sie der Anregung der inneren Bilder und Erfahrungen der Meditierenden, um auch diese inneren Vorstellungen überschreiten und loslassen zu können (ungegenständliche Meditation). Die äußeren «Meditationsgegenstände» dienen dazu, die innere Wirklichkeit des im Menschen verborgenen Ebenbildes Gottes freizulegen und dem «Christus im Menschen» Raum zu schaffen. Dabei geht es nicht um Gleichförmigkeit mit dem äußeren Bild, sondern um das *Wecken der inneren Kräfte des Menschen.* In diesem Sinne hat gegenständliche Meditation (wie alle in ihr aufgenommenen Inhalte der kirchlichen Tradition) dienende Funktion und zielt immer über sich hinaus auf die Begegnung mit dem Gott hinter allen Bildern von Gott – und darum auch auf die letzte Freiheit des Menschen, die sich nur in der Liebe und im Tod[8] verwirklicht. Wenn dieser Weg nicht wirklich konsequent zu Ende gegangen wird, die Symbole nicht übend ernstgenommen und das Leiden an der Unverfügbarkeit der in den Symbolen aufleuchtenden Transzendenz Gottes wie aller wesentlichen

Erfahrungen nicht ausgehalten wird, können vordergründige Entspannungszustände mit Gotteserfahrungen verwechselt werden. In Folge dieser Verwechslung stellt sich leicht innere Unverbindlichkeit und Gleichgültigkeit gegenüber sozialen Problemen als Scheinlösung ein.

Die moderne Meditationsbewegung hat mit beiden Gefährdungen zu tun, der Gefährdung durch manipulativen Mißbrauch und der Gefährdung durch unverbindliche Beliebigkeit. Meditation im Sinn dieses Kurses hält die Spannung zwischen beiden Polen aus. Sie repräsentieren unterschiedliche Aspekte des meditativen Übungsweges, die in unterschiedlicher Weise wirken, hilfreich sein oder auch schaden können, je nach der persönlichen Situation, in der sie beschritten werden. Uns scheint gegenständliche Meditation für Jugendliche und Menschen in der ersten Lebenshälfte hilfreich zu sein, ebenso für Menschen, die in ihrer Lebensgestalt zur Strukturlosigkeit neigen. In diesen Lebenssituationen sind äußere Orientierungshilfen zur Lebens- und Weltgestaltung hilfreich, ja manchmal sogar notwendig. Ungegenständliche Meditation setzt Lebenserfahrung und Weltgestaltung voraus. Jede Erfahrung steht in der Gefahr, sich zu verfestigen und zu erstarren; sie muß auch wieder relativiert und losgelassen werden können, um Raum für neue Erfahrungen zu schaffen. Dem dient die ungegenständliche Meditation. Sie hat daher eine stärkere Affinität zu den inneren Themen der zweiten Lebenshälfte und ist hilfreich für Menschen, die eine starke Struktur haben. Beide Tendenzen aber können nur heilsam wirken, wenn sie offen füreinander sind und in wacher Aufmerksamkeit für die jeweilige Situation und Konstitution der Menschen zur Geltung gebracht werden.

Dieser Meditationskurs versucht einen Übungsweg zu gestalten, der den Jahresrhythmus und die sich in ihm entfaltende kirchliche Tradition mit ihren Bildern und Symbolen der Christus-Überlieferung aufnimmt als Hilfe zur Christusbegegnung, die alle vorlaufenden Bilder immer wieder überholt und zerbricht. Er zielt letztlich auf *kontemplative, ungegenständliche Erfahrungsebenen*. Das macht seine innere Spannung aus.

Meditation ist Übung – zum Verhältnis von Übung und Gnade

Meditation hat es immer und überall mit *Übung* zu tun. Übung lebt von Regelmäßigkeit und Wiederholung. Sie hat daher viel mit Ritualen gemeinsam. Übung kämpft immer mit verschiedenartigen Widerständen – von der Unlust bis hin zu Zeitproblemen. Hinter solchen Widerständen deuten sich häufig unbearbeitete Lebensthemen oder unbewältigte Lebensprobleme an. Wer sich auf einen meditativen Übungsweg begibt, wird sich auf entsprechende Auseinandersetzungen mit sich selbst einstellen müssen.

Ziel der Meditation ist die Erfahrung der *Mitte*. Mitte meint die zentrierende Kraft, die verschiedenartige Aspekte des eigenen Lebens zu einem Zusammenklang bringt und aus der Zerstreuung zur *Sammlung* führt. Mitte meint auch das, «was die Welt im Innersten zusammenhält» (Goethe). In der christlichen Tradition wird diese Mitte «*Gott*» bzw. «*Christus*» genannt. Daß Gott allgegenwärtig ist, daß seine Barmherzigkeit und Liebe in Christus grenzenlos sind, gehört zu den Grundsätzen christlichen Gottesverständnisses. Daß Gott – wo der Mensch ihm nahe kommt – auch zugleich den Mangel an Zentriertheit, den Abstand zu ihm bewußt macht und Schrecken auslösen kann, ist bisweilen vergessen worden. Diese dem Menschen zugeneigte, aber auch bedrängende Allgegenwart Gottes entspricht jedoch nicht unserer Alltagserfahrung. Die christliche Tradition antwortet auf diese Spannung mit dem Hinweis, daß dies eine Wahrheit sei, die verkündigt und im Glauben angenommen werden müsse.

Nun ist Verkündigung – ähnlich wie das Ritual – in der Lage, Erfahrungen im Wort vorwegzunehmen. Sie schafft damit die Bereitschaft, weckt manchmal sogar die Sehnsucht, sich auf einen Erfahrungsweg zu begeben, wie er in der Meditation vermittelt wird. In besonderen Augenblicken kann auch Verkündigung zur unmittelbaren Erfahrung der Zuneigung und Nähe Gottes werden.

Um Glauben geht es auch bei der meditativen Übung. Glaube ist dabei jedoch nicht verstanden als ein Aufnehmen von Informationen und ein Fürwahr-Halten von Lehrmeinungen und Dogmen, sondern Vertrauen. Jede Meditation geht von einem vorlaufenden Vertrauen aus, ohne das Übung gar nicht möglich wäre. Übung aber zielt darauf, daß aus dem vorlaufenden Vertrauen Erfahrung wird. Nun besteht das Paradoxe der meditativen Übung gerade darin, daß diese Erfahrung der Anwesenheit Gottes niemals durch Übung erreicht werden kann. Gottes Anwesenheit ist Vorgabe, ohne die jede meditative Übung sinnlos wäre. Sie erschließt sich jedoch als Erfahrung in einem schlichten Widerfahrnis, das in der Sprache theologischer Tradition «Gnade» heißt. Gnade aber meint einen unverfügbaren und nicht durch Leistung – auch nicht durch Übungen – zu erreichenden Akt der freien Zuwendung.

Allerdings waren es gerade auf dem Weg der Meditation geübte Menschen, die Gottes Zugeneigtheit als Erfahrung gewonnen haben und darum überzeugend verkünden konnten. Luthers Erkenntnis der Rechtfertigung des Menschen «ohne des Gesetzes Werke, allein durch Glauben», sein sogenanntes «Turmerlebnis», ist kein in theologischer Reflexion entstandener Lehrsatz, sondern ist Ergebnis seiner Schulung in der Methode der Schriftmeditation, die ihm das Möchtum seiner Zeit vermittelt hat.

Welchen Sinn kann dann die *Übung* haben? Nicht den, die Anwesenheit Gottes herbeizuführen oder verfügbar zu machen! Übung hat schlicht den Sinn, daß ich Hindernisse wegräume, die meine Sensibilität für die Anwesenheit Gottes hindern. Im Bild gesprochen: «Gott kommt wohl oft zu uns, aber wir sind nicht zu Hause!» Diese Sensibilität, dieses «Bei-sich-selbst-zu-Hause-Sein» kann geübt werden. Daß sich dann in der Meditation – oder auch in einem scheinbar ganz unmeditativen Augenblick meines Lebens – die Anwesenheit Gottes erschließt: darauf kann nur hoffend gewartet werden. Zu solchem Warten gehört schließlich auch, daß ich die *Bilder* von dem, wie Gott mir zu begegnen hätte und wer er für mich sei, loslasse. Sonst könnte es – wie in manchen Legenden dargestellt – geschehen, daß er mir längst begegnet ist und ich immer noch auf ihn warte, weil ich ihn nicht erkannt habe.

Wie bei kommunizierenden Röhren hängt die Sensibilität für die Anwesenheit Gottes mit der tieferen Wahrnehmung anderer Menschen wie meines eigenen Wesens zusammen. Sind es nicht unsere Bilder und festgelegten Erwartungen, die uns die Begegnung auch mit anderen Menschen verstellen können und es uns schwermachen, im Frieden mit uns selbst zu sein? Meditative Übung kann solche Hindernisse in der Begegnung mit sich selbst, anderen Menschen und Gott überwinden helfen, schafft aber diese Begegnungen nicht.

Darauf zielt meditative Übung: der Wirklichkeit so unverstellt wie möglich zu begegnen – der Wirklichkeit Gottes, der eigenen wie der anderer Menschen.

Meditation und Therapie am Beispiel imaginativer Kräfte

Wir nehmen in unseren Übungen immer wieder unsere imaginativen Kräfte zu Hilfe, um uns meditativen Erfahrungen anzunähern. Es ist gut, wenn wir diese Arbeitsweise unterscheiden von therapeutischer Arbeit mit imaginativen Kräften, z. B. im katathymen Bilderleben, beim autogenen Training oder in der aktiven Imagination, wie sie durch C. G. Jung in die Psychotherapie eingeführt wurde.

22

In der Meditation bedienen wir uns der imaginativen Kräfte unseres Bewußtseins, um mit ihrer Hilfe unsere Achtsamkeit zu konzentrieren auf bestimmte spirituelle Aspekte unseres Seins. Mit Hilfe imaginativer Kräfte geben wir einerseits unseren Gedanken und Gefühlen eine Aufgabe (Konzentrationshilfe) und geben andererseits der Wahrnehmung erfahrbarer Aspekte unseres Leibes, auf die wir uns konzentrieren, eine bestimmte emotionale Färbung oder Deutung. So führt z. B. die Grundübung «Licht, das sich in mir entfaltet» einerseits zur achtsamen Wahrnehmung des energetischen Feldes, das den Körper umgibt und das in anderen Traditionen als Aura beschrieben wird; andererseits gibt sie dieser Wahrnehmung zugleich die Erlebnisqualität von «Wärme» und «Geborgenheit» oder die Deutungsqualität von «In Christus sein» oder «Christus angezogen haben».

Imaginative Übungen dieser Art beziehen die Wahrnehmung der körperlichen Wirklichkeit ein und bleiben an die körperlichen Wirklichkeit im Hier und Jetzt gebunden. Im Körper bin ich ausschließlich an diesem Ort und zu dieser Zeit anwesend. Darum ist er Sammelpunkt für die Meditation. Meditation aber ist Übung, ganz gegenwärtig zu sein in der Gegenwart Gottes.

Therapeutische Imagination führt durch körperliche Entspannungszustände hindurch in das Erleben seelischer Erfahrungen, die als solche wichtig sind und eine bestimmte Zeit lang als eigene Welt erlebt werden. Solche Imaginationen sollten nicht ohne fachkundige Begleitung durchgeführt werden, da auftauchende Bilder einer Deutung bedürfen und ggf. auftauchende, bisher nicht integrierte Aspekte der Person angemessssen bearbeitet werden sollten. Für die Begleitung solcher Prozesse ist in der Regel ein Team, das zur Meditation einlädt – trotz grundlegender Schulung auch in therapeutischen Erfahrungen –, nicht ausreichend qualifiziert. Auch ist der «Vertrag», unter dem sich eine Meditationsgruppe trifft, ein anderer als bei einer therapeutischen Gruppe. Das Team sollte sich auch durch entsprechende Tendenzen bei einzelnen, vor allem therapieerfahrenen Mitgliedern der Gruppe nicht zu Grenzüberschreitungen verführen lassen.

Dabei sind die Grenzen jedoch fließend. Jede Meditation hat therapeutische Nebenwirkungen, gerade wenn sie mit den imaginativen Kräften des Bewußtseins arbeitet. Viele Therapieformen bedienen sich meditativer Impulse. Dennoch sollte beides voneinander unterschieden und jeweils von Menschen verantwortet werden, die sich für den einen oder den anderen Bereich qualifiziert haben.

Meditation und Engagement

Wenn Meditation so stark auf innere Erfahrung zielt, verschärft sich die Frage nach dem Zusammenhang von Meditation und Weltverantwortung:

DEPRESSIVE TENDENZEN IN DER MEDITATION

Meditationskurse werden immer wieder von Menschen aufgesucht, die vor Auseinandersetzungen in ihrem Alltag flüchten. Sie folgen einer depressiven Grundtendenz und haben Angst vor aggressiven Kräften – auch bei sich selbst. Darum scheuen sie Konflikte und suchen Meditationskurse und -gruppen, in denen sie sich entspannen und erholen können. Jede Anforderung, Konflikte, aber auch ein längeres Sitzen in der Stille, werden unter solchen Voraussetzungen schnell als Überforderung erlebt.

Hier ist die Frage nach der grundsätzlichen Ausrichtung des Kurses wichtiges Korrektiv. Meditation soll dazu führen, aus einer neu gewonnenen Kraft heraus sich den negativen oder auch nur anders ausgerichteten Kräften der Umgebung zu stellen. Die Schlußübungen in beiden Hauptphasen des Kurses zeigen gerade diesen Zielpunkt auf. Uns lag daran, Meditation als Wachheit für die innere Zentrierung wie für die äußere Wirklichkeit zu üben. Darum haben wir Wert gelegt auf Üben im Sitzen bei klarem Licht und dynamische bzw. kraftvolle Körperübungen.

Mit unserer Sprechweise versuchten wir zu vermitteln, daß behutsame ebenso wie aggressive oder von Humor und Lachen geprägte Töne zur Meditation gehören. Eine Anleitung, die selbst aus dem unmittelbaren meditativen Vollzug der Anleitenden heraus gesprochen wird, hat leicht eine gedämpfte Stimmlage zur Folge. Deshalb ist Achtsamkeit auf die über Stimme vermittelte Stimmung besonders wichtig.

MEDITATION ALS RAUM ZUR NOTWENDIGEN REGRESSION

Es ist nicht zu übersehen, daß viele Menschen die Meditation suchen, weil sie überarbeitet und erschöpft – oder auch mit ihrem Engagement an die Grenzen des für sie Machbaren gekommen sind. In der Frage und Suche nach den inneren Kräften, von denen her ein äußeres Engagement gelingen kann, hat Meditation ihren angemessenen Platz. Allerdings wird über kurz oder lang das Ergebnis ernsthaften Meditierens sein, sich nicht mehr mit den zu ständiger Überforderung führenden oder anderweitig krankmachenden Strukturen der eigenen Seele wie der Gesellschaft abzufinden, sondern an der Veränderung des krankmachenden Systems zu arbeiten. Gerade Meditation könnte z.B. eine wichtige Form der Auseinandersetzung mit den vielfach als «Helfersyndrom» beschriebenen Phänomenen sein und zu einem nicht an Gruppeninteressen gebundenen gesellschaftlichen Engagement führen.

Vom Umgang mit Störungen – Übungspraxis

Aufmerksamkeit ist wie ein Vogel, der mit großen Schwingen fliegt. Mit jedem Flügelschlag neu gewinnt er an Höhe und läßt sich dann wieder gleiten. Darin ist eine Grundübung der Meditation beschrieben.

Es gibt einen Unterschied zwischen der Meditation selbst und der Übung der Meditation. Diese Unterscheidung ist sehr wichtig, da sie von unnötigem Streß und hinderlichem Leistungsdruck befreien kann, in die auch Meditationsübungen leicht geraten. Die Meditation selbst beschreibt ein Wort von Angelus Silesius, einem Meister der Meditation:

«Die Ros ist ohn' Warum; sie blühet, weil sie blühet,
Sie acht nicht ihrer selbst, fragt nicht, ob man sie siehet.»

Die Meditation ist schlichtes Dasein. Und das ist ganz einfach, ohne Warum, ohne Zweck und Ziel, ohne über sich selbst nachzugrübeln und ohne darauf zu sehen, wie die Wirkung auf andere ist. Jedes in Geborgenheit aufwachsende Kind lebt dies schlichte Dasein – und manchmal, in Augenblicken tiefer Selbstvergessenheit oder unbekümmerten Glücks, kennt es auch jeder Erwachsene. Ich denke, daß Jesus diese Haltung meinte, wenn er von den Lilien auf den Feldern als Bild der Sorglosigkeit spricht (Mt. 6,28 ff.) oder wenn er die Kinder zum Maßstab setzt für die Erfahrung des «Reiches Gottes» (Mk. 10,14 f.). Denn nach seiner Botschaft ist das Reich Gottes nicht nur ein zukünftiger Zustand oder eine künftige Wirklichkeitsgestalt, sondern: «Das Reich Gottes ist (schon) mitten unter euch» oder nach anderen Übersetzungen: «Das Reich Gottes ist inwendig in euch» (Luk. 17,21).

Meditation ist Dasein in dem Gefühl tiefer Geborgenheit und selbstverständlichen Vertrauens, wie es Kinder entwickeln und in einer bestimmten Lebensphase ganz selbstverständlich leben, wenn sie in einer liebevollen Umgebung aufwachsen. Auch Liebende kennen diese Gefühlsqualität.

Meditation ist sehr einfach: ganz im gegenwärtigen Augenblick zu leben und alles, was zu tun ist, ganz zu tun. Meditation ist Leben in einer ungeheuren Freiheit, ohne an Vergangenem zu hängen in dem Versuch, Ärgerliches zu korrigieren oder Schönes festzuhalten. Meditation ist auch Leben in der großen Freiheit von der Zukunft: ohne schon ständig sorgen und planen zu müssen, wie das Leben abgesichert oder wie die großen Probleme von Menschheit und Welt gelöst werden können. Meditation ist die Freiheit, ganz offen dazusein, ohne vor den Bedrohungen der Zukunft und den Verletzungen der Vergangenheit die Augen zu schließen, ohne irgend etwas zu verdrängen. Meditation ist auch die Freiheit, das jetzt im gegenwärtigen Augenblick mir Mögliche mit ganzer Kraft zu tun.

Aber gerade dieses ganz Einfache fällt uns normalerweise sehr schwer. Und damit sind wir beim Übungsweg der Meditation. Mönche in einem Zen-Kloster hatten sich zum Ziel gesetzt, jeden Schritt, den sie tun, mit ganzer Aufmerksamkeit zu tun. So standen sie eine halbe Stunde und länger, bis sie die erste Bewegung ausführen konnten. Bis wir zu dieser gesammelten Aufmerksamkeit kommen, die dem einfachen Dasein entspricht, ist also ein weiter Weg, auch wenn wir ihn nicht mit solch mönchischer Konsequenz üben. Es ist gut, wenn wir nicht Ziel und Weg verwechseln.

Bei der Übung der Meditation bekommen wir mit all dem zu tun, was uns hindert, im gegenwärtigen Augenblick zu leben. Auch was wir als Störung von außen erleben, ist sehr leicht dazu angetan, unsere Aufmerksamkeit zu fesseln. An einigen Beispielen soll hier gezeigt werden, wie mit solchen «Störungen» umgegangen werden kann:

In dem Augenblick, in dem ich beginne, mich über die laute Musik in der Wohnung nebenan zu ärgern, bin ich mit meiner Aufmerksamkeit nicht mehr bei mir, sondern eben bei der Musik von nebenan. Ich kann anfangen, darüber nachzudenken, wie ich Abhilfe schaffe. Ich kann aber auch bei mir selbst bleiben und mich selbst zum Thema machen mit meinem Gefühl, gestört zu sein. Dann nehme ich bewußt wahr, daß ich einen Nachbarn habe, gehe mit meiner Aufmerksamkeit bewußt zu ihm und seiner lauten Musik. Dann kehre ich zu mir zurück, stelle fest, daß mich einige Wände von ihm trennen, und bin mit meiner Aufmerksamkeit wieder ganz bei mir und meinem Atem – oder worauf ich mich gerade als Übung konzentriere. So höre ich den Nachbarn noch, aber seine Musik spielt für mich keine Rolle mehr. Anthony de Mello berichtet, er versammle seine Meditationsgruppen «gern an Orten, die nicht völlig ruhig sind», um dort den Umgang mit «störenden» Geräuschen einzuüben. In der Wahrnehmung alles dessen, was zu hören ist, eine Zeit verweilend, schließt er diese Meditation mit einem Gebet des Dankes dafür, daß ich Ohren habe und so vielerlei hören kann.

Ähnlich kann die Stimme eines Menschen störende Gedanken und Gefühle in mir wachrufen. Fruchtbar für die Meditation kann solche Störung werden, wenn ich eine unsichtbare Trennungslinie zwischen mir und dem anderen ziehe und darauf sehe, daß ich es ja bin, der sich gestört fühlt. Solange sich meine Gedanken damit beschäftigen, den anderen zu ändern, damit er mich nicht mehr stört, ist er tatsächlich eine Störung für mich. Wenn ich beginne hinzusehen, daß ich es bin, der sich stören läßt, kann ich anfangen zu fragen, was sich in mir gestört fühlt. Ich kann so meine Störung in der Meditation zum Thema machen. Vielleicht kann ich auch zu dem Schluß kommen, daß ich tatsächlich bei nächster Gelegenheit ein Gespräch mit dem mich Störenden führen muß. Möglicherweise wird mir bei solcher Betrachtung klar, daß ich einen lange anstehenden Konflikt auszutragen habe, dem ich mich demnächst stellen muß, auch wenn er jetzt in der Meditation nicht Thema ist.

Es kann auch sein, daß ich mich gestört fühle durch hörbare Atemgeräusche eines anderen Gruppenmitgliedes. Da kann es helfen, wenn ich einerseits wieder die unsichtbare Trennungslinie ziehe und sie andererseits zugleich überschreite, indem ich mir bewußtmache, daß wir die gleiche Luft einatmen, daß jede(r) von uns in sich den gleichen göttlichen Lebensimpuls trägt, der ihn bzw. sie atmen läßt. So kann sich Störung in Wahrnehmung verwandeln, die meiner Meditation dient, und ich kehre aus der wahrgenommenen Gemeinsamkeit zurück zu mir selbst und meinem Atem. Über solche Umwege kann ich die «Störungen» zu einem Teil der Übung selbst werden lassen.

Auch äußere Bedingungen helfen natürlich, zu einer gesammelten Haltung in der Meditation zu finden – vor allem, wenn noch keine intensive Übungspraxis vorausgesetzt werden kann. Wir verstehen die Meditationsübungen dieses Kurses als Übungen der Achtsamkeit. Das ist auch der Grund, weshalb wir in der Regel nicht liegend, sondern sitzend meditieren. Im Liegen lasse ich mich ganz los und gerate leicht in einen Zustand tiefer Entspannung[9], der dem Schlaf nahekommt und bei übermüdeten Menschen oder Menschen mit niedrigem Blutdruck leicht in Schlaf übergeht.

Derselben wachen Aufmerksamkeit dient, wenn vielfach empfohlen wird, bei der Übung der Meditation die Augen geöffnet zu halten, ohne mit dem Blick etwas Bestimmtes festzuhalten.

Natürlich laufen auch bei der Meditation im Sitzen mit halbgeöffneten Augen Wachträume und innere Bilder vergangener Erlebnisse oder künftiger Möglichkeiten wie ein Film in uns ab und stören die Meditation. Das ist normal und gehört zum Übungsweg. Mit den von innen her auftauchenden Störungen gehen wir genauso um wie mit den äußeren: Wir lassen zuerst die

Vorstellung los, sie dürften eigentlich nicht sein (eigentlich müßte ich ja schon am Ziel der Meditation sein). Dann nehmen wir sie einfach zur Kenntnis, benennen ggf. ihren Inhalt, um dann wieder zur Übung bzw. zum einfachen Dasein zurückzukehren.

Oft tauchen in der Meditation aus den Tiefenschichten der Seele unbearbeitete Lebensthemen und Probleme auf und zeigen sich zunächst als «Störung». Handelt es sich um solche tieferliegenden Fragen, ist das einfache Wahrnehmen und Weiterüben oft nicht möglich. In der Regel ist es dann nötig, sich diesen Problemen zu stellen, sei es als Meditationsthema oder im Gespräch mit einer/einem erfahrenen BegleiterIn. Weil auch solche Erfahrungen normal sind, je tiefer die Meditation zu wirken beginnt, darum gilt die Grundregel: Intensivere Meditationserfahrungen sollen immer unter fachkundiger Begleitung stattfinden.

Für den Umgang mit vordergründigeren Störungen gibt es hilfreiche Vorstellungen und Bilder: Mein einfaches Dasein ist wie ein Felsen im Strom: mein Körper ist immer hier und jetzt gegenwärtig und in ihm ist der Atem, der regelmäßig wiederkehrend in mir schwingt, wie Wellen den Ufersaum umschwingen. Gedanken und Gefühle, die in mir aufsteigen – aber auch alles, was von außen her mich erreicht –, sind wie ein im Wasser dahintreibender Ast oder wie Blätter. Ich nehme sie wahr, aber ich steige nicht um; ich bleibe «auf dem Felsen» sitzen. Und wenn ich feststelle, daß ich umgestiegen bin, kehre ich auf «den Felsen» zurück.

Verwandt damit ist die Vorstellung, zu «meditieren wie ein Berg», über dessen Gipfel die Gedanken wie Wolken ziehen. Der Meditierende nimmt die Wolken wahr, zieht aber nicht mit ihnen, sondern läßt sie vorüberziehen. Ein anderes Bild: Ich bin die Leinwand, nicht der Film. Sobald meine Gedanken mit dem Film gehen, der in mir abläuft, kehre ich zurück zu der Leinwand.

Diese verschiedenen Bilder haben alle auf ihre Weise zum Ziel, uns Mut zu machen für den Übungsweg der Meditation. Der ist lang und kompliziert – nicht weil die Meditation so kompliziert wäre, sondern weil wir komplizierten Menschen so viel Zeit brauchen, wieder einfach zu werden – wie die Kinder oder auch: wie die Rose.

Körpererfahrung in der Meditation

Für den meditativen Übungsweg dieses Kurses ist grundlegend, daß Körper und Geist wohl unterschieden, aber doch als lebendiger, organischer Zusammenhang wahrgenommen werden, in dem der Geist nicht höher bewertet wird als der Körper.

Viele der Meditation verwandte bzw. aus Meditationsformen abgeleitete Entspannungsübungen werden angeboten zur Lösung von Verspannungen, die sich aus unseren Lebensgewohnheiten ergeben. Dabei wird oft übersehen, daß viele Verkrampfungen des Körpers ihre Wurzel in geistig-seelischen Bereichen haben. Ohne die Befreiung von Ängsten und von Sorgen, ohne die Auflösung von Projektionen bleiben körperliche Entspannungsübungen oft unfruchtbar oder führen nur zu kurzzeitigen Besserungen. Umgekehrt führt die Suche nach Gelassenheit auf geistiger und seelischer Ebene leicht zur Einbildung von Gelassenheit, da die Spannung verursachenden Konflikte und Lebensmuster sich tief in unsere körperliche Struktur eingegraben haben. Meditative Übung wird darum immer beide Dimensionen des Lebens im Blick haben müssen.

Verschiedene Ebenen der Körpererfahrung aus unterschiedlichen Traditionen werden in diesem Kurs vermittelt. Zu den in diesem Buch dargestellten Übungen folgen hier noch einige Erläuterungen.

VORBEREITENDE KÖRPERÜBUNGEN (WARM UP)

Viele Körperübungen helfen, Verspannungen zu lösen. Sie fördern die Wachsamkeit und lassen die Spannung zwischen Innenorientierung und nach außen gerichteten Kräften lebendig bleiben. Sie stehen häufig am Beginn des Übungsabends bzw. -tages und schaffen Abstand vom Arbeitstag oder einer stressigen Autofahrt und Parkplatzsuche. Mitten in den Übungsphasen werden sie nach Ermessen auch spontan eingesetzt, wenn die Spannung in der Gruppe nachzulassen oder auch zur Verspannung zu werden droht.

WAHRNEHMENDE BEWEGUNG UND ACHTSAMKEITSÜBUNGEN[10]

Sie sind oft bereits verbunden mit inhaltlichen Impulsen zur Meditation, werden in der Regel langsam vollzogen und fördern die Sammlung der Aufmerksamkeit im Körper. Gleichzeitig fördern sie ein umfassendes Körperbewußtsein, das auch dem meditativen Sitzen zugute kommt. In der Regel erschließt sich der Sinn eutonischer Übungen erst mit wiederholtem Vollzug. Dabei zeigt sich: Je geübter und aufmerksamer Menschen in körperbezogenen Wahrnehmungen sind, desto langsamer werden die Vollzüge.

Andererseits ist es für rational geprägte Menschen offensichtlich schwer, sich auf die Übungsabläufe einzulassen, ohne deren Sinn und Funktion zu verstehen bzw. einordnen zu können. Für Menschen mit solchem Hintergrund hat es sich als hilfreich erwiesen, die Fragen der geistigen bzw. theologischen Einordnung vor dem Vollzug der Übung zu beantworten, damit die konkrete Übung nicht durch Gedanken gestört wird – auch wenn diese noch so «richtig» und theologisch gewichtig sein sollten. Auch «richtige» Gedanken bringen uns immer auf die Ebene des Denkens, das von der linken Gehirnhälfte her gesteuert wird. Da das Denken eine unablässige Gehirntätigkeit ist, die sich nicht abstellen läßt bis zum Tod und die sogar den Herzstillstand noch überdauert, wird die Beschäftigung mit Gedanken in der Meditation immer zur Zerstreuung führen. Daher ist es gut, das Bedenken der Übung und den Übungsvollzug voneinander zu trennen.

Ein verbreiteter Irrtum ist, daß die Nähe und Anwesenheit Gottes von unseren richtigen Gedanken oder Worten über ihn abhängig sei. Gottes Anwesenheit ist bzw. geschieht «wohl auch ohne unser Gebet von selbst» (Martin Luther) – und auch ohne unsere Gedanken über ihn. Meditation zielt auf die Wahrnehmung dieses von Gott gegebenen Seins bzw. auf die Wahrnehmung des von ihm initiierten Geschehens in unserer körperlichen Existenz – auch unabhängig von unseren Denkprozessen. Sie zielt auf Wahrnehmung einfacher körperlicher Vorgänge, auf achtsame Anwesenheit im Innenraum des eigenen Körpers. Diese Wahrnehmungsübungen aber aktivieren die rechte Gehirnhälfte, in der auch alle anderen körperlichen Wahrnehmungen wie Schmerz, Hunger, Verdauung, Atmung registriert bzw. gesteuert werden. In der Konzentration auf solche einfache Wahrnehmung verliert das Denken an Gewicht, und es kann sich eine innere Stille einstellen. Die Deutung dieser inneren Stille hängt dann ab von den spirituellen Traditionen, innerhalb derer die Übung vollzogen wird.

Ein Beispiel: Eine theologische Deutung etwa des Vorgangs von Ausatmen und Einatmen kann sich in der Passionszeit auf das paulinische Taufverständnis nach Römer 6 beziehen: «Sind wir nun mit Christus gestorben, so glauben wir auch, daß wir mit ihm leben werden.» Die in Christi Tod und Auferstehung geschehene Überwindung des Todes ist durch die Taufe in jedem Christen vergegenwärtigt, so wahr die Getauften «in Christus» sind und «Christus in» ihnen ist. Dies als theologischen Gedankengang zu denken und betrachtend zu vertiefen, kann zu dem Entschluß führen, sich «als Menschen zu begreifen, die für die Sünde tot sind, aber für Gott leben in Christus Jesus» (Röm. 6,8–11). Darauf lassen sich ethische Anweisungen aufbauen, wie dieses Leben in Christus auszusehen hat. Eine solche Betrachtung bliebe als theologische Reflexion und ethische Willensbildung überwiegend auf der Ebene der linken Gehirnhälfte. Das entspricht der Art, in der kirchliche Tradition weitgehend mit mystischen Erfahrungen umgeht.

Diese mystische Aussage des Paulus kann jedoch auch in der meditativen Wahrnehmung des Atems vergegenwärtigt werden: Mit jedem Ausatmen lasse ich los, was mich an zerstörerischen Kräften beherrscht, und überlasse mich vertrauend der schöpferischen Macht Gottes; ich gebe alles Lebensfeindliche hinein in den Tod Christi und löse mich davon. Mit jedem Einatmen empfange ich in mir die lebenschaffende Kraft Gottes, die Christus von den Toten auferweckt hat, als belebende und mich erneuernde Kraft. Dies alles zu wissen, ohne mein Bewußtsein darauf zu konzentrieren, während ich mich meditativ in eine aufmerksame Wahrnehmung des Atems hineinfinde, kann in mir erneuernde Kräfte freisetzen, die eine ethische Haltung als Frucht wachsen lassen – langsam, allmählich und absichtslos.

Ähnliches gilt für die übrigen körperbezogenen Wahrnehmungsübungen. Der theologische Reflexionshintergrund schafft dabei ein Klima des Vertrauens auf die von Gott mir vorgegebene Wirklichkeit. Die Wahrnehmungsübung selbst verankert die spirituellen Inhalte im Bereich der rechten Gehirnhälfte, aus der auch die emotionalen und unbewußten Steuerungen unseres Verhaltens kommen. Werbung weiß dies und macht darum von einfachen Wahrnehmungsimpulsen Gebrauch, um das Verhalten des Menschen zu beeinflussen. In den Achtsamkeitsübungen der Meditation bauen wir Gegenkräfte auf gegen solche manipulativen Einflüsse von außen.

Für rational geprägte Menschen ist eine der wichtigsten Übungen, die kontrollierenden Gedanken loszulassen, sich also auf den eigentlichen Übungsprozeß einzustellen. Dies kann geschehen, indem vor der Übung bewußt Raum gegeben wird für die Reflexion der Übungsschritte – sozusagen als Vergewisserung der Wirklichkeit, für die ich mich im Vollzug der Meditation öffne. Dabei kann die Gefahr bewußtgemacht werden, das Wissen über die Übung mit der Übung selbst zu verwechseln. Diese Vergewisserung kann aber auch den Charakter eines Gebets tragen. Nach einer solchen Reflexionsphase kann dann das Nachdenken über die Übung – wie eine Störung – beiseite gelegt und losgelassen werden.

Westliche religiöse Traditionen vermitteln häufig keine leibbezogene spirituelle Kultur. Westliche Körperkultur und «Leibeserziehung» sind in der Regel unspirituell, auf konsumorientierte Sinnlichkeit oder sportliche Leistung bezogen. Auf dem Hintergrund dieser Leib-Geist-Spaltung übte in den letzten Jahrzehnten ein breiter Strom spiritueller Leiberfahrung neben oder verbunden mit bestimmten Meditationswegen aus östlichen Traditionen eine starke Anziehungskraft auf viele Menschen aus: Yoga, Qi Gong, Tai Chi, Aikido, Akkupunktur und Shiatsu seien hier nur als Beispiele genannt.

Fast alle diese Übungswege sind miteinander wesensverwandt, auch wenn sie unterschiedliche Stile aufweisen. Ihnen gemeinsam ist die anthropologische Grundeinsicht, daß der gesunde Mensch ein System von ausgewogen fließender Energie in Körper, Seele und Geist bildet. Durch bestimmte Formen von Berührung, Bewegung, Spannung und Entspannung, verbunden mit Konzentration, Achtsamkeit auf den Atem und mit meditativer Stille, werden Blockaden dieser Energie aufgelöst und in ein Gleichgewicht gebracht. Dieses Menschenbild mit seiner leibbezogenen spirituellen Kultur beginnt unsere westliche Zivilisation aus ihren Spaltungen zu befreien. Im Gesundheitswesen wie in religiös-meditativen Traditionen hat es befruchtenden Eingang gefunden. Auch wir haben aus östlichen Traditionen wichtige Anregungen empfangen und lernen immer wieder bei Menschen, die eine solche qualifizierte Körpererfahrung östlicher Herkunft vermitteln können.

Sicher ist nicht unproblematisch, Übungswege aus ihrem Zusammenhang zu nehmen und in einen anderen Kulturkreis zu verpflanzen. Wir haben uns bei dem notwendigen Übersetzungsprozeß an Gesichtspunkten orientiert, wie sie Franz-Xaver Jans fomuliert: Es braucht «eine sehr lange Zeit, um den spirituellen Weg eines anderen Kulturkreises zu adaptieren, bis er die ‹Farbe› der Kultur findet, der jemand entstammt. Das ist bei jedem Dialog der interspirituellen Ökumene mitzubeachten. Auch wenn ich das Gespräch zwischen den Wegen suche und fördere, dürfen sie nicht einfach vermischt werden. Es geht darum, die Analogien in den verschiedenen spirituellen und initiatischen Wegen zu finden und diese im eigenen Kulturkreis zu vertiefen. Gibt es diese nicht, braucht es im angestammten Kulturkreis ein fundamentales Erarbeiten eines Weges, um das dort Erlebte gleichsam in einem Quantensprung im eigenen Kulturkreis zu transformieren.»

GEBETSGEBÄRDEN

Sie helfen in Verbindung mit meditativen Tänzen und Texten dazu, «mit Herzen, Mund und Händen», ja, mit dem ganzen Körper zu meditieren, bzw. zu beten. Sie sind eng verwandt mit wahrnehmenden Bewegungsformen, oft auch beeinflußt von östlichen Traditionen. Anders daran ist, daß mit den Bewegungsfolgen Deutungsangebote oder Gebetsworte verbunden sind. Für die Übung der Gebetsgebärden ist jedoch wichtig, daß sie von der Körperwahrnehmung und nicht von der Deutung her angelegt werden. Das deutende Wort könnte leicht der Wahrnehmung der Gebärdensprache selbst im Weg stehen. Immer sollte das deutende Wort Angebotscharakter haben – Anregung für die eigenen Bilder und Deutungen der Übenden.

Mit Gebärden bewegen wir uns spielend in die Dynamik einer Glaubensaussage bzw. -haltung hinein, selbst wenn wir gegenwärtig von dieser Dynamik nichts in uns verspüren. Hat nicht Glaube immer auch mit dem Spiel zu tun? Ist er nicht auch ein «so tun als ob»? Mit anderen Worten: Unser Leib ist nicht nur Ausdruck der in uns lebenden Stimmungen, Gefühle und Bewußtseinszustände, er formt sich nicht nur von innen nach außen, sondern auch von außen nach innen. Unsere Stimmungen, Gefühle und Gedanken können auch bestimmt werden von dem, was unser Leib gerade vollzieht. Das ist eine grundlegende Voraussetzung jeder (meditativen) Übung, die auch «Ein-Übung» ist.

MEDITATIVE TÄNZE

Meditative Gebärden und Tänze sind alte, elementare Formen religiöser Äußerung[11]. Künstlerische Darstellungen aus frühen Zeiten der Menschheitsgeschichte weisen darauf hin, daß die wichtigsten Ereignisse des Lebens (z. B. Geburt, Hochzeit, Tod) als Schwellenriten leibhaften Ausdruck in Gebärde und Tanz gefunden haben. Diese elementaren Lebensäußerungen sind je nach Inhalt langsam im Bewegungsablauf dargestellt oder auch pulsierend schnell.

Auch im Bezug auf das Kirchenjahr spiegeln die Gebärden und Tänze wieder, welche Qualität die innere Bewegtheit hat.

Der Adventszeit als Zeit der Erwartung entsprechen Empfindungen wie Warten, Suchen, Sehnen, Hoffen. Deshalb finden sie Ausdruck in sich ausstreckenden Gebärden oder im verhaltenen Schreiten, dem sogenannten Pilgerschritt. Das Pfingstgeschehen zeugt von einer ganz anderen Qualität der Gemütsbewegung: Freude, Begeisterung und Weitung des Horizontes bestimmen den Charakter des Festes. Spiralig nach oben sich drehende Armbewegungen, weit ausladende Gebärden, fröhliche Sprünge in alle Himmelsrichtungen geben dem Ausdruck. Auch die Stimme gehört dazu.

Unser Leib betet mit. Trauer wie Freude, Schmerz wie Hoffnung haben Raum sich auszudrücken und sind nicht mehr als gedachtes Gefühl auf den Kopf beschränkt. Wesentlich ist, daß die Bewegungen in Gebärde und Tanz authentisch sind, aus der Personmitte, dem Herzen, kommen und die innere Aussage des jeweiligen Themas oder Anlasses integrieren.

Meditative Tänze leben vom Kreisen um die sinnstiftende Mitte. Wir können diese Mitte als Menschen zwischen Himmel und Erde nicht besitzen, sondern nur zu ihr in Beziehung stehen, uns nach ihr ausstrecken, tanzend bewegt unterwegs sein zu ihr. Dann kann es geschehen, daß wir uns «eingespannt und ausgespannt in Raum und Zeit, im Zwischen von Oben und Unten, von Hell und Dunkel andersartig erfahren können, um unsere einseitige und eingeengte Sicht- und Erfahrungsweise zu einer ganzheitlichen zu erweitern,» (Dr. Hannelore Eibach) und das auch im Erleben des Kirchenjahres.

Für diesen Kurs sind bewußt einfache, leicht nachvollziehbare Schrittfolgen ausgewählt, um möglichst allen am Kurs Teilnehmenden einen Zugang auch zu dieser Form der Meditation zu erschließen.

KÖRPERLICH BEHINDERTE TEILNEHMERINNEN

Der Kurs «Meditation im Alltag» wendet sich an jeden Menschen, der von der Sehnsucht erfüllt ist, Einheit in der Vielfalt zu erfahren. Dies ist ein dem Menschen innewohnendes elementares Verlangen. So haben sich in den bisher durchgeführten Kursen Menschen unterschiedlichen Alters und entsprechend unterschiedlichen Gesundheitszustandes zusammengefunden. Eine Frau z. B. litt von Kindheit an unter spastischer Lähmung der Beine. Sie konnte mit Hilfe orthopädischer Schuhe ein paar Schritte allein ohne Gehhilfen tun, war sonst auf den Rollstuhl angewiesen. Am Kurs hat sie regelmäßig und gern teilgenommen. Sie saß dabei auf einem Stuhl, dessen Sitzfläche durch eine Keilkissen erhöht worden war. Bei Reigentänzen fühlte sie sich integriert, wenn der Stuhl innerhalb des Kreisbogens, allerdings nicht direkt in der Mitte stand. Die Bewegungsabfolgen begleitete sie durch ein Mitschwingen des Oberkörpers, entsprechend der Schrittfolge verlagerte sie das Schwergewicht ihres Oberkörpers in die jeweilige Richtung. Die Armgebärden konnte sie ohne Einschränkung mitvollziehen.

Für die/den Anleitenden ist als Haltung grundlegend die Ehrfurcht vor dem Menschen als Ausdruck eines schöpferischen Ganzen, auch wenn er von außen betrachtet durch eine Behinderung als unvollkommen oder versehrt erscheint. Wir folgen hier einer Sichtweise vom Menschen, die mit ihrem ganzheitlichen Ansatz nicht nur im Christentum grundlegend ist, sondern auch mit den Grundsätzen aller großen Religionen und humanistischen Philosophien übereinstimmt: Der sichtbaren Hülle des Menschen, die äußerlich beschädigt sein kann, wohnt ein feinstofflicher Körper inne, dessen einzelne Energiequellen durch fließende, auch nur vorgestellte Bewegungen verbunden werden und so heilsam wirken können. Der Mensch erlebt sich angeschlossen als Teil des Ganzen, als Geschöpf in der Schöpfung. Die Behinderung ist kein Hinderungsgrund für diese ganzheitliche Erfahrung. In diesem Zusammenhang wird auch immer wieder auf die heilsame Wirkung von Bewegungen in Gebärden und Tänzen hingewiesen, die nicht körperlich, sondern nur in der Vorstellung vollzogen werden.

Zur Anthropologie der Meditation

Übungen zur Körperwahrnehmung bei der Meditation dienen nicht nur der angemessenen Haltung oder Körperbeherrschung. Sie erschließen zugleich eine praktische Anthropologie, die nicht als Theorie vermittelt wird, sondern als Einübung in eine bestimmte Art, mit sich selbst umzugehen und sich selbst in Beziehung zum Ganzen der Wirklichkeit wahrzunehmen. Ebenso hat die Erwartung, daß die Teilnehmenden zu einer persönlichen Übungspraxis finden, wie auch die Gestaltung des Raumes anthropologische Implikationen, die hier nur angedeutet werden können.

DER RAUM

Die Qualität des Übungsraumes ist für die Meditation wichtig, da sie die Sammlung fördern oder hindern kann. Darüber hinaus hat in der meditativen Erfahrung die Kategorie des Raumes grundsätzlich ein höheres Gewicht als die Kategorie der Zeit. Vergangenheit und Zukunft loslassen und ganz gegenwärtig werden – gerade dies ist ein wesentlicher Aspekt meditativer Übung. «Gott» wird nicht primär als der Handelnde und Fordernde, sondern als der Seiende wahrgenommen, der auch mir Raum gibt, «da zu sein» vor jeder Aktivität.

Die westliche, vor allem die protestantische Tradition, hat Gott fast ausschließlich von der Dimension der Zeit her verstanden als geschichtlich Handelnden, als Redenden und den Menschen zum Tun Bewegenden. Das führte zu einer starken Ethisierung und Entsakralisierung des Christentums. Der «Heilige Raum» ist dem Protestantismus verlorengegangen, evangelische Kirchen haben weitgehend eine unsakrale Atmosphäre. Da der Mensch aber auch ein räumliches Bewußtsein hat und in seiner leiblichen Existenz nicht nur ein geschichtliches Wesen, sondern auch ein Raum-Wesen ist, muß die Dimension des Raumes für das Lebensgefühl wie für die religiösen Vollzüge zurückgewonnen werden. Eine Evolution, die das geschichtliche Bewußtsein zweifellos als wesentlichen Aspekt gewonnen hat, zerstört sich selbst, wenn sie ihre biologische und raumhafte Basis verliert. Daher beginnen alle meditativen Übungen mit der Wahrnehmung des Körpers und führen zu ihr zurück. Das christliche Bekenntnis zur Menschwerdung Gottes im Leibe wie zur Auferstehung des Leibes ist Symbol für diese biologische Basis der Spiritualität.

Ein Mensch, der sich nicht mehr als leibhaftigen Raum wahrnimmt («Leib als Tempel des Heiligen Geistes»), steht in der Gefahr, seinen Körpersignalen gegenüber taub zu werden und sich gesundheitlich selbst zu ruinieren. Ein Gottesbild, das Gott vorrangig oder aussschließlich personal und geschichtlich begreift, führt zur Überforderung des Menschen. Mit dem Verlust des raumhaften Bewußtseins wird auch die Natur zum Steinbruch menschlicher Interessen bzw. zur Schutthalde eines verfehlten Lebensstils. Die Rückgewinnung der in der Mystik betonten raumhaften Dimension im Gottes- wie im Menschenbild ist nicht nur eine Frage meditativer Innerlichkeit, sondern zugleich eine politische. Im esoterischen Umfeld wächst die Sensibilität für die unterschiedliche Qualität von Räumen («Kraft-Orte»), verbunden mit ökologischem Engagement.

Ein meditativer Übungsweg kann dazu dienen, die grundlegenden räumlichen Kategorien im Gottes- und Selbstbild wie in der Gottesbeziehung des Menschen zur Geltung zu bringen. Psalm 139 und andere weisheitliche Texte in der hebräischen Bibel, Aussagen der paulinischen Theologie bzw. Mystik über das Sein «in Christus», die Anwesenheit Christi «in» dem Menschen sowie über die kosmische Relevanz von Auferstehung und Himmelfahrt sind dafür wesentliche Grundlage, um aus der Mitte des Christusglaubens heraus einen neuen Raumbezug zu gewinnen. Symbole und Bilder als «Fenster» zur transzendenten Dimension des Raumes sind wichtige Hilfen. Meditation ist Einübung in das einfache Dasein im Angesicht des Gottes, der mich vor allem als tragender Grund und schützender Raum umgibt, längst bevor ich ihn bewußt wahrnehme, von ihm angeredet oder zum Tun bewegt werde. Es ist den

Anstößen feministischer Theologie zu danken, daß sie diese eher mütterlich-weiblichen Aspekte im Gottesbild wieder hervorruft.

Diese Bedeutung des Raumes spiegelt sich auch in der Gestaltung des Übungsraumes für die Gruppe. Er ist so schlicht wie möglich und hat eine erkennbare Mitte, um die sich die Übenden versammeln können. Wir lassen die Mitte nicht leer, sondern gestalten sie mit Symbolen, die der Thematik gemäß sind; sie bleibt dabei jedoch möglichst schlicht und einfach. An ihr kann der Blick zur Ruhe kommen. Sie weist über sich hinaus auf die nicht mehr darstellbare Mitte der Anwesenheit Gottes, die sich in der Übung erschließen kann.

DIE ZEIT

Nicht nur der Raum in seiner religiösen Relevanz ist für viele Menschen fremd geworden. Auch eine für ein religiöses Ritual offengehaltene Zeit ist uns weitgehend verlorengegangen. Der Besuch des Gottesdienstes oder die Praxis einer regelmäßigen Gebetszeit (morgens, mittags, abends, zu Tisch) sind für viele Christen keine Gewohnheit mehr.

Die multikulturelle Begegnung und der interreligiöse Dialog lassen dies bisweilen als Mangel erkennbar werden. Viele gestehen Menschen anderer Religionen selbstverständlich Zeit zur Ausübung ihrer Rituale zu, sind jedoch hilflos, wenn sie von Vertretern anderer Religionen nach eigenen Ausdrucksformen ihres Glaubens gefragt werden. Sie empfinden es als Einengung ihrer subjektiven Freiheit, wenn ihnen zugemutet wird, für eine eigene religiöse Praxis Zeit zu erübrigen.

So erscheint es auch schwer zumutbar, für meditative Übung z. B. täglich eine halbe Stunde Zeit freizuhalten. Damit muß sich auseinandersetzen, wer Meditation als Übungsweg und nicht nur als gelegentliche Entspannung begreift.

In unserem Zeitbewußtsein sind wir so stark von Zielen und Willensimpulsen bestimmt, daß wir kaum wahrnehmen, wie unser Leben ständig von Rhythmen getragen ist: Im Herzschlag und Atem wie im Tag-Nacht-Rhythmus finden wir Kraft und Regeneration. Regelmäßige Mahlzeiten können solch ein Innehalten bewirken. Allerdings ist auch hier der Rhythmus vieler Menschen durch ein «fast-food»-Verhalten aufgelöst. Gesundheitliche Probleme machen sich entsprechend häufig als Rhythmusstörungen bemerkbar. Offenbar benötigt der Mensch eine «Kultur der Unterbrechung», die ihn in Verbindung hält mit den Kräften, die sein Leben tragen.

Um eine «Kultur der Unterbrechung» geht es bei der Übung der Meditation. Die Zeit zweckorientierten Daseins wird unterbrochen von einer unverzweckten, «nutzlosen» Zeit. Persönliche meditative Übung kann darum auch eine Zeit der inneren Gesundung werden. Erfahrungsgemäß bedarf es verständnisvoller und behutsamer Begleitung im Gespräch mit den KursteilnehmerInnen, damit sie den ihrem Leben angemessenen Raum und Rhythmus für die Übungszeit finden.

«Kultur der Unterbrechung» wird vor allem in den Klöstern geübt. In Plumvillage, dem Zentrum des vietnamesischen Friedenskämpfers und Mönchs Thich Nhat Hanh in Südfrankreich, wird nicht nur jeder Glockenschlag, sondern auch jeder Telefon-Anruf genutzt für einen ruhigen Atemzug ohne jede Arbeit. In den christlichen Klöstern üben Menschen diese Kultur der Unterbrechung, indem sie sich im Drei-Stunden-Rhythmus bei jedem Tun – in strengen Orden sogar im Schlaf – unterbrechen lassen durch Zeiten des Gebetes[12]. Solche Einübung als Freiheit in allem Tun wird hier verstanden als Einübung in das Sterben: «Herr, lehre uns bedenken, daß wir sterben müssen, auf daß wir klug werden» (Psalm 90,12). Denn Weisheit wächst mit der Kraft, den Tod und die Endlichkeit bewußtzuhalten.

Eine Kultur der Unterbrechung tut uns in einer latent arbeitssüchtigen Gesellschaft not. Meditation versteht sich in allen Kulturkreisen auch als Einübung in diese Kultur oder – etwas direkter gesagt – in die *Lebenskunst des Sterbens*[13] – in die Freiheit also, alles, auch das wichtigste Gespräch jederzeit loslassen zu können und es dennoch mit ganzer Intensität zu führen. Es ist Einübung in die Vorläufigkeit allen Tuns.

DAS SITZEN[14]

Sitzen (Sazen) ist zentrale Übung der Zen-Meditation. Unser Meditationsweg versteht Meditation aus dem Deutungshorizont biblischer Überlieferung. Die Anleitung zum Sitzen entspricht darum unausgesprochen dem Menschenbild der Schöpfungsgeschichte: «Da machte Gott Jahwe den Menschen aus Erde vom Acker und blies ihm den Odem (Atem) des Lebens in seine Nase. Und so wurde der Mensch ein lebendiges Wesen.» (1. Mose 2,7)

Der Mensch ist Erde, gehört ihr an, lebt von ihr in der Nahrung, gibt ihr die Nahrungsreste zurück und kehrt selbst wieder zur Erde zurück, «von der er genommen ist» (1. Moses 3,19). Er gehört seinem Wesen nach der materiellen Welt an und ist der chemischen Substanz seines Körpers nach Materie, seiner biologischen Gestalt nach ein Glied in der Kette der Evolution.

Beim Sitzen in der Meditation lasse ich mich los – hin zur Erde, ihrer Schwerkraft folgend. Ich nehme wahr, daß die Erde mich trägt.

Das Einüben des Erdkontaktes beim meditativen Sitzen ist darum gleichzeitig Einübung in diese anthropologische Grundbestimmung. Es schließt ein Ja zur Endlichkeit, zur Unvollkommenheit und zum fragmantarischem Charakter des Menschseins in sich, aber auch ein Ja zur Solidarität mit allen Mitgeschöpfen. Insofern ist diese elementare Übung zugleich eine Einübung ins Menschsein.

Der Mensch ist aber auch Ausdruck einer besonderen «Zuneigung» des Himmels zur Erde, Gottes zur Welt. Nach dem Schöpfungsmythos macht Gott sich bei der Erschaffung keines der anderen Geschöpfe so ausdrücklich «die Finger schmutzig», tritt in eine so ausdrückliche Berührung im Prozeß des Werdens ein wie bei der Erschaffung des Menschen. Der alttestamentliche Erzähler weiß hier genau zu unterscheiden. Darum ist der Mensch auf einzigartige Weise dem Himmel zugewandt: Sein «aufrechter Gang» ist Voraussetzung und Ausdruck der menschlichen Fähigkeit, ins Gegenüber zu allen Mitgeschöpfen einzutreten. Die entscheidende Grundfrage des Menschseins lautet darum: Wozu nutzt der Mensch diese Fähigkeit? Nutzt er sie, um in Beziehung zum Himmel, zu der göttlichen Macht über ihm, einzutreten? Oder nutzt er sie, um seine Herrschaft auszudehnen?

Das Einüben des Himmelskontaktes in der Meditation geschieht als Einübung in eine aufrechte Haltung beim Sitzen (wie auch beim Stehen und Gehen). Sie ist nicht nur eine körpertechnische Frage, sondern zugleich Entscheidung zu einer grundsätzlich religiösen Grundeinstellung dem Leben gegenüber, ohne daß diese Grundeinstellung bereits ausgeprägte inhaltliche Färbung erhielte. Es ist eine unabschließbare Übung der «Gottoffenheit» als Grundaspekt des Menschseins.

Die Lebendigkeit des Menschen äußert sich im Atem. In ihm schwingt Gottes Lebenskraft. Der Schöpfungsmythos spricht vom «Anhauch» Gottes. Mit jedem Einatmen empfängt der Mensch sich selbst, ohne durch einen Willensakt seines Bewußtseins etwas dazu beitragen zu können. In jedem Ausatmen läßt der Mensch los, was ihm das Leben gibt, um wieder neu Leben empfangen zu können. So schwingt im Atem das Geheimnis einer im Menschen selbst verborgenen Anwesenheit Gottes. In jedem Einatmen ist sein erster Atemzug gegenwärtig; in jedem Ausatmen sein letztes Ausatmen. Hesse formuliert das in einer Todesmeditation so: «Jedes Leben war ein Atemzug von Gott ausgestoßen. Jedes Sterben war ein Atemzug von Gott eingesogen.»[15]

Die Übung zur Achtsamkeit auf den Atem beim Sitzen in der Meditation begibt sich zugleich hinein in die Erfahrung des göttlichen Lebensgeheimnisses, das in jedem Menschen (und in jedem lebendigen Wesen) gegenwärtig ist. Es ist Übung zur Wahrnehmung der Anwesenheit Gottes im Menschen.

Meditation zielt nicht auf Erholung, sondern auf Wachsamkeit. Daher ist die sitzende Haltung der liegenden vorzuziehen. Das Liegen bringt uns noch intensiver in den Erdkontakt, aber auch in die Nähe des Schlafes. Imaginative Verfahren in der Psychotherapie oder «Phantasiereisen» streben bewußt einen schlafähnlichen Zustand an, in dem die dem Traum verwandten Bilder aus dem Unbewußten aufsteigen können. Solche Übungen werden daher in der Regel im Liegen und mit geschlossenen Augen vollzogen. Auch für Übungen zur bewußten Wahrnehmung des Atemflusses kann Liegen hilfreich sein. Für die Meditation aber ist die Verbindung von Erdkontakt und Himmelskontakt wichtig. In der Meditation wird eine Achtsamkeit angestrebt, in der die Türen zum Unbewußten sich öffnen können, aber zugleich das Wachbewußtsein ganz da ist.

Deshalb empfehlen viele Meditationsanleitungen den halbgeöffneten Blick, der auf einem Punkt im Raume ruht. Mit dem halbgeöffneten, ruhenden Blick mag die Konzentration nach innen erschwert sein, es bleibt jedoch der Kontakt zwischen Innenwelt und Außenwelt bestehen, die Meditation bekommt bereits vom körperlichen Ansatz her den Welt- und Alltagsbezug.

DAS WAHRNEHMEN DES «KREUZES» AUF DREI EBENEN

Das Kreuz ist zunächst die spannungsvolle Einheit zwischen horizontaler und vertikaler Linie. Unser Körper trägt es mehrfach als Strukturelement in sich. Es ist nicht nur ein christliches Symbol, sondern auch ein allgemein menschliches, im Körper verankertes Grundphänomen. Deshalb ist es auch ein uraltes, weit hinter die Symbolgeschichte des Christentums zurückweisendes religiöses Symbol geworden.

Das Kreuz symbolisiert auch die Spannung zwischen zwei Polen: Ein Pol ist das Ich, mein Standpunkt, meine Einmaligkeit und meine Beziehung zu Gott, die sich in der Senkrechten ausdrückt. Unsere Körpersprache stellt dies als aufrechte Haltung dar. Eine einseitige Konzentration auf diesen Spannungspol kann zu Beziehungslosigkeit und religiösem Fanatismus führen. Der andere Pol ist das Leben in Beziehung zu anderen Menschen und allen Mitgeschöpfen, die Faszination daran und die Kraft, in diesen Beziehungen Leben und Welt zu gestalten. Dieser Pol findet seinen Ausdruck in der Waagerechten. Die

Körpersprache drückt diesen Aspekt des Menschseins aus in der Gebärde der ausgebreiteten Arme. Eine einseitige Konzentration auf diesen Pol kann zur Entwurzelung oder zu hektischem Aktionismus führen.

Wir neigen dazu, diese Spannungen aufzulösen nach der einen oder der anderen Richtung. Darum ist es gut, dieses Spannungsfeld bewußt wahrzunehmen und übend zu gestalten.

Das kleine Kreuz

In der Alltagssprache ist der Begriff Kreuz eine Beschreibung des Rückenbereiches, der in der Nähe des «Kreuzbeins», des «os sacrum» liegt. Hier wird die Körperachse am unteren Ende der Wirbelsäule gekreuzt durch die Beckenknochen.

Das «kleine Kreuz» ist der Ausgangspunkt der Bewegung, von hier aus entsteht der Schritt. Es ist zugleich Ausgangspunkt sexueller Beziehung, Ort der Fruchtbarkeit und Entfaltung des Lebens.

Eine einseitige Betonung dieser horizontalen Achse läßt den Menschen in Unruhe und hektischer Betriebsamkeit zerfließen und verhindert, daß er zu einer sinnvollen Gestalt findet. Eine Vernachlässigung dieser horizontalen Achse zugunsten der vertikalen kann zur Störung der Beziehungsfähigkeit führen und das Leben an seiner Basis verkümmern lassen z.B. durch Abwertung oder Dämonisierung der Sexualität.

Das große Kreuz

Steht der Mensch mit ausgebreiteten Armen, so bildet er eine nach außen sichtbare Kreuzesgestalt: Hände, Arme und Schultergürtel kreuzen die Körperachse im Bereich des Herzens. So ist das «große Kreuz» Ausgangspunkt des Handelns, aber auch der «herzlichen» Beziehungen[16].

Eine einseitige Betonung der horizontalen Linie auf dieser Ebene ist gerade in helfenden Berufen weit verbreitet. Sie führt zu der Gefahr, in einer Vielfalt von möglichen oder notwendigen Aktivitäten zerrissen und aufgerieben zu werden. Auch droht über dem einfühlsamen Wissen um die Bedürfnisse anderer Menschen leicht das Wissen um die eigenen Gefühle und Bedürfnisse verlorenzugehen.

Ist die Beziehungsfähigkeit auf dieser Ebene nicht entfaltet, so ist jede Initiative gelähmt, und kühle Distanziertheit beherrscht das menschliche Klima.

Das obere Kreuz

Am schwersten erkennbar ist das obere Kreuz. Im Bereich des Kopfes nimmt der Mensch über Augen und Ohren weit über seinen Handlungsradius hinaus Verbindung mit der umgebenden Welt auf. Hier ist er auch seinem Schritt immer schon weit voraus. Dem oberen Kreuz entsprechen keine Knochen mehr, die die Körperachse kreuzen, sondern Öffnungen in den Schädelknochen bzw. das Ende der Wirbelsäule im Atlas, der wie ein Drehpunkt die Beweglichkeit des Kopfes ermöglicht.

Das obere Kreuz ist Ausgangspunkt von Einsicht (sehen) und Vernunft (vernehmen = hören). Eine einseitige Betonung dieser horizontalen Linie führt zur Verfestigung der Weltanschauungen und Ideologien. Ist diese Ebene von der vertikalen Achse der Körpers gekreuzt, so ist sie zugleich mit allen anderen Ebenen des Menschseins verbunden und in einen lebendigen Prozeß ständig neuer Wahrnehmungen und Perspektiven einbezogen.

Die verschiedenen Ebenen des Kreuzes

Die Beweglichkeit der verschiedenen Ebenen nimmt von unten nach oben zu: Der Schritt, ausgehend vom unteren Kreuz, geschieht normalerweise in eine Richtung – nach vorn. Die Reichweite der Hände ist durch den um die Achse herum beweglichen Oberkörper in verschiedene Richtungen hin offen. Durch die zusätzliche Bewegungsmöglichkeit des Halses können die Augen fast den ganzen Umkreis überschauen. Der Blick geht dem Handeln und der Zuwendung voraus, wie diese bei einer integrierten Persönlichkeit die Bewegungen leiten.

Im Durchkreuzen der horizontalen Linien geschieht jeweils eine spirituelle Erfahrung von Kreuz als Verwandlung, die in letzter Konsequenz etwas mit dem Sterben zu tun hat.

Im unteren Kreuz wird erfahren, wie mit jedem Schritt ein Ort verlassen wird, bevor ein neuer erreicht werden kann. «Wenn ich mich festgelebt habe, muß ich mich lossterben» (Erich Fried). Dies gilt im unmittelbaren wie im übertragenen Sinn. In der Sexualität kann das Aufbrechen der engen Ich-Grenzen im Orgasmus als «kleiner Tod» erfahren werden.

Im oberen Kreuz gewinnt der Mensch den «Blick der Barmherzigkeit»: Er lernt zu sehen, ohne zu fixieren, zu urteilen oder zu richten.

Das «große Kreuz» hat das Herz als Zentrum. Das Herz ist auch auf der in den Chakren dargestellten energetischen Ebene die Mitte zwischen den verschiedenen anderen Ebenen. Es verbindet das obere und das untere Kreuz mit seinen Kräften. Wo diese Verbindung gelingt, ist das Herz im großen Kreuz der Ort spiritueller Verwandlung: Ort des Durchbruchs zum «Wesen» oder zum «großen Selbst».

Wozu die Anleitenden (nicht) gut sind

DEN INNEREN RAUM OFFENHALTEN

Die Rolle der Anleitenden meditativer Prozesse kann es nicht sein, die jeweils konkret angeleitete Übung so intensiv wie möglich selbst zu meditieren. Das sollte vor der Anleitung geschehen sein. Anleitende, die wenig eigene Meditationserfahrung haben, benötigen selbst viel Zeit, die vorgesehene Übung häufig zu wiederholen, bevor sie diese anleiten können. Ein erfahrener Lehrer der Meditation sagte: «Was du zwei Jahre lang als Übung in dir getragen hast, das kannst du auch kompetent weitergeben.» Auch wenn dies vielleicht nicht ganz wörtlich genommen werden muß, weist es doch in die richtige Richtung.

Aufgabe der Anleitenden ist, den meditativen Raum für die Gruppe offenzuhalten; d. h., in der Meditation mit liebender Aufmerksamkeit bei der Gruppe zu verweilen und die ganze Kraft liebend-intuitiver Wahrnehmung der Gruppe zu widmen, während diese meditiert. Die Kraft der Mitte und die in ihr symbolisierte Anwesenheit Gottes trägt die Anleitenden selbst wie auch die gesamte Gruppe. Ob diese dabei auch mit den Augen wahrgenommen wird, ist nebensächlich. Durch diese Ausrichtung der Anleitenden kann sich die meditative Erfahrung für die ganze Gruppe leichter erschließen.

SPRACHE DER ANLEITUNGEN

Die Sprache der Anleitungen beachtet das Gegenüber von Anleitenden und Angeleiteten und hütet sich so vor vereinnahmendem Sprechen: Sie spricht von Ich und Du bzw. Sie. Anleitungen im Wir-Stil suggerieren eine Gemeinsamkeit, die es gerade auf der Ebene von Wahrnehmung und Erfahrung nicht geben kann. Auf der Ich-Du-Ebene bleiben die Angeleiteten freie Gegenüber. Diese Klarheit der Sprache gehört zur Achtung vor der Person der Angeleiteten – wie auch zur Achtung vor dem eigentlichen Meister jeden Übens.

Als hilfreich hat sich erwiesen, zwischen grundsätzlichen Informationen, Erklärungen und Reflexionen einerseits und Anleitungen zur meditativen Übung andererseits zu unterscheiden. Zu viele Erklärungen erdrücken die Anleitung. Zu viele Alternativen für den Übungsweg verwirren die Übenden.

und bringen sie in eine Entscheidungssituation. Deshalb ist es gut, wenn die Übungsimpulse einfach und klar sind.

Mit der Hinführung zum Schweigen und einer dadurch geweckten Offenheit der Teilnehmenden gewinnt die Art des Sprechens bei den Anleitungen hohes Gewicht.

Das Wort öffnet den Raum des Schweigens. Es ist also gut, wenn das Wort bereits von der Atmosphäre des Schweigens bestimmt ist. Das Wort ist aber auch eine suggestive Macht. Eine suggestive Sprachmelodie wird darum von den Teilnehmenden leicht als manipulativ erlebt. Die Hinweise zur Übung sollen daher in Wortwahl und Sprachmelodie so nüchtern und präzis wie möglich sein.

Leicht übertragen sich durch die Art des Sprechens auch unbewältigte innere Spannungen der Anleitenden in das Schweigen der Gruppe. Von den Teilnehmenden werden sie nur als ein unbestimmtes Unbehagen wahrgenommen. Daher ist es wichtig, daß jede(r) Anleitende vor der Meditationsveranstaltung ausreichend Zeit hat, sich selbst in der Stille zu klären. Die kontinuierliche Arbeit an eigenen Lebensthemen in Supervision oder Beratung schärft die Achtsamkeit auf solche Übertragungen.

WEGBEGLEITUNG AUF DEM WEG MIT HINDERNISSEN

Da das persönliche Üben zu Beginn vielfach noch nicht gelingt, richtet sich bei vielen KursteilnehmerInnen die Erwartung an die Abende, daß diese zu einem intensiven gemeinsamen Üben führen. Diese Erwartung sollten die Anleitenden kennen und positiv aufnehmen. Auch für die Enttäuschungen am eigenen Mißlingen sollten Wege der Entlastung gesucht werden, die gleichzeitig Ermutigung sind, die persönliche Übung fortzusetzen.

Die begleitenden Einzelgespräche bieten Gelegenheit, den Zwiespalt zu bearbeiten, der sich auftut zwischen dem deutlichen Entschluß, regelmäßig zu üben, und der Verwirklichung dieses Entschlusses. Ein chronisch schlechtes Gewissen ist der schlechteste Helfer zu einem verbindlichen Übungsweg. Im Gespräch ist Raum, die konkreten Lebensbedingungen der einzelnen zu bedenken. Meditation weckt und fördert die Sensibilität für das Wesentliche und wird darum immer Auswirkungen auf die Lebensgestaltung entwickeln.

Gespräche über den Übungsimpuls berühren auch seelsorgerliche Fragen wie z. B. die Persönlichkeitsstruktur der Übenden: Einem eher zwanghaften Menschen kann bei der Auseinandersetzung mit den o. g. Fragen im Gespräch ein gutes Gewissen vermittelt werden. Einem in seinen vielfältigen Möglichkeiten zerfließenden Menschen kann sich die Regelmäßigkeit der Übung als Hilfe zur Zentrierung und Strukturierung seines Lebens erschließen. Für die Anleitenden ist jede nur mögliche seelsorgerliche oder therapeutische Schulung wichtig, vor allem aber ihre liebende Achtsamkeit für die besondere Situation ihrer GesprächspartnerInnen.

CHRISTUS, DER MEISTER

Wer andere zur Meditation anleitet, hat die Rolle der Lehrerin bzw. des Lehrers. Allerdings geht es immer um den bewußten Einsatz des Erfahrungs- oder Wissenvorsprunges und um die bewußte Begrenzung der sich daraus ergebenden Macht. Ein Ignorieren der Lehrerrolle führt leicht zu unbewußten Tendenzen, die eigene Überlegenheit zu genießen und zu kultivieren – und auf diese Weise eine Abhängigkeit zu erzeugen. Auch in der Meditationsszene sind solche Phänomene zu beobachten.

Als hilfreich hat sich in diesem Zusammenhang erwiesen, wenn der Kurs von zwei Menschen – Mann und Frau – geleitet wird. Hier kann bereits durch die Unterschiedlichkeit der Leitenden ein kritischer Prozeß stattfinden. Die Gruppe kann wahrnehmen, daß die meditative Praxis ihre jeweils subjektive Gestalt findet. Auch ist die Fixierung auf einen «Lehrer» bzw. eine «Lehrerin» von vornherein erschwert.

Die Eigenständigkeit und Unabhängigkeit der Übenden sind Maßstab und Ziel des Lehrens.

Die besten Lehrenden sind die, die wissen, daß sie Lehrende sind, und zugleich wissen, daß sie selbst immer Lernende bleiben – auch und gerade in der Begegnung mit denen, die von ihnen lernen wollen[17].

Die Rolle der Begleitenden in meditativer Erfahrung ist darum eine Rolle, deren oberstes Ziel ist, sich selbst überflüssig zu machen – d.h. den «inneren Meister» bzw. «die göttliche Weisheit» in den Übenden zu wecken und zu fördern: Christus selbst bzw. die göttliche Sophia, die im Menschen wohnen und wirken, damit er werden kann, was er ist: Ebenbild Gottes.

Das Kirchenjahr als Meditations-Meisterin

Willst du Christus anziehen, so mußt du durch seinen ganzen Prozeß,
von seiner Menschwerdung an bis zu seiner Himmelfahrt gehen.

Jakob Böhme

Unser Leben erfahren wir meist als gerade Linie, die unumkehrbar nach vorn führt. Wir kehren nie wieder an denselben Punkt zurück, an dem wir einmal gewesen sind. Dies entspricht einem Bewußtsein, das gestaltend und handelnd ins Leben und in die Welt eingreift. Dem entgegen steht die schlichte Erfahrung des Jahres: In gleicher Wiederkehr folgen einander Winter, Frühling, Sommer und Herbst – und in diesem Rhythmus eingebettet die Feste. Die unser Leben tragenden Rhythmen wie Herzschlag, Atem und Verdauung sind ebenso zyklischer Natur. Auch sonst im Leben machen wir immer wieder gleiche oder ähnliche Erfahrungen. Dies wahrzunehmen entspricht einem Bewußtsein, das vor allem das organische Wachsen, Reifen und Vergehen in der Natur, aber auch das Werden und Reifen der menschlichen Person im Blick hat (zyklisches Denken). Meditation zielt vorrangig auf die Bewußtseinsebene der Reifung und Verwandlung des menschlichen Lebens, nicht primär auf die Ebene der Weltgestaltung.

Wahr ist allerdings auch, daß wir selbst immer wieder andere Menschen sind, wenn immer wir in dieselbe Jahreszeit, an denselben Ort oder in dieselbe Situation kommen, die wir schon oft erlebt haben. Eine Meditationsübung wird niemals dieselbe sein, auch wenn ich sie unmittelbar wiederhole, weil ich nach der ersten Übung nicht mehr dieselbe Person bin, die ich vorher war. Reifung setzt darum immer auch lineare Veränderung voraus. Darum ist die Wahrheit unseres Lebens nicht durch ein Symbol (Linie oder Kreis) allein darzustellen, wie ja auch das Leben selbst polar ist. Reifung könnte beinhalten, daß die verschiedenen Pole des Lebens in eine fruchtbare Beziehung zueinandertreten. Die Verbindung der Symbole Linie (Pfeil) und Kreis führt zu dem Symbol der Spirale, die der Wahrheit menschlichen Lebens einen tiefen Ausdruck verleiht.

Im Kirchenjahr sind die linear-geschichtlichen Aspekte der Christusgeschichte und der gleichbleibende Rhythmus des Naturjahres aufeinander bezogen. Das sich wandelnde Gesicht der Natur wirft sein Licht auf die in den

Christusfesten sich ausdrückende Wahrheit. Die Inhalte christlichen Glaubens geben den unterschiedlichen Zeiten des Jahres ihre Tiefendimension.[18] In der Ausrichtung an beidem gestaltet sich ein Übungsweg der Meditation, in dem die verborgene Weisheit des Kirchenjahres selbst die Anleitenden eines Meditationskurses ablösen kann.

Der Kurs bezieht sich auf den ersten Halbjahresbogen von Advent bis Pfingsten. Dem entspricht das Kirchenjahr, das mit Pfingsten, dem Fest des Geistempfangs, die Phase der großen Christusfeste abschließt. Die zweite Hälfte des Kirchenjahres ist von Themen geprägt, welche die Wirkungen des Christusgeistes im Alltag entfalten. Der Alltag selbst wird zum Übungsfeld auch für die Meditation.[19]

Im Folgenden stellen wir dar, wie sich einzelne Aspekte der festreichen Phase des Kirchenjahres als ein in sich sinnvoller Schulungsweg zur meditativen Praxis erschließen lassen. Wir erheben damit nicht den Anspruch einer umfassenden Deutung der Symbole und Themen dieser Zeiten und Feste. Eine grundsätzliche Einführung und Deutung kann an anderer Stelle nachgelesen werden[20].

Von den meditativen Übungen her – so ist unsere Erfahrung – kann sich ein neuer Zugang zur Jahreszeit oder einem Fest ergeben.

Weihnachtsfestkreis

Brennpunkt des Weihnachtsfestkreises ist das Weihnachtsfest – Fest der Geburt Christi. Im *Naturjahr* entspricht ihm auf der nördlichen Hemisphäre die Wintersonnenwende. Vorchristliche Kulturen feierten in dieser dunkelsten Zeit des Jahres die Wiederkehr des Lichtes, das sie als Gottheit verehrten (z. B. der römische sol invictus).

In Anknüpfung und Verwandlung dieses allgemeinen religiösen Grundmotivs deutet die *christliche Tradition* das Kommen Christi als das «Licht, das in der Finsternis aufleuchtet». Da es für den Geburtstag Christi keinen historischen Anhaltspunkt im Jahresverlauf gibt, wurde er mit diesem vorchristlichen Festtermin verbunden. Die Wiederkehr des schwindenden Sonnenlichtes wurde zum Zeichen für das Aufleuchten des transzendenten Lichtes Gottes in Jesus Christus. Mit dieser symbolischen Verknüpfung ist der Weihnachtsfestkreis am Sonnenzyklus des Jahres ausgerichtet.

Der Weihnachtsfestkreis umfaßt die das Fest vorbereitende Adventszeit, das Fest der Geburt Christi und das altkirchliche Weihnachtsfest «Epiphanias»

(6. Januar, das auch als Dreikönigstag bekannt ist) mit der von ihm geprägten Zeit danach.

Raumgestaltung zum Beginn des Kurses und zu Advent

In der Mitte des Raumes befindet sich eine Kerze in einer schlichten, flachen Tonschale. Beides steht auf einer runden Matte. Die Gestaltung der Mitte bleibt für den Beginn des Kurses und die Adventszeit gleich.

ANFANG UND ENDE

Dem Weihnachtsfest wurde bereits im 5. Jahrhundert eine Vorbereitungszeit mit Fasten und Übungen zur Vorbereitung vorausgestellt. Ursprünglich umfaßte diese Zeit wahrscheinlich nicht nur die Adventssonntage, sondern auch die «Letzten Sonntage im Kirchenjahr». Das Ende des Alten bereitet den Anfang des Neuen vor.

Zu jeder Festvorbereitung gehörte in alten Zeiten – wie auch in anderen Religionen und Kulturen – ein Reinigungsweg. Auf die Begegnung mit dem in der Welt aufleuchtenden Göttlichen bereitet der Mensch sich vor in der Besinnung auf seine Unvollkommenheit, auf die Bruchstückhaftigkeit all seines Strebens und auf seine Vergänglichkeit.

In unserem Kulturkreis verbindet sich diese Thematik mit dem *Naturerlebnis*, das die Stimmungslage vieler Menschen ganz unmittelbar prägt: Das im November zur Erde fallende Laub, das immer mehr sich verhüllende Sonnenlicht und der kürzer werdende Tag des Naturjahres spiegeln sich in der Seele des Menschen. Themen der Vergänglichkeit und Zwiespältigkeit menschlichen Daseins, seine Erdgebundenheit und Schwere drängen sich auf. Depressionen nehmen zu. Das Leben zieht sich nach innen zurück.

Festvorbereitung kann heißen: sich der Erdhaftigkeit mit ihrer Ambivalenz zu stellen, zu einer erwartenden Haltung zu finden und offen zu werden für die lebenschaffende Berührung aus der Welt Gottes. Das entspricht den Grundschritten einer *meditativen Schulung*: den Erdkontakt finden, Sitzhaltung einüben, alle Fixierungen loslassen und da sein in empfänglicher Offenheit für Gott, der Leben und Tod, Anfang und Ende umfaßt.

Hinweise und einführende Übungen

Meditation ist ein Übungsweg, den jeder *einzelne Mensch* persönlich geht, unabhängig davon, ob in der Gruppe oder allein. Daher wählen wir für die konkreten Übungsanleitungen die persönliche Anrede.

In der Regel gelingen erste Zugänge zur Meditation besser in einer *Gruppe* als allein, denn erfahrungsgemäß erleichtert die Gruppe das Gehen eines Übungsweges. Sie schafft eine Atmosphäre gemeinsamer Aufmerksamkeit in der Stille, die das Üben der einzelnen trägt. Zum anderen können gerade am Anfang des Übens Beratung und Korrektur durch Menschen, die in der Meditation schon Erfahrung gewonnen haben, sehr wichtig sein.

Oft aber ist eine Gruppe nicht erreichbar und der Wunsch nach ersten Schritten meditativer Erfahrung so dringend, daß ein Buch die naheliegendste Hilfe ist. Die mit einem ■ versehenen Übungen und nachfolgenden Übungsschritte sind für Gruppen geeignet, alle anderen können auch allein durchgeführt werden. Dabei ist es sinnvoll, für die persönliche Übung eine Auswahl vorzunehmen. Denn nicht das Vielerlei der Übungen, sondern die Konsequenz in wenigen Übungen erzeugt eine vertiefende Wirkung.

In *Kursivdruck* dargestellt sind einführende Vorschläge oder deutende Sätze oder Hinweise für die Anleitenden.

Wer als einzelne(r) begonnen hat, eigene Schritte zu gehen, wird auch auf Menschen stoßen, mit denen er bzw. sie die eigenen Erfahrungen teilen kann.[21]

«Spielregeln» zum Übungsweg

Du beginnst einen Meditationskurs, der vor allem aus Übungen besteht[22].

Wie jedes Instrument nur zum Klingen kommt, wenn die Spielerin bzw. der Spieler regelmäßig übt, so wird auch die in der Meditation und in den christlichen Grundwahrheiten vermittelte Lebenshaltung nur erfahrbar auf dem Weg regelmäßiger Übung. Darauf zielt der im folgenden Abschnitt dargestellte Meditations-Kurs.

Deine Bereitschaft, dich auf einen solchen Übungsweg einzulassen, braucht Stützen. Denn jedes Üben hat zu tun mit Widerständen und ihrer Überwindung. Folgende Stützen schlage ich dir vor:

1. Es ist gut, wenn du in deiner alltäglichen Umgebung einen *Raum* gewinnst, der dich an deinen Übungsweg erinnert. Es kann ein kleiner geschützter Winkel in der Wohnung sein, auf den immer wieder einmal dein Blick fällt. Gut ist es, wenn du an diesem Platz ein Symbol hast, das für dich Zeichen der Nähe Gottes und Einladung zum Verweilen in der Stille ist.

2. Versuche, dir einmal am Tag mindestens 10 Minuten Zeit zu nehmen, an diesem Platz in der Stille zu verweilen. Sorge dafür, daß du in dieser Zeit

Christi Höllenfahrt,
griechische Ikone,
Basiliuskathedrale, Thessaloniki

4391 Gnadenstuhl,
Landgrafenpsalter, Anfang 13. Jahrhundert,
Landesbibl. Stuttgart

Christi Auferstehung (Höllenfahrt),
russisch, Anfang 16. Jahrhundert,
Eitempera auf Holz, 131 x 104,2 cm,
Ikonen-Museum, Recklinghausen, Inv.-Nr. 442

ungestört bist. Suche, dir und deiner Situation entsprechend, ein Ritual oder eine Geste (Anzünden einer Kerze, Verneigung o. ä.), womit du diese Zeit der Stille beginnst und beendest. Die Übungsschritte helfen dir, diese Zeit der Stille sinnvoll zu füllen. Laß dich nicht durch Unlustgefühle oder andere Widerstände von dieser Zeit der Übung in der Stille abhalten.

3. Eine wichtige Stütze auf dem Übungsweg kann die Gemeinschaft von übenden Menschen sein. Darum sieh dich um, ob du in deiner Umgebung andere Menschen findest, mit denen du dich zum Erfahrungsaustausch und gemeinsamen Üben treffen kannst. Gemeinsam mit anderen Menschen ist es manchmal leichter, auch die schriftlichen Anleitungen angemessen zu verstehen. Es hat sich aber auch als Hilfe bewährt, wenn Menschen sich verabreden, je an ihrem Ort zur gleichen Zeit zu meditieren.

4. Wiederhole jede der Übungen etwa eine Woche lang oder so oft, bis die Übung dir selbstverständlich gelingt. Lies zunächst die Anleitung und präge dir die vorgeschlagenen Übungsschritte ein, bis du die Anleitung nicht mehr brauchst.[23] Danach beginne mit der Übung.

5. Für alle Übungsanleitungen gilt grundsätzlich das Wort aus der Sufi-Tradition: «Sieh nicht auf den Finger, der zum Mond weist, wenn du den Mond sehen willst.» Oder in einem anderen Bild: Lege dein Ohr nicht auf das Papier mit den Noten, wenn du Musik hören willst. Achte also sehr genau auf die Worte der Anleitungen und versuche sie zu befolgen, so gut es dir möglich ist. Sonst bleibst du bei den dir vertrauten Gewohnheiten und Erfahrungen und lernst nichts Neues. Achte aber auch genauso sorgfältig auf die Signale und Widerstände deines Körpers und deiner Seele. Versuche sie zu verstehen, und bringe sie in ein Gespräch mit den Anleitungen. Es könnte sonst geschehen, daß du dich überfremden läßt.

6. Gerade in diesem spannenden Prozeß der Übersetzung von Übungsanleitungen in eine persönliche Übungspraxis kann das Gespräch mit einer anleitenden Person unverzichtbar sein, vor allem, wenn du an Hindernisse stößt, die immer wieder auftreten. Wenn du in deiner Nähe keinen Menschen findest, der dir weiterhelfen kann, höre lieber auf und übe die Schritte noch einmal, mit denen du gut zurecht kamst. Oder überspringe die Anleitungen, die für dich schwierig sind. Du kannst auch mit dem Verfasser oder den Mitautorinnen oder einer der im Anhang des Buches angeführten Adressen telefonisch oder schriftlich Kontakt aufnehmen, wenn du Hilfen auf dem Übungsweg brauchst.

7. Wenn du in therapeutischer Beratung bist, sprich mit deinem Beratenden darüber, ob ein meditativer Übungsweg für dich hilfreich sein kann. Es gibt auch seelische Störungen, bei denen von der Meditation abzuraten ist.

■ Übungsweg (I)

Die Gruppe teilt sich in Kleingruppen auf [24]. *Der Gesprächs-Impuls für die Kleingruppen lautet:*

- «Welche Rituale durchziehen meinen Tag?»
  «Rituale» können erläutert werden als regelmäßig wiederkehrende Handlungen wie etwa Anziehen, Zähneputzen usw.
  Nach einiger Zeit wird das Kleingruppengespräch unterbrochen und weiterführende Impulse gegeben:

- «Tagesbeginn:
  Bei Sonnenaufgang liefen dreißig Jugendliche auf die Wiese, stellten sich in Abständen auf, das Gesicht der Sonne zugewendet, und begannen sich zu bücken, hinzuhocken, zu verbeugen, auszustrecken, die Arme auszubreiten, die Arme zu heben, kniend den Körper hintenüber zu werfen.
  Dies dauerte eine Viertelstunde lang.
  Von weitem hätte man meinen können, sie beten.
  In unseren Tagen wundert es niemand, daß der Mensch Tag für Tag geduldig und aufmerksam seinem Körper dient.
  Wir wären aber gekränkt, wenn er so seinem Geist diente.
  Nein, dies ist kein Gebet. Es ist die Morgengymnastik.» [25]

- «Gibt es in meinem Tagesverlauf Rituale religiöser Natur?»

Die Kleingruppen lösen sich nach etwa 20 Minuten auf in die Großgruppe. Eine Runde in der Großgruppe wird eingeleitet mit der Frage:

- «Was ist mir in dem Gruppengespräch bewußt geworden?»

■ Übungsweg (II)

Die Gruppe geht frei im Raum. Das Team legt zwei «Thesen» in die Mitte:

- «Meditieren kann ich überall.»
- «Wer immer und überall meditiert, meditiert nie.»

Die Gruppe spricht über diese Thesen. Impulse aus dem Team zielen darauf, Meditation als Übungsweg bewußt werden zu lassen. Das Team trägt in die Gruppe die grundsätzlichen Überlegungen zu den meditativen Übungen und den vorgesehenen Hilfen ein. Die Teilnehmenden sollen für sich die Klarheit finden, ob sie verbindlich am gesamten Kurs teilnehmen wollen. Ein vorbereitetes Blatt «Spielregeln zum Übungsweg» faßt die Leitlinien zusammen.

■ Schreitreigen zu dem Kanon «Ausgang und Eingang»

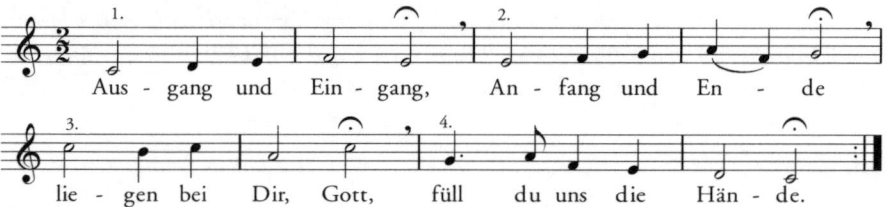

Aus - gang und Ein - gang, An - fang und En - de
lie - gen bei Dir, Gott, füll du uns die Hän - de.

Der Reigen kann mit einer Perlenschnur oder einem Rosenkranz verglichen werden:
Die Gruppe steht im Kreis. Jede tanzende Person verkörpert eine Perle. Die Hände sind miteinander verbunden und hängen locker mit den Armen. So bilden die Arme die «Schnur», auf der die «Perlen» aufgereiht sind.
Tanzschritt ist der «Pilgerschritt»:

Mit dem rechten Fuß beginnend schreitet man nach rechts in Tanzrichtung, dann mit dem linken Fuß, dann wieder mit dem rechten Fuß, jeweils die Tanzrichtung beibehaltend. Nach diesen drei Schritten wird das Gewicht zurück auf den linken Fuß verlagert. So entsteht nach drei Schritten vorwärts ein Wiegeschritt, von dem aus die Bewegungsfolge von neuem beginnt.

Die Schrittfolge ist im Wechsel aktiv voranschreitend und innehaltend in der Urbewegung des Wiegeschrittes. Durch das ständige Wiederholen gleicht der Tanz einem Rosenkranzgebet.

Die Aussage «Ausgang und Eingang, Anfang und Ende liegen bei Dir, Gott» wird zum gesungenen Mantra, das in eine sich ständig wiederholende Bitte mündet: «Füll Du uns die Hände.»

Bei diesem Reigen werden die einzelnen mitgetragen und tragen die anderen mit. Der Tanzweg erschließt sich in wiederholendem Vollzug als Symbol für den Lebensweg. Der Pilgerschritt deutet diesen Weg im Symbol der Pilgerschaft: Das letzte und innerste Ziel des Unterwegsseins ist, vertrauensvoll die leeren Hände auszustrecken, um sie sich füllen zu lassen im Sinne von Luthers letzten Worten:. «Wir sind Bettler, das ist wahr.» So kann der Reigen seinen Abschluß in einer Gebärde finden: Alle wenden sich der Mitte zu und strecken die Arme mit geöffneten Handflächen zur Mitte hin aus.
Ist die Gruppe gut eingestimmt, läßt sich der Reigen vielfältiger gestalten:

Bei den ersten beiden Phasen (*«Ausgang und Eingang, Anfang und Ende»*) gehen die Tanzenden im Pilgerschritt hintereinander. Die Handhaltung bleibt wie in der Grundform oder jede(r) geht allein, die Arme gekreuzt vor dem Oberkörper – auf diese Weise die Aufmerksamkeit nach innen sammelnd. Bei der dritten Phase (*«liegen bei Dir, Gott»*) wenden sich die Tanzenden zur Mitte und öffnen dabei die Arme und Hände zu empfangender Gebärde. Dabei werden zwei Schritte zur Mitte hin vollzogen, rechts beginnend. Der dritte und vierte Schritt sind ein verweilendes Wiegen nach rechts und links. Bei der vierten Phase (*«Füll Du uns die Hände.»*) nehmen Arme und Hände die empfangene Gabe zurück zum Herzen, während die Füße mit zwei Schritten, rechts beginnend, zurück in den ursprünglichen Kreis gehen und dort wieder einen Wiegeschritt vollziehen.

Grundlegende Übungen zur Meditation und zum Erdkontakt

Diese Übungen sollten Ende Oktober oder Anfang November vollzogen werden. Die Übungen zu den adventlichen Themen bauen mit dem Beginn der Adventszeit auf die Erfahrung dieser Übungen auf.

Ich bin

- Setze dich so an deinen Meditationsplatz, daß du mindestens zehn Minuten ungestört verweilen kannst.
- Stelle dich darauf ein, daß du jetzt nichts tun mußt.
- Auch deine Gedanken und deine Gefühle sind im Moment nicht wichtig. Nimm sie freundlich zur Kenntnis und laß sie weiterziehen. Grundlegend wichtig ist, daß du da bist. Mehr nicht.
- Nimm in der Stille wahr: «Ich bin.»

Zur Deutung der Übung

> *«Ich bin» – so kann der alte hebräische Gottesname «Jahwe» wiedergegeben werden.*
> *«Ich bin» nennen wir aber auch das Geheimnis der Kontinuität unserer Person zwischen Geburt – oder den ersten bewußten Wahrnehmungen unser selbst – und dem Tod.*
> *Diesem doppelten Geheimnis nähern wir uns in der Meditation: Das «Ich bin» Gottes und das «Ich bin» des Menschen berühren einander.*
> *Darum ist Meditation ein Weg, der prägt, formt und herausfordert.*
> *Meditation ist ein Weg der Annäherung an das göttliche Geheimnis.*
> *Meditation ist schweigendes Gebet.*
> *Du kannst diese Übung vertiefen mit Worten aus dem 139. Psalm:*

- «Von allen Seiten umgibst du mich und hältst deine Hand über mir.» (Vers 5)
- Stelle dir die Umgebung vor, in der du jetzt bist:
- den Boden unter deinen Füßen und was darunter ist und alles, was dir Halt und Stütze bietet,
- den Raum über dir, die Decke dieses Zimmers, den Raum darüber bis zum Dach; und darüber den Himmel.
- Stell dir die Menschen neben dir vor.
- Von allen Seiten – in allem was dich umgibt: Gott.
- In dieser Vorstellung verweile.

Es ist gut, daß ich da bin

- Wiederhole die erste Übung. Dann stelle dich auf einen weiteren Schritt ein.

- Stell dir vor, wie du in Liebe wahrgenommen wirst, jetzt, in diesem Augenblick und immer.
- Stell dir vor, wie es dich erfüllt, verändert, bewegt, wenn ein Mensch dich in vorbehaltloser Liebe ansieht – und du schon seinem Blick abspürst, wie er über dich denkt: Du bist gut!
- Verbinde diese Vorstellung mit dem Gedanken: Das göttliche Lebensgeheimnis ist mir in Liebe zugewandt. Wie immer du den liebenden Blick Gottes dir vorstellst: Versuche, ihn auf dich wirken zu lassen – und genieße ihn.
- Verweile dabei.
- Du kannst die Übung vertiefen mit Worten aus dem 139. Psalm:
- «Ich danke dir, daß ich wunderbar gemacht bin.» (Vers 14)

Vielleicht hilft dir auch ein vorgeformtes Gebet.[26]

> Immerfort
> empfange ich mich aus deiner Hand.
> Das ist meine Wahrheit
> und meine Freude.
>
> Immerfort
> blickt mich voll Liebe dein Auge an,
> und ich lebe aus deinem Blick,
> du mein Schöpfer und mein Heil.
>
> Lehre mich,
> in der Stille deiner Gegenwart
> das Geheimnis zu verstehen,
> das ich bin,
> und daß ich bin durch dich
> und vor dir und für dich.

■ «Ich bin – Blatt» (I)

Eine Gruppe kann sich miteinander vertraut machen durch die Arbeit mit dem «Ich bin – Blatt». Es bereitet vor auf die ersten Übungen zur Meditation und vertieft sie zugleich.

Am Anfang sollte der Hinweis gegeben werden, daß das Blatt ausschließlich der persönlichen Klärung dient und nicht direkt in das Gruppengespräch einfließt.

Zwischen den einzelnen Impulsen der Anleitung wie der Betrachtung benötigen die Teilnehmenden ausreichend Zeit. Dies ist durch entsprechende Pausen zu berücksichtigen.

Einzelarbeit:

- Schreibe zunächst deinen Rufnamen in die Mitte des Blattes (DIN A 4 quer).
- Überlege, wer zu deinem nahen, privaten Umfeld gehört oder mit dir zusammen wohnt.
  Trage die Namen dieser Menschen in die obere linke Ecke ein.
- Wer gehört in deine Berufswelt? Welche Menschen gehören in deinem Arbeitsalltag zu dir? Wer steht zu dir in einer nahen, unkomplizierten oder auch schwierigen Beziehung?
  Trage ihre Namen in die obere rechte Ecke ein.
- Wo lebst du? In welchem Stadtteil oder Ort? Wer gehört zu dem Umfeld deiner Wohnung?
  Welche Beziehungen verbinden dich mit deinem Wohnort?
  Trage das, was dir einfällt, in die untere linke Ecke ein.
- Schreibe in die rechte untere Ecke, was oder wer dich mit der Natur, der Umwelt und der Welt insgesamt verbindet.
- Nimm wahr: Aus den verschiedenen Bereichen deines Lebens richten sich Erwartungen an dich. Auch du hast Erwartungen an die verschiedenen Bereiche deines Lebens. Und doch bist du mehr als die Summe dessen, was aus deiner Umwelt in der Mitte zusammenfließt.

Austausch in Kleingruppen:

- Findet euch in vier Ecken des Raumes zusammen in kleinen Gruppen.
- Sprecht miteinander über die Ecke links oben. Tauscht das miteinander aus, was euch beim Aufschreiben bewußt geworden ist und was ihr mit anderen teilen möchtet.

Nach einer angemessenen Gesprächszeit werden die Kleingruppen jeweils neu zusammengesetzt:

- Beendet das Gespräch und sucht euch andere GesprächspartnerInnen.
- Tauscht aus, was ihr über die rechte obere Ecke sagen möchtet. Achtet in der Gruppe darauf, daß alle zu Wort kommen.
- Beendet das Gespräch und findet euch mit möglichst anderen GesprächspartnerInnen zusammen.
- Tauscht euch über die linke untere Ecke aus.
- Beendet auch dieses Gespräch und versucht, noch einmal eine neue Gruppierung zu finden.
- Tauscht aus, was euch über eure Beziehung zu Natur und Welt bewußt geworden ist.

■ «Ich bin – Blatt» (II)

Eine Deutung dieser Übung auf eine gemeinsame Meditation hin kann etwa so lauten:

Nimm noch einmal deinen Zettel, auf dem du geschrieben hast.

Du hast vorhin auch einen Augenblick über die Erwartungen nachgedacht, die andere an dich haben. In den Erwartungen drücken sich die Beziehungen aus, in denen wir leben.

Wir selbst haben ja auch Erwartungen an andere. Wir wissen alle, daß die wechselseitigen Erwartungen nicht immer mit unseren Wünschen übereinstimmen. Es gibt Situationen, in denen wir nein sagen möchten. Oft ist es nötig, daß wir uns abgrenzen.

Ich bitte dich deshalb, das auch symbolisch in das Blatt mit hineinzunehmen:

- Ziehe um deinen Namen einen Kreis.

  Das bringt zum Ausdruck: Du zerfließt nicht in die verschiedenen Beziehungen deines Lebens hinein, sondern du bist auch diese Person, die hier steht, ganz für sich.

  Du bist eine Person, die sich abgrenzen kann, die ja oder nein sagen kann, eine Person, die mit einem eigenen Namen genannt ist und deren Name von Gott liebend und schützend wahrgenommen und mit dem eigenen, göttlichen Namen verbunden worden ist. Niemand kann dich verletzen, ohne auch Gott selbst zu verletzen. Du bist als diese eine einzigartige Person ins Leben gerufen. Deshalb gilt:

  Du bist in das Geflecht deines Lebens eingebunden, lebst in Beziehung zu anderen Menschen und zu deiner Umwelt.

  Aber du bist auch mehr als dieses: ein von Gott gewollter Mensch – eigenständig und eigenverantwortlich.[27]

- Wenn du magst, zeichne in diesen Kreis ein Kreuz oder ein anderes Symbol für Gottes Nähe als Symbol mit hinein.

  Du bist als diese einzigartige Person von Gott ins Leben gerufen worden, auf diesen Lebensweg, mit all den Beziehungen und Erwartungen, aber auch mit der Möglichkeit, ganz du selbst zu sein.

  Ein alter Rabbiner mit Namen Susja pflegte seine Lehrmeinung über das Leben mit folgendem Satz zu erklären:

  «Wenn ich einmal im Jenseits ankomme, wird man mich nicht fragen:

  Warum bist du nicht Moses gewesen?

  Man wird mich fragen:

  Warum bist du nicht Susja gewesen?

  Warum warst du immer nur mehr oder weniger dies, mehr oder weniger das, nur nicht, was dir bestimmt war – Susja zu sein?

  Bloß Susja,

  aber dies ganz!»[28]

Die gemeinsame Arbeit am «Ich bin – Blatt» kann einmünden in eine Phase des Schweigens, der die Vorstellung folgt.

■ Vorstellung

Die Vorstellung kann verbunden werden mit einer Wahrnehmungsübung, bei der die Gruppe sich frei im Raum bewegt. Die freie Bewegung wird verbunden mit Impulsen zur Wahrnehmung der Umgebung und zur Wahrnehmung der übrigen Gruppenmitglieder. Sie mündet ein in ein Stehen im Kreis um die Mitte.

Die/der Anleitende gibt den Impuls, sich bei der Vorstellung aus dem Kreis heraus in Richtung Mitte zu stellen. Aus dieser hervorgehobenen Stellung heraus stellen sich die Teilnehmenden vor mit den schlichten Worten:

Dabei sehen die sich Vorstellenden die gesamte Gruppe an und werden von der Gruppe ange-
sehen.

Dies kann eine fast schweigende Meditation der Gruppe werden. Gleichzeitig wird die Ein-
maligkeit der jeweiligen Person und die Unverwechselbarkeit des je eigenen Weges im Rahmen
der Übungsgruppe ohne viele Worte bewußt.

Diese intensive Wahrnehmung auf einer weitgehend nonverbalen Ebene kann eine ange-
messene thematische Einführung in eines der Grundanliegen des Kurses sein.

■ Hinweise zur Meditation

In der Mitte des Übungsraumes sind eine kreisförmige Matte und ein Licht. Beides kann
uns Wegweiser für unsere Meditation werden:

In der Meditation sind wir auf dem Weg zur Mitte: zu Gott als der Mitte des Kosmos,
aber auch zur Mitte unserer Person – zu dem einmaligen innersten Geheimnis, das in dem
Wort «Ich» enthalten ist.

«Ich bin» ist in der biblischen Überlieferung einer der wichtigsten Namen Gottes.

«Gott ist der Kreis, dessen Umfang nirgendwo und dessen Mittelpunkt überall ist.»
(Josef Sudbrack)

Stehen – eigenständig sein

Zwischen den einzelnen Impulsen der Übung, welche die Aufmerksamkeit auf
verschiedene Bereiche des Körpers richten, sollte eine ausreichende Pause sein.
So wird es möglich, nicht nur hinzudenken, sondern über das Denken hinaus
zu einem Wahrnehmen zu finden.

- Stehe fest auf dem Boden.
- Spüre den Kontakt zwischen Fußsohlen und Boden: Wo kannst du dein
  Gewicht spüren, wo ist ein Zwischenraum zwischen Boden und Fußsohle?
- Wie fühlen sich Fersen, Ballen und Fußwölbung an?
  Spüre deine Fußknochen, so gut du kannst – und auch dein Sprunggelenk.
- Spüre deine Schienbeine und deine Waden, deine Kniegelenke und Ober-
  schenkelknochen, deine Hüftgelenke und dein Becken, deine Wirbelsäule
  in ihrer Beweglichkeit.
- Was kannst du wahrnehmen von deinen Rippen, deinen Schultergelen-
  ken und Oberarmknochen, deinen Ellbogen, Ellen und Speichen, deinen
  Handgelenken, Fingerknochen und -gelenken?
- Wende deine Aufmerksamkeit zu deinen Schädelknochen und nimm wahr:
  deine Stirn, die Augenhöhlen, Wangen und das Kinn, deinen Hinterkopf,
  deinen Oberkopf.

- Spüre all deine festen Teile, die deine leibliche Form – deine Figur – wesentlich mitbestimmen. Mit ihrer Hilfe kannst du Haltung einnehmen, dich aufrichten, ausrichten, von der Erde zum Himmel aufrecht stehen – eigenständig sein.
- Welche Innenräume werden durch die Knochen bestimmt?
  Spüre – deinen Beckenraum,
      – deinen Brustraum,
      – deinen Kopfraum.
- Laß deinen Atem einströmen und ausströmen.
  Nimm wahr, welche Räume er erfüllt.
- Spüre dich in ganzer Länge von den Füßen bis zur Kopfkrone.
- Nimm dich wahr: ein Mensch, aufgerichtet zwischen Erde und Himmel.

Sitzen

Die grundlegende innere Haltung der Meditation, der du dich mit den ersten Übungsschritten angenähert hast, kannst du vertiefen durch bewußtes Sitzen.

Es hilft dir, einfach da zu sein, wenn du deine Aufmerksamkeit von allem Tun löst und jede Bewegung deines Körpers vermeidest. Finde dazu die Haltung, in der du möglichst viele Spannungen deines Körpers loslassen kannst, ohne zu erschlaffen.

Erste Voraussetzung dafür ist ein *guter Kontakt zur Erde*. Zweitrangig dabei ist, ob du auf einem Stuhl, einem Bänkchen oder einem Polster sitzt. Ein guter Kontakt zur Erde entsteht, wenn deine Berührungsflächen mit dem Boden so großflächig wie möglich sind. Beim Sitzen auf dem Stuhl achte darauf, daß beide Füße mit ganzer Sohle Bodenkontakt haben. Im Sitzen wird die tragende Kraft des Bodens vor allem über das Becken an den gesamten Körper weitergegeben. Die beiden Sitzhöcker sind die Knochen des Beckens, die den Erdkontakt unmittelbar aufnehmen. Achte deshalb darauf, daß du *auf den Sitzknochen sitzt*, nicht davor und nicht dahinter. Dahinter zu sitzen sind wir gewohnt und empfinden es als entspannte Haltung. Die meisten Sessel und Stühle sind auch so gebaut, daß sie durch eine nach hinten abfallende Sitzfläche eine schlaffe Haltung bewirken. Diese Unterspannung des Körpers drückt sich in einem Rundrücken aus, der den Atemraum einengt. Vor den Sitzhöckern sitzen wir leicht in überspannter, angestrengter Haltung. Das Hohlkreuz wird ausgeprägt und der Atemraum durch zu hohe Spannung im Bauchbereich eingeengt. Wenn du ganz direkt auf den Sitzknochen sitzt, kommt dein ganzer Körper in eine optimale Spannung, in der der Atem frei fließen kann.

Wenn du auf einem normalen Stuhl sitzt, ist es nötig, die Sitzfläche entweder durch ein orthopädisches Kissen oder durch eine Decke leicht nach vorne abfallen zu lassen. Bei manchen Stühlen genügt es, sich auf den vorderen Bereich der Sitzfläche zu setzen. Achte darauf, daß deine Oberschenkel waagerecht liegen oder zu den Knien hin leicht abfallen. Ist der Stuhl insgesamt zu hoch, lege eine Decke unter deine Füße. Nun kann sich das Gewicht deines Körpers auf die Sitzknochen und beide Fußsohlen verteilen. Die *Schultern lockern sich, die Arme hängen herab*. Lege deine *Hände* auf die Oberschenkel, mit den Handflächen nach unten oder nach oben geöffnet oder lege sie wie eine Schale vor deinen Bauch, so daß sie von den Oberschenkeln gestützt werden.

Bist du gewohnt, mit geschlossenen *Augen* zu meditieren, so probier aus, was sich verändert, wenn deine Augen bei der Meditation geöffnet bleiben. Hast du bisher immer mit geöffneten Augen meditiert, so versuche einmal mit geschlossenen Augen zu meditieren. Möglicherweise zeigt sich bei diesem Experiment, daß bei geöffneten Augen die äußeren Eindrücke, bei geschlossenen Augen die inneren Gedanken und Gefühle stärker wirksam sind bzw. als Störung auftreten. In den Meditationsübungen entscheide dich auf Dauer für eine dieser Möglichkeiten – für die, die dir besser zur Sammlung hilft. Nach unserer Erfahrung ist das Meditieren mit nicht-focussiertem Blick dafür am besten geeignet.

- Überlaß dich dem Gefühl: Ich kann mich zur Erde hin loslassen. Ich bin von unten her gestützt und getragen.
- Ich vertraue mich dem an, was mich trägt.
- Verweile in dieser Wahrnehmung und diesem Vertrauen.

Zweite Voraussetzung für ein ruhiges Dasein im Sitzen ist der Kontakt zum Himmel. Wenn der Kontakt zur Erde gut ist, richtet sich die Wirbelsäule von den Sitzknochen her über das Kreuzbein wie von selbst auf. Spürst du, wie du dich vom Becken her bis zur Kopfkrone aufrichten kannst? Die Kopfkrone ist der höchste Punkt deines Körpers. Spüre einmal nach: Hast du eher die Tendenz, den Kopf in den Nacken sinken zu lassen, also die Nase etwas zu hoch zu tragen? Oder hast du eher die Neigung, die Nasenspitze zu senken?

- Richte dich so auf, daß deine Kopfkrone (Scheitel) zum Himmel weist.
- Stell dir eine Knospe vor, die sich zum Licht hin als Blütenkrone öffnet.
- Laß diese Vorstellung sich in dir verstärken, daß du wie die nach oben geöffnete Blüte einer Blume wirst.

60

- Wenn es dir hilft, laß den Vers[29] in dir klingen:

  > Du durchdringst alles, laß dein schönstes Lichte,
  > Gott, berühren mein Gesichte.
  > Wie die zarten Blumen willig sich entfalten
  > und der Sonne stille halten,
  > laß mich so still und froh deine Strahlen fassen
  > und dich wirken lassen.

Schließlich hilft zu einem wachen Verweilen in der Gegenwart, wenn du nun deine Aufmerksamkeit deinem Atem widmest. Versuche dabei, so wenig wie möglich Einfluß zu nehmen auf sein Kommen und Gehen.

- Nimm wahr, wie dein Atem fließt.
- Er geht, er kommt wieder in stetem Wechsel.
- Nimm wahr, welche Räume er in dir erfüllt, in welchen Bereichen deines Körpers kannst du seinen Rhythmus spüren?
- Freue dich daran, daß du nichts dazu tun mußt zu atmen und zu leben.
- Es geschieht in dir.
- Vielleicht hilft dir ein Gedicht[30] in dieser Übung:

  > du da du alles schon weißt,
  > mag ich nicht beten –
  > tief atme ich ein
  > lang atme ich aus
  > und siehe:
  > du lächelst.

Übe diese drei Grundschritte des Sitzens in der Meditation so gut ein, daß sie wie von selbst die ersten Schritte vor jeder weiteren Meditationsübung bilden. Du kannst diese Grundschritte auch im Stehen oder beim Gehen wiederholen. Nützlich ist es, auch später immer wieder einmal eine ganze Meditationszeit diesen Grundschritten zu widmen.

Meditatives Arbeiten mit Ton

Die Arbeit mit dem Tongefäß ist nicht nur Einstiegsübung, sondern grundsätzliches Meditations-Symbol: «Wenn ich sitze, sitze ich; wenn ich gehe, gehe ich…».

Für diese Übung solltest du mehr als die gewohnte Zeit zur Verfügung haben.

Es kommt nicht auf künstlerische oder handwerkliche Qualitäten an, sondern auf eine meditative Erfahrung.

Besorge dir möglichst ein handgroßes Stück Ton. Ist dir das nicht möglich, so übergehe diese Übung, stelle dir aber für die weitere Meditation ein schlichtes irdenes Gefäß vor dich hin.

- Lege den Ton vor dich hin.
- Richte dich mit den gewohnten Schritten zum Sitzen in der Stille ein. Wenn es dir möglich ist, schließe die Augen und halte sie während der gesamten Übung geschlossen.
- Konzentriere dich auf deine Hände. Nimm wahr, welche Temperatur sie haben. Nimm ihre Gestalt wahr. Reibe sie aneinander und nimm sie danach noch einmal wahr.
- Nimm den Ton in deine Hände.
- Spüre seine Temperatur, seine Festigkeit und Feuchtigkeit.
- Stimmt die Menge? Lege, falls nötig, etwas davon zur Seite.
- Spiele mit dem Ton, spüre seinen Widerstand, wenn du ihn drückst. Ändert sich seine Temperatur unter deinen Händen?
- Laß allmählich eine Kugel zwischen deinen Händen entstehen.
- Suche mit dem Daumen der einen Hand den Weg zur Mitte der Kugel.
- Laß die Kugel um diese Mitte kreisen mit Druck von außen und Druck von innen.
- Laß so sich ein Gefäß zwischen deinen Händen formen.
- Stell das Gefäß vor dich hin, halte die Augen dabei weiter geschlossen.
- Nimm deine Hände wahr und ihre Beziehung zum Gefäß.
- Nimm dich selbst wahr.
- Öffne die Augen und betrachte das Gefäß, das unter deinen Händen entstanden ist.
- Widerstehe der Versuchung, es verschönern zu wollen. Halte die Spannung aus zwischen deinem Idealbild, wie dein Gefäß aussehen könnte, und der Realität, wie es geworden ist.
- Richte dich noch einmal zum Sitzen in der Stille ein.
- Verweile in der Stille und laß die Übung in dir nachwirken.

Zur Deutung der Übung

Unser Übungsweg beginnt im November, mit dem Ende des Kirchenjahres. In unseren Breiten stirbt äußerlich gesehen die Natur ab. Das Leben zieht sich nach innen zurück. In dieser Zeit werden in den Kirchen die Unvollkommenheit, die Vergänglichkeit und der Tod thematisiert – aber auch die Hoffnung darüber hinaus: das «ewige Leben».

Wir haben hier ein Tongefäß geformt. Ton, Erde ist das, woraus nach 1. Mose 2,7 der Mensch von Gott geformt wurde. Dieser Mythos ist ein tiefes Bild für die Wahrheit, daß der Mensch verwandelte und gestaltete Materie ist: Wir alle haben in der materiellen Welt einen unserer Ursprünge. Und dahin kehren wir zurück, wenn am Ende unseres Lebens die alten Worte über uns gesprochen werden: «Erde zu Erde, Asche zu Asche, Staub zu Staube». Der andere Ursprung des Menschen wird in der Schöpfungsgeschichte als der Anhauch von Gottes Atem beschrieben: Leben aus Gottes Leben, Geist von Gottes Geist macht den Menschen zum Menschen mitten in seiner materiellen Bedingtheit.

Auf diesem Hintergrund ist das Formen der Tonschale ein Bild für uns selbst als meditierende Menschen: Wir sind ganz da. Mit unserer Unvolkommenheit, mit allen Rissen und Brüchen unserer Existenz sind wir offen und bereit für den lebenschaffenden Anhauch Gottes. Dieses sich mit der Erde Verbinden, von ihr getragen und ihr zugehörig Fühlen ist Grundübung der Meditation, auf die wir immer wieder zurückkommen werden.

Wenn du dich nun in der Stille setzt, vergiß möglichst alles, was du eben gelesen hast; laß es als Hintergrund stehen, der dir den Sinn dieser schlichten Übung verstehen hilft.

- Konzentriere dich ganz auf die Vorstellung: Ich bin Körper und sitze hier, auf diesem Boden, an diesem Ort, auf diesem Teil der Erde, die mich trägt.
- So wie ich bin, bin ich empfänglich für die Berührung durch den Leben schaffenden göttlichen Geist – als ein Teil dieser Erde.
- Verweile in dieser Haltung

Wenn deine Meditationszeit zu Ende geht:

- Sieh die Schale an.
- Bewege deine Finger und Hände, strecke deine Arme und beuge dich zur Erde.
- Richte dich auf und löse dich aus der Meditationshaltung.
- Wenn es dir sinnvoll erscheint, sprich den Psalmvers (139,15) als Gebet: «Ich danke dir, Gott, daß ich wunderbar gemacht bin. Wunderbar sind alle deine Werke.»
Oder finde ein Wort, das deine augenblickliche Erfahrung ausdrückt.

ADVENTSZEIT

Maria empfängt die Botschaft des Engels und wird so zur Mutter des Gottessohnes. Sie ist das zentrale Meditationsmotiv der Adventszeit, das bereits das weihnachtliche Thema in sich birgt.

Mit dem Motiv des Engels ist eine Wirklichkeit angesprochen, die vermittelnd zwischen dem menschlichen und dem göttlichen Bereich steht: Bei allen zentralen Schritten des Lebens Jesu stehen Engel – nicht mehr als Hüter der Schwelle mit dem Flammenschwert (1. Mose 3,24), sondern – als Mittler, Diener und Helfer. Protestantische Theologie hat sich durch das reformatorische «solus Christus» (Christus allein) in der Vermittlung zu Gott und auch durch aufklärerischen Rationalismus den Zugang zur Engelwirklichkeit verstellt. Luther selbst kennt noch die Bitte um den Schutz des Engels, wenn er im Morgen- wie im Abendsegen beten lehrt: «Dein heiliger Engel sei mit mir ...». Volkstümliche Frömmigkeit hat den Zugang zu der Engelwelt über die Schutzengel-Vorstellung nie ganz verloren. Engelerscheinungen in neuerer Zeit, in esoterischen Kreisen viel beachtet, fordern dazu heraus, diese Ebene der Wirklichkeit neu ernst zu nehmen. Dabei kann die Vorstellung vom Engel als Gestalt gewordenem liebenden Blick Gottes helfen, den personalen Aspekt des Engels gegenüber dem energetischen zu betonen. Ein zunehmend von technischem Weltverständnis geprägtes Denken steht in der (alten Schwarz-Magie-)Gefahr, die Engel wie eine Energie zu verstehen, die der Mensch sich verfügbar machen könnte. Christliches Reden vom Engel sollte seine Beziehung zu Gott wie seine Unabhängigkeit von ihm zum Ausdrück bringen (gegen einen Trend, der Engelwelt eine eigenständige Mächtigkeit zuzugestehen).

Die Wirklichkeitsebene der «guten Mächte», die uns unsichtbar umgeben (Bonhoeffer), erschließt sich nicht dem logisch-diskursiven Denken, sie setzt andere, ganzheitlichere Weisen der Wahrnehmung voraus. *Meditation* und entsprechende Erkenntnis- und Wahrnehmungswege öffnen und sensibilisieren für umfassendere Aspekte der Wirklichkeit (d.h. der uns umgebenden wirkenden Kräfte) als unser auf unmittelbare Verwertbarkeit und Nützlichkeit fokussiertes Alltagsbewußtsein. Meditation ist letztlich in erhöhtem Maße wache Aufmerksamkeit, die Wachbewußtsein und traumähnliche Bewußtseinsstufen vereinigt. Nicht zufällig treten Engel oft im Traum an die Menschen heran – oder eben in außergewöhnlichen Situationen, die durch Erschütterungen in einen ähnlichen Bewußtseinszustand führen, wie ihn auch die meditative Übung erreicht bzw. anstrebt.

Das adventliche Thema der Begegnung des Menschen Maria mit dem Engel ist darum für eine elementare Einführung in die Meditation gut geeignet. Es schließt alle entscheidenden Aspekte meditativer Erfahrung in sich.

Begegnungen mit der Wirklichkeitsebene der Engel sind nie folgenlos – wenn auch nicht immer so leibhaftig wie bei Maria. Immer jedoch zielen sie darauf, daß im Menschen die *göttliche Dimension* geweckt, belebt und bestärkt wird.

Geht es mit der Meditation um ein Bereitwerden und um Empfänglichkeit für die Wirklichkeitsebene der Engel, so geht es damit immer auch um die Offenheit für die *Gottesgeburt in der menschlichen Seele*, wie es die Mystik nennt. Das ist ein Weg, der einen legitimen Raum im lutherischen Protestantismus wieder neu finden muß und kann, anknüpfend an Luthers eigenen Schulungsweg in der Tradition seines Ordens.[31]

Es bleibt eine Glaubensfrage, ob Engel lediglich zur inneren Bilderwelt der Seele gehören – und sie gerade deshalb Wirklichkeits-Macht besitzen – oder ob es sich hierbei um wirkende Kräfte der äußeren Welt handelt.

Für die meditative Übung jedenfalls ist die innere Erfahrung maßgebend. Auf dieser Erfahrungsebene ist die Grenze von Raum und Zeit unwichtig. Es gilt die Leitlinie: Ich bin nicht Maria, aber was an Maria geschieht, ist archetypischer Natur und trägt Modellcharakter für meine eigene Beziehung zur göttlichen Wirklichkeit: Maria ist Urbild des Glaubens.

Für das persönliches Üben kann es hilfreich sein, wenn in dieser Zeit nichts als ein Tongefäß am Meditationsplatz steht.

Wahrnehmung der Hände: «Empfangen»

«Empfangen» ist eine Grundhaltung der Meditation wie auch ein zentrales Thema des Advent.

- Richte dich mit den erlernten Schritten zum Sitzen in der Stille ein.
- Lege deine Hände auf die Oberschenkel mit den Handflächen nach unten. Beobachte das Wärmegefühl.
- Drehe die Hände so, daß sie nach oben geöffnet sind. Nimm die Veränderung wahr.
- Hebe die Hände.
- Probiere verschiedene Höhen aus.
- Senke die Hände, bis die Handrücken auf dem Oberschenkel aufliegen.
- Drehe die Handflächen nach unten.
- Finde eine Geste, die dem entspricht, was du erwartest (von der Adventszeit, vom Meditieren …) und verweile in dieser Geste äußerlich oder innerlich.
- Finde ein Wort, das dieser Geste entspricht.
- Verweile mit diesem Wort und der Erinnerung an diese Geste in deiner Meditation.
- Beende die Übung, wie du die letzten Übungen zum Abschluß gebracht hast.

■ Gehen mit Gebärden zum Empfangen/Begrüßen

- Gehe frei durch den Raum und konzentriere dich bei allen Schritten auf dich selbst.
- Gehe weiter, nimm die anderen, die auch im Raum sind, wahr. Bleibe dabei aber mit der Aufmerksamkeit auch bei dir selbst.
- Gehe weiter, nimm die anderen wahr und begrüße sie schweigend.
- Gehe weiter, nimm die anderen wahr, begrüße sie schweigend und finde eine Geste der Begrüßung.
- Tausche dich kurz mit deinem letzten Partner bzw. deiner letzten Partnerin aus.
- Sammle dich mit den anderen um die Mitte, stelle deine Geste der Begrüßung den anderen vor und nimm die Gesten der anderen wahr.

«Ich bin leer und warte» – Texte zum Empfangen

Ich bin offen
wie eine Schale.
Ich bin leer
und warte.
Offen sein
leer sein.
Aufnehmen
die ganze Fülle.[32]

*

Schwer ist zu Gott der Abstieg. Aber schau:
du mühst dich ab mit deinen leeren Krügen,
und plötzlich ist doch: Kindsein, Mädchen, Frau –
ausreichend, um ihm endlos zu genügen.

Er ist das Wasser: bilde du nur rein
die Schale aus zwei hingewillten Händen,
und kniest du überdies –: Er wird verschwenden
und deiner größten Fassung über sein.[33]

*

Der Reifen des Rades
wird gehalten von den Speichen,
aber das Leere zwischen ihnen
ist das Sinnvolle beim Gebrauch.

Aus nassem Ton formt man Gefäße,
aber das Leere in ihnen ermöglicht das Füllen der Krüge.

Aus Holz zimmert man Türen und Fenster,
aber das Leere in ihnen macht das Haus bewohnbar.

So ist das Sichtbare zwar von Nutzen,
doch das Wesentliche bleibt unsichtbar.[34]

Zur Frage werden: «Wie soll ich dich empfangen?»

- Richte dich mit den erlernten Schritten zum Sitzen in der Stille ein.
- Laß deinen Blick eine Weile auf dem Tongefäß ruhen, bevor du die Achtsamkeit nach innen wendest.
- Werde wie ein Gefäß.
- Werde ganz zu der Frage: «Wie soll ich dich empfangen?»
- Verweile in dieser Frage.
- Beende die Übung wie die vergangenen Übungen.

Achte bei dieser Übung darauf, nicht Antworten auf diese Frage zu finden. Versuche, wirklich zur Frage zu werden, so gut es dir jetzt gelingt.

Übung zur Aufmerksamkeit (Hände)

Während die Gruppe im Raum verteilt steht, gibt ein Team-Mitglied folgende Einführung:

Aufmerksamkeit ist wie ein Vogel, der über ein Tal fliegt: er sinkt ab, schlägt wieder neu die Flügel, sinkt und hebt sich wieder. Aufmerksamkeit fliegt nicht geradlinig wie ein Pfeil.

Die Übung der Aufmerksamkeit besteht darin, daß wir dem Vogel zuschauen, «Zeuge werden». Mit dem folgenden Experiment üben wir unsere Aufmerksamkeit:

- Steh fest auf beiden Füßen. Laß dein Gewicht sich gleichmäßig auf Fersen und Fußballen verteilen. Nimm wahr, wie der Boden dein Gewicht trägt.
- Konzentriere dich auf deinen Scheitel. Nimm von diesem höchsten Punkt deines Kopfes aus den Raum über dir wahr.
- Stell dir die senkrechte Achse deines Körpers vor, die dich vom Scheitel bis zum Beckenboden und den Füßen durchzieht.
- Verlagere dein Gewicht auf die Fußballen, ohne die Fersen von Boden zu lösen, und umgekehrt auf die Fersen. Achte dabei auf die Bewegung deiner Körperachse.
- Verlagere dein Gewicht nach rechts und links auf die Fußseiten. Achte dabei auf die Bewegung deiner Körperachse.
- Laß das Vor- und Zurückpendeln allmählich zum Kreisen werden – so, als würdest du mit dem Schwerpunkt deines Gewichtes deine Fußflächen umkreisen.

- Laß die Kreise größer werden, dann wieder enger, bis du in der Achse deines Körpers ruhig und zentriert stehst.
- Leg deine Hände vor deinem Bauch ineineinander, so daß sie zusammen mit dem Becken ein «Nest» bilden.
- Nimm deine Gedanken wahr: Wo sind sie jetzt? Bei dir und deinem Körper? Sieh ihnen zu, wie du einem Schwarm Spatzen zusehen kannst.
- Locke deine Gedanken und deine Aufmerksamkeit zurück in das «Nest» deiner Hände und halte sie dort ein paar Atemzüge lang fest.
- Laß sie wieder frei schweifen und sieh ihnen zu, wohin sie fliegen.
- Laß sie wieder zurückkehren in das «Nest».
- Geh mit deiner Aufmerksamkeit weg von dir. *(Hier kann die bzw. der Anleitende verschiedene Richtungen einspielen: nach draußen; zurück nach Hause oder was immer die Übungssituation nahelegt – vielleicht ein Geräusch in der Umgebung).*
- Schau deinen Gedanken zu, ohne dich mit ihnen zu identifizieren.
- Hole sie wieder zurück in deine Mitte – in das «Nest» deiner Hände und deines Leibes.
- Laß deine Aufmerksamkeit frei.
- Lös dich aus der gesammelten Haltung, lockere Füße, Hände, den gesamten Körper.

■ Engel-Erfahrung im Gruppengespräch

Wir sprechen mit dem Impuls die unmittelbare Erfahrungsebene an. In die Stille hinein liest ein Team-Mitglied Lukas 1,26-32a. Während die Gruppe sich wieder frei im Raum bewegt, gibt ein Team-Mitglied die Frage als Denkanstoß:

- Habe ich Erfahrungen gemacht, die ich beschreiben könnte mit dem Satz: «Das war, als sei mir ein Engel begegnet!»

Die GruppenteilnehmerInnen gehen mit dieser Frage und bilden dann Dreiergruppen zum Gespräch über Engel-Erfahrungen. Der Dreiergruppenprozeß kann zu einer Blitzlichtrunde im Plenum übergeleitet werden, bevor die Gruppe sich zum Sitzen in der Stille einrichtet.

Begegnung mit dem Engel

Zu Maria trat der Engel mit dem Wort: «Gott hat dich angesehen, Maria. Gott ist mit dir. Gesegnet bist du!» (Luk. 1,28) Der Engel ist so etwas wie ein Gestalt gewordener liebender Blick Gottes, in dem er uns nahe ist.

Wir sind nicht Maria. Aber wir leben in einer Welt, der die göttliche Wirklichkeit nicht ferner ist, als sie Maria war.

Wir können mit unserer Meditation den Engel Gottes nicht nötigen, daß er auch zu uns herantritt. Aber wir lassen es zu, daß die göttliche Wirklichkeit an uns herantritt oder uns berührt, wenn es ihr gefällt. Denn «Gott kommt wohl oft zu uns, aber wir sind nicht zu Hause!» Bleiben wir also in dieser Übung bei uns, in unserem Körper «zu Hause» – so gut es uns eben jetzt gelingt. So halten wir uns offen für die Berührung durch den Engel. Lassen wir dabei alle Vorstellungen davon los, wie der Engel Gottes zu uns tritt, wie er aussieht… Gott kommt im Zweifelsfalle immer anders, als wir ihn erwarten.

Darum ist es das beste, wenn wir einfach offen und bereit sind – einfach da, wie das Tongefäß, das wir geformt haben, einfach an seinem Platz da ist.

- Nimm wieder die gesammelte Haltung ein.
- Achte auf die Verbindung zum Boden, der dich trägt.
- Nimm dich aufmerksam als Körper wahr.
- Sei in dieser Haltung ganz offen für die göttliche Wiklichkeit, die dir begegnen oder dich berühren kann. Du mußt und kannst sie nicht herbeidenken, kannst dich aber um schlichte Offenheit bemühen.
- Verweile in dieser Haltung.
- Beende die Übung, wie du die letzten Übungen zum Abschluß gebracht hast.

■ Gesprächsimpuls für die Kleingruppen

Wesentlich für die Formulierung des Impulses ist die Offenheit. «Wie hast du das Hinzutreten des Engels erlebt?» setzt als Frage voraus, daß in der Meditation eine Engelerfahrung gemacht worden ist. Bereits in der Fragestellung ist die im Übungsimpuls angelegte Offenheit durchzuhalten: Die göttliche Wirklichkeit ist nicht verfügbar. Daher soll der Gesprächsimpuls so offen formuliert sein, daß darin auch «Fehlerlebnisse» ohne vorlaufende Wertung aufgehoben sind; etwa:

«Welche Erfahrungen habe ich bei dieser Übung zu Hause oder heute abend gemacht?»

Es könnte Aufgabe der Einzelgespräche sein, genauer hinzusehen, wie die einzelnen mit dieser Offenheit umgegangen sind.

■ Vorschlag für einen Segen zum Abschluß dieser Meditation

Der Segen am Schluß der Abende sollte nicht als Wunsch formuliert sein. Segen ist nicht das eine Veranstaltung abschließende Wort, sondern Vollzug: Er ist eröffnender Zuspruch der wahrgenommenen Anwesenheit Gottes und seiner heilenden und schützenden Kraft. Er kann der Tradition entnommen sein. Bei meditativen Übungen legt es sich nahe, daß der Segen aus dem meditativen Übungsvollzug selbst heraus entwickelt wird. Am Schluß der Übungen, in deren Mittelpunkt die Begegnung Marias mit dem Engel steht, könnte ein Segen so lauten:

«So spricht der Engel zu Maria und auch zu dir:
        Gott hat dich angesehen. Gott ist mit dir.
        Gesegnet bist du!

> Darum geh deinen Weg,
> geborgen im Frieden des lebenschaffenden Gottes.»

Neues, Göttliches wächst in mir

- Gründe dich zunächst wieder auf dem Boden: Nimm den Kontakt der Füße und Beine mit dem Boden wahr und den Kontakt, den deine Sitzknochen mit der Sitzfläche haben.
- Überlaß dich der Erfahrung der tragenden und aufrichtenden Kraft des Bodens und versuche, diese Kraft bis zum Scheitel zu spüren.
- Laß deine Aufmerksamkeit zurück in den Beckenraum wandern.
- Nimm deine Atmung dort wahr.
- Erspüre den Innenraum, der sich öffnet. Es ist der Raum im Leib der Frau, in dem jedes werdende menschliche Leben entsteht; der Raum auch, in dem Gott Mensch wird.
- Verweile mit diesem Bewußtsein im Innenraum deines Leibes und nimm dort den Atem wahr.

In einer weiteren Übung dieser Meditation gib der Betrachtung in dir Raum: Ich bin nicht Maria – und doch offen für die Berührung durch die göttliche Welt – für die Begegnung mit dem Engel, die auch in mir Neues wachsen lassen kann.

- Wo in mir könnte Neues zu wachsen beginnen?
- Was könnte bei mir das neue Leben sein?

■ Reigen: «Maria durch ein Dornwald ging…»[35]

1. Ma - ri - a durch ein Dorn - wald_ ging, Ky - rie e - lei -
2. Was trug Ma - ri - a unter ih - rem Herzen? Ky - rie e - lei -
3. Da haben die Dor - nen Ro - sen ge - tragen. Ky - rie e - lei -

son! Ma - ri - a durch ein_ Dorn - wald ging, der_
son! Ein_ klei - nes Kind - lein_ oh - ne Schmer - zen das
son! Als das Kind - lein durch den_ Wald ge - tragen, da_

hat in sie - ben Jahrn kein Laub ge - tra - gen.
trug Ma - ri - a un - ter ih - rem Her - zen. Je - sus und Ma - ri - a!
haben die Dor - nen_ Rosen ge - tra - gen.

Melodie und Rhythmus dieses religiösen Volksliedes, das schon im 16. Jahrhundert gesungen wurde, laden zu ruhigem und gehaltenem Schreiten ein:

Nach dem Auftakt beginnt der rechte Fuß nach rechts in Tanzrichtung. Das Gewicht verlagert sich auf diesen Fuß, während der linke Fuß nachgezogen und nur leicht neben den rechten gestellt wird. Nun schreitet der linke Fuß in Tanzrichtung voran, übernimmt das Gewicht, während der rechte Fuß nachgezogen und leicht neben den linken gestellt wird. Der rechte Fuß übernimmt nun wieder wie zu Anfang die Führung usw., so daß ein wiegendes Schreiten entsteht. Die Arme sind dabei vor dem Oberkörper verschränkt, können auch in eine Gebärde übergehen, als wenn ein Kind in den Armen gehalten und hin und her gewiegt wird.

Die pilgernde Maria als das Urbild des Menschen, in dem Gott Mensch werden will, bleibt so nicht nur als theologischer Gedanke im Kopf, sondern wird im leibhaftigen Vollzug meditiert.

Marias Erfahrung lädt ein, daß auch die weiblichen Anteile im Mann angesprochen werden können, und muß nicht geschlechtsspezifisch ausgrenzend verinnerlicht werden. Die Erfahrung der Gottesgeburt im Menschen ist auch von Männern gewonnen und beschrieben worden. Der Reigen ist eine Annäherung an eine solche mystische Erfahrung.

WEIHNACHTEN

In der dunkelsten Zeit des Jahres überschreitet in nördlichen Breiten die Sonne kaum den Horizont. Diese *Erfahrung der Natur* mögen vorchristliche Kulturen empfunden haben, als hätte das Dunkel der Erde das Licht verschlungen. Die menschliche Seele trägt immer auch vorchristliche Aspekte in ihren verborgenen Tiefen – und so erleben viele Menschen gerade diese Zeit als besonders kritisch und bedrängend. Das Licht, von dem wir leben – und damit unser Leben selbst –, scheint gefährdet zu sein.

Diese dunkelste Zeit der Gefährdung des Lichtes ist nun der Zeitpunkt, an dem das Licht neu geboren wird und mit neuer Kraft zurückkehrt. Die Dunkelheit der Erde ist der Mutterschoß, aus dem das Licht hervorbricht.

So hat christliche Überlieferung sehr früh die Erde zum Ort der Geburt Christi werden lassen. Gott ist «im Fleisch»; das göttliche «Wort», das «jeden Menschen erleuchtet», strahlt als das wahre Licht auf (Joh. 1,9). Gottes rettende Zuwendung, die den Menschen aus der bedrängenden Nacht herausführt, geschieht verborgen im Dunkel der Nacht.

Ältere Weihnachtsbilder und ostkirchliche Ikonen lassen die Geburt Christi in einer Höhle geschehen. Der Mutterschoß Marias und die Erde, in der Gott Mensch wird, treten in Beziehung zueinander. Dies ist auch die Thematik des heutigen Weihnachtsfestes.

Die historisch später erfolgte Aufgliederung in zwei Feste läßt es zu, auf unserem Übungsweg mit dem Weihnachtsfest die Hauptaufmerksamkeit auf den «Raum» und Ort der Gottesgeburt zu lenken: den Mutterschoß Marias und die Erdenhöhle. Wohl gilt: wir sind nicht Maria, aber an Maria wird deutlich: Wo immer die göttliche Wirklichkeit uns in der Tiefe berührt, wächst Neues in unserem Leben. Die Menschwerdung Gottes in Maria ist Urbild der Menschwerdung Gottes im Menschen – auch in uns.

In den meditativen Übungen geht es darum, den Leib als «Tempel des Heiligen» (1. Kor. 6,19) wahrzunehmen. Das Heilige bleibt uns dabei unverfügbar. Wir üben zunächst die Aufmerksamkeit im Leibe in Verbindung mit dem Vertrauen darauf, daß sich die Bitte an den «Gott mit uns» erfüllt: «... werd' auch in mir nun geboren.»[36]

Die Auswahl des Meditationsbildes achtet auf den Erdbezug der Darstellung und ihre elementare Schlichtheit. Das Bild kann die Übung vertiefen, den eigenen Körper als Innenraum zu entdecken, der sich für Gottes Anwesenheit öffnet.

Übung zu Weihnachten

Die Geburt Christi ist hier dargestellt in einer Erdhöhle – ein altes Motiv.

Maria auf der einen, Joseph auf der anderen Seite mit je unterschiedlichen Gebärden umgeben das Kind, das wie in hellem Lichte liegt. Ochs und Esel beugen sich über das Kind. Sie alle sind umschlossen von der engen Höhle.

Knüpfe mit deiner Meditation an die vorausgegangenen Übungen an, in denen du deinen Leib als erdhaftes Gefäß, als Innenraum begriffen hast, der vom göttlichen Leben berührt wird oder erfüllt sein will.

- Sieh dir das Bild an, und laß es auf dich wirken.
- Gehe hin und her zwischen der Wahrnehmung deines Leibes als Innenraum und der Betrachtung dieses Bildes von der Geburt Gottes in der Erdhöhle.
- Verweile schließlich mit deiner Aufmerksamkeit in deinem Inneren.
- Versuche, dich dort an das äußere Bild zu er-«innern».
- Vielleicht hilft dir auf diesem Betrachtungsweg das Gebet[37]:
    «So laß mich doch dein Kripplein sein,
    komm, komm und lege bei mir ein
    dich und all deine Freuden.»
- Kehre bei deiner Meditation immer dann zum äußeren Bild zurück, wenn deine Aufmerksamkeit verlorengeht, und komme vom äußeren Bild neu zur inneren Wahrnehmung.
- Beende die Übung, wie du die letzten Übungen zum Abschluß gebracht hast.

Bei der wiederholten Meditation des Bildes löse dich immer mehr von der äußeren Betrachtung des Bildes. Laß deine Aufmerksamkeit immer intensiver in deinem Innenraum verweilen.

■ Sitzen mit dem Weihnachtsbild

Die Gruppe bewegt sich vor einer ruhigen Phase des Sitzens im Raum. Während der Bewegung gruppiert das Team Kerzen (Teelichte) und die Bilder von der Geburt in der Höhle um die Mitte. Die Gruppe erhält dann den folgenden Auftrag:

- Geh, wenn du an deinen Platz zurückkehrst, zur Mitte, nimm ein Licht, zünde es an der mittleren Kerze an, nimm auch ein Bild mit an deinen Platz, und stelle es vor dich für eine Betrachtung. Stell das Licht zum Kind.
- Sieh dir das Bild an.
- Schließ die Augen, laß den Eindruck des Bildes in dir nachwirken.
- Nimm deinen Körper als Innenraum wahr.
- Öffne die Augen, sieh noch einmal das Bild von der Geburt in der Höhle und die Kerze davor an, und schließe die Augen wieder.

- Bleib mit deiner Aufmerksamkeit bei dem inneren Eindruck dessen, was du gesehen hast, auch wenn du die Augen schließt oder halb geöffnet hältst.
- Verweil still bei dem inneren Bild und kehre zum äußeren Bild nur zurück, wenn deine Aufmerksamkeit wegwandert: Sammle sie dann am äußeren Bild, und gehe von dort aus wieder zum inneren Eindruck zurück.

Sitzen in der Stille – «Er-Innerung» des Weihnachtsbildes

- Erinnere dich an das Bild.
- Nimm deinen Körper als Innenraum wahr, in dem der Atem kommt und geht.
- Gibt es etwas aus dem Bild, was in dir wieder auftaucht?
- Wie fühlt sich der Eindruck an, den das Bild hinterläßt?
- Verweile mit diesem Eindruck in der Stille.

Die Übung kann in einem kreativen Schritt weitergeführt werden:

Papier und Stifte werden vom Team ausgeteilt bzw. vor der Übung bereitgelegt.

- Versuche, die für dich wichtigste Erfahrung (Gestalt des Bildes, Farbe, Gestimmtheit, Klang, Melodie) aus dieser oder einer anderen Meditation in einem Satz oder Bild zu fassen.
- Halte dies auf dem Blatt Papier fest.
- Gehe mit dieser Erfahrung ‹schwanger›.
- Schweigendes Gehen

EPIPHANIAS UND EPIPHANIASZEIT

Im *Naturjahr* der nördlichen Hemisphäre hat mit der Wintersonnenwende das Licht wieder die Oberhand gewonnen. Die Tage werden länger. Das Grau der Natur ist meistens überdeckt vom Weiß des Schnees.

In den Nächten von Weihnachten bis Epiphanias wurde auch in vorchristlicher Zeit der neue Aufbruch des Lichtes gefeiert. Dieses Motiv nimmt in der *christlichen Tradition* das Ephiphaniasfest auf mit der Geschichte vom Stern, der den Weisen ferner Völker den Weg zeigt. Es feiert Christus als das zur Person gewordene göttliche Licht, das in der äußeren Welt als Jesus von Nazareth erscheint – und das zugleich zu allen Zeiten als inneres Licht in den Herzen der Menschen aufscheinen will.

In der kirchlichen Überlieferung bedeutet dies, daß das Licht in mir geweckt wird durch die Begegnung (hinhören, hinschauen, hinspüren) mit dem äußeren Licht des Chistusgeschehens, das auf mich zukommt. Diese Doppelbewegung beschreibt das Prophetenwort «Mache dich auf, werde licht, denn dein Licht kommt und die Herrlichkeit des Herrn geht auf über dir ... Über dir geht auf der Herr und seine Herrlichkeit erstrahlt über dir» (Jes. 60,1–2).

Das Evangelium des ersten Sonntags nach Epiphanias (Matth. 3,13–16) erzählt, wie Jesus nach der Taufe unter geöffnetem Himmel von oben her vom göttlichen Geist durchdrungen wird. Das Evangelium des letzten EpiphaniasSonntags (Matth. 17,1–9) zeigt Jesus als vom göttlichen Licht durchdrungen und dieses Licht ausstrahlend. In beiden Evangelien-Abschnitten ist das Licht verbunden mit der Stimme vom Himmel: «Dies ist mein lieber Sohn, an dem ich Wohlgefallen habe.»

Von frühester Zeit an wurde dieses Evangelium nicht nur christusbezogen gedeutet, sondern auch als Bild für die göttliche Berufung des Menschen. Dabei bildete die Taufe die Brücke, die das Christusgeschehen als historischsymbolisches Geschehen der Vergangenheit vergegenwärtigt zur Möglichkeit des Menschen. Durch sie gilt das Wort vom göttlichen Wohlgefallen für jeden Menschen. Paulus deutet Christus als einen göttlichen Lichtmantel, der den Menschen schützend umhüllt und der ihm durch die Taufe vermittelt ist (Röm 13,14). Das weiße Taufkleid erinnert bis heute an diese Symbolik. Das Licht ist dabei nur eine andere Ausdrucksform der Wirklichkeit, die in der Zusage des göttlichen Wohlgefallens auch geschieht.

Für den meditativen Übungweg wird der Christusweg in diesem Sinne integrativ verstanden, nicht nur stellvertretend. Das «Nachfolge»-Motiv spielt die zentrale Rolle.

Die mit der Taufe vergewisserte Wirklichkeit, «in Christus» zu sein, wird als das uns schützend und bergend umhüllende Licht meditiert, das auch Christus bei seiner Taufe umhüllte. So deutet auch die Kunst vielfach den geöffneten Himmel. Die mit der Taufe empfangene und im Abendmahl ständig erneuerte Wirklichkeit, daß «Christus in mir» lebt (Gal. 2,20), wird meditiert als das mich bis in das Innerste hinein durchdringende Licht, das durch mich hindurch wieder ausstrahlen will (2. Kor. 4,6), wie es auf dem Berg der Verklärung durch Christus hindurch ausgestrahlt hat.

Mit solchen Aussagen bewegen wir uns auf der symbolischen Ebene, die für die Meditation die entscheidende Erfahrungsebene ist.

Die *meditative Übung* zu Epiphanias und zur Epiphaniaszeit entfaltet diese Lichtsymbolik in methodischen Übungsschritten:

Die Kerze ist das in allen christlichen Konfessionen am weitesten verbreitete Symbol für die Christus-Erscheinung. In der Gestalt der Osterkerze gewinnt es zunehmend an Bedeutung, ist jedoch in allen zu Gottesdienst und Besinnung entzündeten Kerzen gleichfalls lebendig.

Der Weg der Meditation zu Epiphanias führt von der Wahrnehmung der Kerze mit den Augen über die Verbindung des imaginierten Lichtes mit dem

Atem durch die Nase hin zu der Öffnung für einen imaginierten Lichtstrom, der die Meditierenden schützend umhüllt, aber auch durchströmt. Dieser Weg zu immer abstrakterer Wahrnehmung des Lichtes entspricht einer schrittweisen Annäherung von der gegenständlichen Ebene der Kerze bis hin zu der symbolischen Tiefendimension des Lichtes, das hinweist auf die allgegenwärtige Lichtkraft dessen, der als «das Licht der Welt» geglaubt wird (Joh 8,12), oder als der Logos, der als «das wahre Licht alle Menschen erleuchtet, die in diese Welt kommen» (Joh. 1,9). Die imaginativen Übungen können und wollen diese geglaubte Wirklichkeit nicht herbeiführen. Sie machen vielmehr bereit für eine Erfahrung dieser Wirklichkeitsebene, die sich nicht mehr in Bilder fassen läßt und die nicht verfügbar ist. Sie tragen also Annäherungscharakter.[38]

Licht als konkretes Phänomen ist zunächst eine apersonale Größe. Als Symbol für den liebend und heilend in Christus dem Menschen zugewandten Gott trägt es jedoch personale Züge. Die Redensart: «Wenn du mich ansiehst, wird mir warm um das Herz.» läßt etwas spüren von der symbolischen Qualität der Lichtenergie. In der Tradition des evangelischen Kirchenliedes drückt diesen Zusammenhang am deutlichsten Philipp Nicolai (1599) aus mit seinem Epiphaniaslied «Wie schön leuchtet der Morgenstern»: «Von Gott kommt mir ein Freudenschein, wenn du mich mit den Augen dein gar freundlich tust anblicken ...». In der Malerei gestaltet Matthias Grünewald mit dem Auferstehungsbild des Isenheimer Altars den personalen Charakter des transzendenten Lichtes, das in Christi Angesicht aufleuchtet, in einer die Aussagekraft gegenständlich-bildnerischer Darstellung schon fast überschreitenden Weise. Der personale Charakter des Lichtes soll am Anfang der Lichtmeditationen benannt werden. Damit wird auch die personale Dimension christlicher Gotteserfahrung angedeutet. Zugleich wird die gelegentlich auftretende Assoziation eines grellen, verletzenden Lichtes vermieden und der heilende Charakter der Personbeziehung unmittelbar in die Lichtmeditation einbezogen.

Mit dem Epiphanias-Festkreis kommt ein erster Zyklus des Kirchenjahres wie auch unseres Übungsweges zum Abschluß.

In den Sonntagsevangelien der Epiphaniaszeit wird die Sendung des irdischen Jesus zu den Menschen dargestellt (Matth. 3,13–17) und bis zu seinem Weg in das Leiden entfaltet. Die Episteln dieser Sonntage zeigen auf, wie sich diese Sendung Jesu in den Menschen spiegelt, die an Jesus als das personegewordene göttliche Licht glauben. Das gipfelt am letzten Sonntag nach Epiphanias in den Sätzen: «Gott sprach: Licht soll aus der Finsternis hervorleuchten. Er hat einen hellen Schein in unsere Herzen gegeben, daß durch uns entstünde die Erleuchtung zur Erkenntnis der Herrlichkeit Gottes im Angesicht Jesu Christi. Wir haben aber diesen Schatz in irdenen Gefäßen, damit die überschwengliche Kraft sei Gottes und nicht von uns…» (2. Kor. 4,6–10). Beginnend mit der Ankündigung der Geburt Jesu ist hier der Spannungsbogen vom verborgenen kleinen und unscheinbaren Anfang im Inneren des Menschen Maria hin zu einem öffentlichen und nach außen gerichteten Wirken ein erstes Mal entfaltet und in seinem Ziel aufgezeigt.

Raumgestaltung zu Epiphanias

In der Mitte des Raumes steht auf einer runden Matte eine Tonschale, darin ein großes Teelicht, dessen Schein die Schale von innen erleuchtet.

Übungen zur Epiphaniaszeit – Entfaltung der Weihnachtsmeditation

Als Motto der Meditationen zu Epiphanias legt sich das Gedicht von Joseph Weinheber nahe:

> Als ein behutsam Licht
> stiegst Du von Vaters Thron.
> Wachse, erlisch uns nicht,
> Gotteskind, Menschensohn!

Wir meditieren dieses behutsame, um uns werbende und uns heilend erfüllende Licht am äußeren Symbol der Kerze und als aktive Imagination des Lichtes, indem wir uns mit unserer Vorstellungskraft die Christuswirklichkeit als Licht vergegenwärtigen[39]. Eine Bewegungsfolge unterstützt dies.

Der Weg mit der Gruppe wird in der Regel durch Weihnachten für längere Zeit unterbrochen. Die TeilnehmerInnen des Kurses haben möglicherweise noch nicht sehr intensiv in die Übung hineingefunden. Es legt sich also nahe, zum Beginn dieser Phase des Kurses noch einmal die grundlegenden Übungsaspekte zu gestalten: Sitzen und Erdkontakt, Atem sowie das schlichte Anwesend-Sein. Bei den folgenden Übungsanleitungen wird nicht mehr ausdrücklich auf die Grundschritte des Meditierens verwiesen. Das Team sollte sie nach Bedarf mit der Gruppe üben.

■ Reigen: «Mache dich auf und werde licht…»

Der Reigen kann entweder einfach vollzogen oder auch eingeführt werden mit dem Hinweis auf den biblischen Hintergrund Jesaja 60, 1–2:

> *«Auf, werde licht, denn es kommt dein Licht, und die Herrlichkeit des Herrn geht leuchtend auf über dir. Denn siehe: Finsternis bedeckt die Erde und Dunkel die Völker, doch über dir geht leuchtend der Herr auf, seine Herrlichkeit erscheint über dir.»*

Der Aufruf, sich für das Licht zu öffnen, ist bezogen auf die Wahrnehmung, daß Dunkelheit die Völkerwelt bedeckt. Das aufgehende Licht Gottes wird verstanden als Kraft, sich der Dunkelheit zu entziehen und ihr entgegenzutreten. Es kommt darauf an, sich für dieses Licht zu öffnen.

Die christliche Tradition hat diese Verheißung so verstanden, daß sie in der Erscheinung Christi sich zu erfüllen beginnt. Der Kanon ist daher eine Einladung, sich für das Christuslicht zu öffnen – gerade angesichts erfahrener Dunkelheit.

Für die Umsetzung dieses Prophetenwortes als Anleitung zur Meditation bedeutet dies: Es geht nicht um einen Appell an die Willenskräfte im Menschen, sondern um eine Einladung, sich dem Licht auszusetzen. Das Öffnen für das Licht geschieht in dem Maße, in dem das Licht den Menschen berührt. Aufgabe des menschlichen Willens ist dabei lediglich, dem Licht nicht auszuweichen, sondern sich ihm zu überlassen. Tersteegen, ein evangelischer Mystiker und Meditationslehrer, beschreibt diesen Vorgang mit dem Bild von der Blüte, die das Licht in sich aufnimmt, indem es das Licht einfach wirken läßt.

Die Schrittfolge des Reigens entspricht in den verschiedenen Varianten den bereits bekannten zu dem Kanon «Ausgang und Eingang». Bei einer Gruppe, in der erfahrungsgemäß einige Menschen sich nicht leicht auf meditative Tänze einlassen können, hat sich bewährt, wiederholend mit einfachen Grundschritten zu arbeiten, zum Beispiel:

Pilgerweg

Der Kanon «Mache dich auf und werde Licht…» wird zunächst gemeinsam gesungen.

Während die Gruppe weitersingt, zeigt die/der Anleitende der Gruppe den Pilgerschritt, reiht sich wieder in den Kreis ein, eröffnet den Reigen im einfachen Pilgerschritt (re vor, li vor, re vor, zurück wiegen, re vor usw.) und öffnet den Kreis zur Spirale, die sich in den Raum hinein auflöst.

Kreistanz

Die Gruppe steht im Kreis; die/der Anleitende zeigt in der Mitte die Schrittfolge, übt die Schrittfolge mit allen zunächst ohne Gesang und verbindet dann die Schrittfolge und den Gesang miteinander.

Die Hände sind miteinander verbunden, die rechte empfangend geöffnet, die linke gebend in die Hand der Nachbarin gelegt, die Arme lassen jede unnötige Anspannung los:

auf dem Kreisbogen:

| = re vor, li vor, re vor, li wiegen | Mache dich auf und werde licht, |
| = re vor, li vor, re vor, li wiegen | mache dich auf und werde licht, |

zur Mitte hin:

= re vor, li vor,	Mache dich auf
= re wiegen, li wiegen	und werde licht,

von der Mitte zurück zum Kreisbogen:

= re zurück,	denn
= li zurück,	dein
= re in Tanzrichtung wenden	Licht
= li wiegen	kommt.

Beim Weg zur Mitte heben sich die Hände gemeinsam über die Köpfe und bilden eine gemeisame große Schale, die sich empfangend nach oben öffnet; beim Weg aus der Mitte zurück sinken die Hände wieder in die Ausgangsstellung zurück.

Alternative

Wenn die Gruppe mit dem Reigen gut vertraut ist, können sich die Hände beim Weg in die Mitte voneinander lösen, sich je einzeln zur Mitte hin erheben und dort sich mit den Außenkanten der benachbarten Hände leicht berühren: Der Weg zur Mitte, zum göttlichen Licht, ist immer ein einsamer Weg, auch wenn ich ihn gemeinsam mit anderen gehe. Um das Licht zu empfangen, löse ich mich von allen anderen Händen, die mir vertraut sind.

Beim Weg aus der Mitte zurück wird das empfangene Licht in symbolischer Geste mit vor der Brust sich überkreuzenden Händen in die eigene Mitte geführt, bevor die Hände in der nächsten Phase des Reigens wieder zueinander finden.

Wahrnehmungsübung mit dem Licht

- Zünde dir eine Kerze an.
- Konzentriere dich auf das Licht.

  Nimm wahr: Ich sehe auf das Licht.

                 Ich öffne mich für das Licht,.

                 Das Licht kommt auf mich zu.

- Wiederhole die Wahrnehmung
- – mit fixierendem Blick,

  – mit halb geöffneten Augen,

  – mit geschlossenen Augen.
- Verweile bei dem inneren Eindruck, den das Licht in dir hinterläßt.
- Löse dich aus der gesammelten Konzentration und beginne, dich behutsam zu bewegen und nimm deine Umgebung wahr.

Wahrnehmungsübung mit Atem und Licht

- Beginne deine Meditation auf die gewohnte Weise, indem du den Körper, den Atem und die Stille in dir wahrnimmst.

- Sieh das Licht in der Mitte an, und verweile mit deiner Aufmerksamkeit bei ihm.
- Schließe die Augen.
- Nimm den Fluß deines Atems wahr als eine Hin- und Herbewegung zwischen Aus- und Einatmen.
- Verbinde diesen Atemfluß mit der Erinnerung an das Licht.
- Nimm wahr: Licht fließt in mich ein. Erspüre dabei deine inneren Räume, die das Licht berührt oder auch durchdringt.
- Verweile in dieser Vorstellung.
- Löse dich aus der gesammelten Konzentration, beginne dich behutsam zu bewegen und nimm deine Umgebung bewußt wahr.

Bewegung mit dem Atem und Gebetsgebärden

Vorüberlegungen

Für die Einübung dieser und anderer Bewegungsmeditationen als Körpergebet ist genügend Zeit nötig zur aufmerksamen Wahrnehmung des Stehens und der Wirkung der Bewegungsfolge, bevor ein Text deutend dazutritt. Die Aussage der Körpersprache als Interpretation der Worte geht verloren, wenn das Wort zu früh zur Bewegung gesagt wird. In der Regel wird dann die Bewegung vom Wort her und nicht das Wort von der Bewegung her verstanden. Körperwahrnehmung aktiviert die beim worthaften Beten vernachlässigte Bewußtseinsebene; sie bedarf einer gründlichen «Nachübung» beim Beten. In der Verbindung von Gebetsgebärde und Gebetswort vollzieht sich ganzheitliches Beten: Unser Leib betet mit.

Vorausgesetzt ist bei dieser Weise des Betens die Erfahrung, daß der Leib selbst eine spirituelle Dimension in sich trägt; die sprachliche Unterscheidung von Körper und Leib könnte eine Erinnerung daran sein. In der Praxis ist also der Weg von der Aufmerksamkeit auf körperliche Bereiche bzw. Bewegungsabläufe zur Leibeswahrnehmung und von dort zum Gebet mit Worten zu beschreiten.

Vorbereitung

- Konzentriere dich auf Bodenkontakt und Scheitelpunkt. Nimm die aufrechte Linie in deinem Körper wahr. Bewege dich, schüttle Hände, Arme, Schultern, den ganzen Körper. Zieh mit deinem Gesicht Grimassen. Laß alles zum Boden hin los, was dich in Spannung hält.
- Konzentriere dich auf die Atmung, halte die Hände vor dem Bauch gefaltet, die Handflächen nach oben geöffnet. Atme in den so erweiterten Bauchraum (in die Hände) hinein.

80

Grundübung

- Atme ein,   führe dabei deine Hände, nach oben geöffnet, bis unter das Kinn.
- Atempause,   wende deine Handfläche nach unten.
- Atme aus,   führe dabei deine Hände, nach unten geöffnet, bis zum Bauch; laß die Hände am Körper entlang nach unten sinken.
- Atempause,   löse dabei deine Hände.
- Atme ein,   laß dabei deine Hände rechts und links vom Körper ausgestreckt in weitem Bogen nach oben wandern; wende auf Schulterhöhe die Handflächen nach oben; laß sie weiter nach oben wandern, bis sie sich über dem Scheitel fast berühren:
- Atempause,   erspüre die aufrechten Linie in deinem Körper und darüber hinaus.
- Atme aus,   laß deine Hände in nahem Abstand bis zum Scheitelpunkt wandern, von dort – ohne den Körper direkt zu berühren – an die Mitte des Kopfes und vor Kopf und Brust abwärts bis zur Magengegend.
- Atempause,   löse dabei deine Hände voneinander und kehre in die Ausgangshaltung zurück.

Laß dir Zeit, diese Grundübung im eigenen Atemrhythmus mehrere Male durchzuführen. Kehre in die lockere Stellung zurück. Erst dann wiederhole die Bewegungsmeditation, und verbinde sie mit dem folgenden Text. Atempausen sind im Text nicht ausdrücklich markiert.

Gebärdengebet zum Lied

- Erneuere mich, o ewig's Licht,   Einatmen
- und laß von deinem Angesicht   Ausatmen
- mein Herz und Seel mit deinem Schein   Einatmen
- durchleuchtet und erfüllet sein.   Ausatmen.

■ PartnerInnen-Arbeit zur Wahrnehmung des Atems

Der eigentlichen Arbeit zu zweit vorangestellt ist eine kurze Darstellung der Übung, damit die Übenden wissen, woraufhin sie sich die PartnerInnen auswählen. Für den ersten Vollzug der Übung hat sich bewährt, jeden Schritt unmittelbar anzuleiten.

Die PartnerInnen finden sich und entscheiden miteinander, ob sie im Sitzen oder Liegen üben nach folgender Anleitung:

- Beobachte den Atemfluß am Rücken deiner Partnerin.

- Konzentriere dich auf den oberen Rücken,
- Nähere dich mit den Händen allmählich dem Rücken an, bis du die Atembewegungen in deinen Handflächen spüren kannst.
- Berühre behutsam den Rücken und folge mit deinen Händen aufmerksam dem Fluß des Atems deiner PartnerIn.
- Verstärke nach einiger Zeit das Ausatmen durch einen leichten Druck mit den Händen auf den Rücken. Verständigt euch, ob der Druck stärker oder schwächer ausgeübt werden soll.
- Wiederhole dieselbe Annäherung und Berührung am mittleren und unteren Rücken (fließender Übergang).

PartnerInnen-Wechsel

- Bedankt euch mit einer Geste beieinander.
- Wenn es noch etwas gibt, was ihr einander mitteilen möchtet, tut dies jetzt.
- Legt euch zur Entspannung auf die Matte.

Atemwahrnehmung und «Licht-Atmung» im Liegen

Da gelegentlich Menschen beim Liegen auf dem Boden Rückenschmerzen bekommen, hält das Team Decken zur Unterstützung des Kopfes und der Beine bereit. Die Anleitung kann aber auch auf einen Mitvollzug im Sitzen hin ausgerichtet werden.

Mit der Imagination des Lichtes, das sich mit unserem Atem verbindet, benutzen wir einerseits die kreativen und imaginativen Kräfte unserer Phantasie. Wir gehen jedoch nicht davon aus, daß wir dabei Phantasiegebilde schaffen. Vielmehr nähern wir uns mit solchen Übungen der Erfahrung einer Realität an, die der Hinduismus als Prana-Lebenskraft unmittelbar mit der Atemluft verbindet – ähnlich wie in der christlich-abendländischen Tradition der schöpferisch-belebende Anhauch Gottes im Atem wahrgenommen wird. So wird die Luft, die wir atmen, selbst zum Symbol und Träger göttlicher Nähe und göttlichen Lichtes, die uns durchdringen: «Denn in ihm (Gott) leben wir, bewegen uns und sind wir» (Apg. 17,28).

- Räkel dich, strecke und dehne dich.
- Wenn du gähnen mußt, laß es zu.
- Finde die jetzt für dich richtige Lage.
- Liege zunächst so, wie du gerade liegen möchtest.
- Nimm deine Form wahr: sie ist deine Weise, wie du im Augenblick vom Boden Unterstützung nimmst.
- Drehe dich auf den Rücken und strecke dich aus.
  Spüre deine Auflageflächen. Nimm wahr, an welchen Stellen jetzt deine Körperrückseite Kontakt mit dem Boden hat.
- Wo sind Zwischenräume zwischen Boden und Körper?
  In welchen Bereichen kannst du loslassen, und wo spürst du Spannung?
- Spüre von den Fersen aufwärts, wie du auf dem Boden aufliegst:
  Nimm deine Füße wahr,
  deine Unterschenkel, Kniekehlen und Oberschenkel,
  dein Becken,

deine Wirbelsäule und den gesamten Rücken,
deinen Schultergürtel, die Oberarme, Ellbogen, Unterarme,
deine Handflächen oder Handrücken und die Finger.
Spüre deinen Nacken und
deinen Kopf mit seiner Auflage.

- Nimm dich als Ganzes wahr mit allen Teilen, wie du vom Boden getragen wirst.
- Stimmt die Lage noch, oder willst du sie verändern (z. B. kann bei Hohlkreuz und anderen Rückenproblemen entlastend wirken, die Beine anzuwinkeln.)
- Nimm deinen Kopf wahr als einen großen Innenraum, der sich aufgliedert in kleinere Räume, die offen und durchlässig zueinander hin sind.
  Nimm wahr, wie durch die Nase der Atem in diese Räume einströmt, sich darin verbreitet und wieder ausströmt, um wieder neu einzuströmen …
- Nimm den Brustraum als einen großen, weiten Raum wahr.
  Nimm wahr, wie durch Kopf und Hals der Atem in diesen Raum einströmt, sich darin verbreitet und wieder ausströmt, um wieder neu einzuströmen …
- Nimm deinen Bauchraum wahr als einen großen Raum voller Leben.
- Nimm wahr, wie durch Kopf und Brust der Atem diesen Raum berührt, bewegt und in ihn einströmt, sich darin verbreitet und wieder ausströmt, um wieder neu einzuströmen …
- Nimm die Einheit dieser drei Räume wahr. Behutsam wie einem schlafendem Kind sieh deinem eigenen Atem zu. Nimm wahr, wie der Atem in diese Räume einströmt, sich darin verbreitet und wieder ausströmt, um wieder neu einzuströmen …
- Stelle dir den Atem als mildes, wärmendes Licht oder als Energie vor, das dich von innen her belebt und erfüllt.
- Verweile in dieser Vorstellung und Achtsamkeit auf den Atem (etwa 10 Minuten).
- Löse deine Achtsamkeit vom Atem, wende sie deinen Händen und Füßen zu und beginne, dich wieder zu bewegen.
  (Finger und Zehen, Arme und Beine, Kopf und Rumpf: Räkeln, Dehnen, spielendes Sich-Bewegen, auf dem Rücken schaukeln …)
- Richte dich behutsam auf zum Sitzen, gönne dir Zeit, dich umzusehen, richte dich dann weiter auf zum Stehen.
- Wende deinem Blick der Mitte zu und nimm das Licht in der Mitte wahr. Freue dich an dem Licht.
- Schließe die Augen, spüre ein paar Atemzüge lang dem Atem und dem Eindruck des Lichtes in der Mitte nach, lasse dich noch einmal von dem Licht erfüllen und öffne deine Augen wieder.
- Nimm die anderen in der Gruppe bewußt wahr.

In der Gruppe kann die Übung in eine Blitzlicht-Runde münden:

- «Welche meiner Erfahrungen kann und will ich jetzt in Worte fassen und mit den anderen in der Gruppe teilen?»

■ Gehen – den Scheitelpunkt wahrnehmen

- Gehe und spüre, welchen Punkt des Kopfes du als obersten Punkt empfindest (subjektive Wahrnehmung). Mache dir diesen Punkt bewußter, indem du kurz einen Finger dorthin legst.
- Suche eine(n) PartnerIn, bleibe mit ihr zusammen stehen.
  Schaut von außen – erst beim einen, dann bei der anderen, welches der oberste Punkt ist, und gebt ihn der/dem PartnerIn zur Kenntnis.
  Stellt fest, ob Eigenwahrnehmung und Fremdwahrnehmung übereinstimmen.
- Gehe wieder allein weiter.
- Wie beeinflußt deine Kopfhaltung deine Blickrichtung?
  Bestimme mit deiner Kopfhaltung, wohin dein Blick geht.
  Spiele mit den Kopfhaltungen: Laß den obersten Punkt an verschiedene Stellen deines Kopfes rutschen und probiere aus, wie dies dein Blickfeld, deine Wahrnehmung der Umwelt verändert.
- Gibt es einen Zusammenhang zwischen Kopfhaltung und Stimmung?
- Versuche, deinen Kopf gerade in der Verlängerung der Wirbelsäule zu halten und den obersten Punkt zu spüren.

Selbstmassage

Beim Meditieren geht es letztlich um das Bezogensein des Menschen auf größere Zusammenhänge. Der Mensch begreift sich als verwurzelt mit dem Boden und aufgerichtet zum Himmel. Im menschlichen Leib begegnen sich Himmel und Erde. Seine Aufgabe ist es, diese beiden Gegenpole in sich selbst zur Einheit zu führen.

Zur Erde hin wird die Anpassung an die Schwerkraft bewußt. Wir nehmen mit den Füßen die Erde wahr, die uns trägt. Füße und Beine tragen die Schale des Beckens. Die Wirbelsäule ist in ihr gegründet mit dem Kreuzbein, das ihr von unten her Halt gibt. Am obersten Punkt «wächst» sie gleichsam in den Himmel. Die Hände können der Schwerkraft folgend nach unten hängen oder nach oben «wachsen». Sie können durch mit leichtem Druck ausgeführten Streichbewegungen den Leib als Raum einnehmende äußere Gestalt spürbar und den inneren Leib erlebbar machen. Die Berührung des ganzen Leibes in unserer an Körperkontakt armen Zeit kommt stark dem Wunsch des westlichen Menschen entgegen, nicht über sich und seinen Körper nachzudenken, sondern ihn zu empfinden und zu erleben: Ich habe nicht einen Körper, sondern ich bin von Fuß bis Kopf Körper. Auch Berührungsangst wird abgebaut, da jeder selbst für sich verantwortlich ist.

Die im Folgenden beschriebene Übung wird auch «Meridian-Massage» genannt entsprechend den Energiebahnen (Meridianen) des feinstofflichen Körpers, die aktiviert werden. Sie ist nach Anregungen aus asiatischen Traditionen[40] ge-

staltet. Die heilsamen Erfahrungen, die Menschen in unseren Kursen damit gemacht haben, lassen darauf schließen, daß die Massage archaische Elemente aufweist mit überkultureller Wirkung.

Die Übung ist in drei Abfolgen gegliedert: Jeweils von der Brustmitte aus beginnend wird mit beiden Handflächen erst die Vorderseite des Körpers, dann die Rückseite und zum Schluß gleichzeitig die rechte und linke Körperseite von oben nach unten mit kräftigem Druck abgestreift.

Nun zur Massage im einzelnen:

- Nimm die Grundhaltung im Stehen ein, und finde zur inneren Sammlung.
- Hebe deine Hände in Brusthöhe, und reibe die Handflächen aneinander.
- Führe die Handflächen zum Kinn, streich behutsam rechts und links die Wangen aufwärts bis zur Stirn und wieder abwärts bis zur Brustmitte.
- Führe die rechte Handinnenfläche langsam, aber mit kräftigem Druck seitwärts bis zur linken Schulter, die Innenseite des linken Armes abwärts, die Handinnenflächen entlang bis zu den Fingerspitzen, dann den Handrücken entlang, die Außenseite des Armes aufwärts bis zur Schulter und dann zurück zur Mitte des Brustbereiches.
- Dort übernimmt die Handinnenfläche der linken Hand den oben beschriebenen Bewegungsablauf entsprechend beim rechten Arm.
- Die Handinnenflächen beider Hände streichen nun parallel abwärts an der Vorderseite des Körpers entlang, teilen sich beim Unterbauch zu den Hüftknochen nach rechts und links, streichen die Vorderseiten der Beine abwärts bis über die Knöchel zu den äußeren Fußkanten, umkreisen die Fußspitzen und streichen an der Innenseite der Beine wieder hoch, die Vorderseite des Körpers entlang, bis sie ihren Ausgangspunkt in der Mitte des Brustbereiches finden.
- Wiederhole diese Übungsfolge in fließender Bewegung zweimal.
- Führe die Handflächen zum Kinn, streiche behutsam rechts und links die Wangen aufwärts bis zur Stirn und am Hinterkopf und Hals wieder abwärts bis nach vorn zur Brustmitte.
- Führe die rechte Handinnenfläche langsam, aber mit kräftigem Druck seitwärts bis zur linken Schulter, die Innenseite des linken Armes abwärts, die Handinnenflächen entlang bis zu den Fingerspitzen, dann den Handrücken entlang, die Außenseite des Armes aufwärts bis zur Schulter und dann zurück zur Mitte des Brustbereiches.
- Dort übernimmt die Handinnenfläche der linken Hand den oben beschriebenen Bewegungsablauf entsprechend beim rechten Arm.

- Die Hände streichen um die Brust nach hinten zur Mitte des Rückens zwischen den Schulterblättern und von dort parallel abwärts an der Rückseite des Körpers entlang, teilen sich beim Gesäß und streichen die Rückseiten der Beine abwärts bis über die Knöchel zu Fersen, den äußeren Fußkanten, umkreisen die Fußspitzen und streichen an der Innenseite der Beine wieder hoch, die Vorderseite des Körpers entlang, bis sie ihren Ausgangspunkt in der Mitte des Brustbereiches finden.
- Wiederhole diese Übungsfolge in fließender Bewegung zweimal.
- Führe die Handflächen zum Kinn, streiche behutsam rechts und links die Wangen aufwärts über die Stirn bis zum Scheitelpunkt und an den Seiten des Kopfes wieder abwärts bis zur Brustmitte.
- Führe die rechte Handinnenfläche langsam, aber mit kräftigem Druck seitwärts bis zur linken Schulter, die Innenseite des linken Armes abwärts, die Handinnenflächen entlang bis zu den Fingerspitzen, dann den Handrücken entlang, die Außenseite des Armes aufwärts bis zur Schulter und dann zurück zur Mitte des Brustbereiches.
- Dort übernimmt die Handinnenfläche der linken Hand den oben beschriebenen Bewegungsablauf entsprechend beim rechten Arm.
- Die Hände streichen nun von der Brust zu den Achselhöhlen und von dort parallel abwärts an den Seiten des Körpers entlang über die Außenseiten der Beine bis zu den äußeren Fußkanten, umkreisen die Fußspitzen und streichen an der Innenseite der Beine wieder hoch, die Vorderseite des Körpers entlang, bis sie ihren Ausgangspunkt in der Mitte des Brustbereiches finden.
- Wiederhole diese Übungsfolge in fließender Bewegung zweimal.
- Beende die Massage, indem du die Handflächen langsam löst und die Arme nach unten sinken läßt. Zum Abschluß weisen die Handinnenflächen nicht mehr zum Boden, sondern zu den Seiten des Körpers.

Licht, das sich in mir entfaltet

Diese Übungen werden in mehreren Schritten aufgebaut:

Am Anfang dieser zentralen Epiphanias-Meditation steht die Übung: «Licht, das mich umhüllt». Das Christus-Licht, das mich von oben her berührt, mich bis in die tiefsten Tiefen meines Lebens durchströmt und von innen durchleuchtet, kann meine Achtsamkeit und Wahrnehmung auch auf Aspekte meiner Person richten, die mich belasten und bedrängen. Es hilft, sich diesen Aspekten zu öffnen, wenn die Teilnehmenden zunächst die nährende und schützende Kraft des Lichtes

erfahren haben. Auch Jesus hat Menschen vielfach zunächst Schutz und Gebor-
genheit vor dem eigenen Urteil oder auch dem Urteil anderer gewährt, bevor sie
seine verändernde Kraft erfahren konnten (Luk. 19, 1–10; Joh. 8,1–11).

Die Übung. «Licht, das sich in mir entfaltet» führt die Konzentration hin auf
die durchdringende Kraft des Lichtes. Ein zweiter Vertiefungsschritt führt weiter
zur Konzentration auf das in «der Mitte» empfangene Licht, das sich in mir aus-
breitet.

Eine weitere Vertiefung könnte sein, die Achtsamkeit auf Bereiche zu lenken,
die das Licht nicht gut aufnehmen können. Das göttliche Licht ist ein «behutsames
Licht» (Weinheber). Es wartet darauf, daß Verschlossenes sich ihm von innen her
öffnet; es bricht niemals gewaltsam ein. Die Übenden dürfen in Geduld die Wir-
kungen des Lichtes abwarten. Es ist ein langer Lebensprozeß, für das göttliche
Licht ganz durchlässig zu werden. Ein Text von Rabindranath Tagore warnt auf
poetische Weise vor dem Mißverständnis der Ungeduld, meditative Übung könnte
im Schnellverfahren die wünschenswerten Klärungen herbeiführen:

> *Nein: nicht euch ist es bestimmt, die Knospen zu erschließen zu Blüten.*
> *Schüttelt die Knospe, schlagt sie; es geht über eure Macht, sie blühen zu machen.*
> *Eure Berührung beschmutzt sie, ihr zerreißt sie in Stücke und werft sie in den*
> *Staub.*
> *Aber keine Farben erscheinen und kein Duft.*
> *Ach! Nicht euch ist es bestimmt, die Knospen zu erschließen zu Blüten.*
> *Er, der die Knospe öffnen kann, tut es so einfach.*
> *Er schenkt ihr einen Blick, und der Lebenssaft strömt durch ihre Adern.*
> *Auf seinen Hauch breitet die Blume ihre Flügel und flattert in den Wind.*
> *Farben brechen heraus wie Sehnsüchte, der Duft verrät ein süßes Geheimnis.*
> *Er, der die Knospe öffnen kann, tut es so einfach.[41]*

Dennoch deutet diese Übung den grundsätzlichen Klärungs- und Reinigungsweg
an, den jede Meditation letztlich meint – und der die Möglichkeiten dieses Kurses
überschreitet [42]. Diese Hinweise wollen jedoch die Richtung markieren. Die hier
vorgesehenen elementaren Übungen sind so etwas wie eine geistige Absichtser-
klärung und Einwilligung, daß der meditative Weg auch in Läuterungsprozesse
hineinführen kann.

Mit dem abschließenden Schritt wird deutlich, daß der Kurs die Meditation im
Alltag zum Gegenstand und Ziel hat. Meditativ den Alltag zu bewältigen bedeu-
tet, mit liebender Aufmerksamkeit dem Tun oder den Menschen zugewandt zu
sein, ohne die Verwurzelung im eigenen Innenraum zu verlieren. Die Übenden
dürfen sich selbst von Licht liebender Zuneigung Gottes umgeben und erfüllt wis-

sen. *Aus dieser Erfahrung heraus üben sie, Menschen, mit denen sie im Alltag zu tun haben, in diesem selben Licht zu sehen und ihnen von diesem Licht weiterzugeben. Die Übung führt zu einem aktiven und konstruktiven Umgang mit den Anforderungen des alltäglichen Lebens.*

Die Gruppe wird ohne viel Reflexion über den Sinn der einzelnen Übungsschritte auf einen Erfahrungsweg geführt. Diese Übungsfolge ist besonders gut geeignet, um zu einem neuen Bewußtseinsschritt in Zusammenhang mit der Praxis des Kurses zu führen. Die vollzogenen Schritte können durch Reflexion bewußt und das Wesentliche des bisherigen Übungsweges deutlich gemacht werden.

Die Übungen vertiefen, was auf dem bisherigen Weg vorbereitet ist.

Begnüge dich mit kleinen Schritten und laß die hier angedeutete Erfahrung allmählich in dir wachsen.

Wiederhole jeden Übungsschritt mehrfach, bevor du den nächsten übst.

Grundübung

- Konzentriere deine Aufmerksamkeit auf die Verbindung mit dem Boden, der dich trägt.
- Stelle dir ein Licht vor, das dich von oben her wärmt und bescheint wie die Sonne, die deinen Scheitel berührt.
- Laß dieses Licht dich von oben her umhüllen wie einen wärmenden und bergenden Mantel (Hilfsvorstellung: wie eine Dusche aus Licht). Gehe dabei Schritt für Schritt deinen Körper von oben nach unten hin durch und beginne dann wieder von vorne.
- Verweile mit dieser Vorstellung in der Stille.

Vertiefung der Übung (1. Schritt)

Wiederhole die beschriebene Übung, dann

- laß dieses Licht so tief in dich eindringen, wie es dir jetzt möglich ist (Hilfsvorstellung: Wärme der Sonne, die tief unter die Oberfläche der Erde einwirkt).
- Versuche wahrzunehmen, daß das Licht vom Scheitel her in dich eindringt.
- Achte darauf, wie tief dieses Licht dich durchdringt:
  – bis in den Brustraum?
  – bis in die Leibesmitte?
  – bis zum Beckenboden?
- Ist dir keine der Wahrnehmungen möglich, so stell dir vor, du könntest einfach in der Sonne liegen und dich von ihr bescheinen lassen.

Vertiefung der Übung (2. Schritt)

Wiederhole die beschriebene Übung, dann
- nimm den Fluß deines Atems wahr.
- Verbinde das Einströmen des Atems mit dem Strom des Lichtes, so als könntest du durch den Scheitel einatmen.
- Fange diese Wärme und dieses Licht in dir wie in einer Schale auf, lasse es sich dort sammeln.
- Verbinde das Ausströmen des Atems mit der Vorstellung, daß der Strom dieses Lichtes und dieser Wärme sich in dir ausbreitet.
- Verweile mit dieser Vorstellung in der Stille.

Vertiefung der Übung (3. Schritt)

Beginne mit diesem letzten Schritt nicht zu früh. Die meisten Menschen üben erfahrungsgemäß die beiden davor liegenden Schritte nicht hinreichend. Damit kommen sie in der sozialen Wirklichkeit statt zu einer von innen her bewegten Zuwendung zu einer willensmäßigen, moralischen Pflichtübung der Liebe. In der meditativen Übungspraxis wandert die Aufmerksamkeit zu schnell nach außen und führt zu Zerstreuungen.

Für diese Übungsfolge gilt ein Wort als Leitbild, das Bernhard von Clairvaux zugeschrieben wird:

> «Darum, wenn du klug bist, mache dich zum Behälter und nicht zum Kanal. Denn ein Kanal nimmt auf und gibt fast zur gleichen Zeit wieder ab, ein Behälter aber wartet, bis er voll ist, und teilt dann ohne eigenen Verlust von der Überfülle mit.
> Achten wir wohl, wieviel wir erst in uns eingießen müssen, um wagen zu können, etwas auszugießen, wenn wir aus der Fülle, nicht aus dem Mangel spenden wollen.»

Wiederhole die beschriebene Übung, dann
- laß das Licht und die Wärme sich auch über dich hinaus ausbreiten.

In der Übung können je nach verfügbarer Zeit verschiedene Ausrichtungen gewählt werden:
- zum Boden,
- zur NachbarIn,
- zur Kreismitte,
- zu einem anderen Menschen.

■ Kreativer Impuls zur Übung (nach dem 2. Schritt)

Male auf Tonpapier ein Bild: «Ich bin Gefäß des Lichtes.»

Tonpapier und Wachskreide sind bereitgestellt.

Mit Abschluß ihres jeweiligen Malvorgangs legen in der Gruppe die einzelnen Teilnehmenden ihr Bild um die Mitte und setzen sich wieder schweigend an ihren Platz zurück, bis alle zum Abschluß gekommen sind. Dann stehen alle auf und wenden sich den Bildern in der Mitte zu. Die AnleiterIn gibt mit der Klangschale jeweils ein Zeichen, bei dem die GruppenteilnehmerInnen nach Betrachtung des vor ihnen liegenden Bildes jeweils einen Schritt weiter zum nächsten Bild gehen.

Zum Stellenwert der Übung im Kurskonzept

Die Bilder, die aus der Meditation des Lichtes und dem Impuls vor dem Malen: «Ich bin ein Gefäß des Lichtes» entstanden sind, verdichten die bisherigen Übungserfahrungen des Kurses und setzen sie ins Bild. Von daher können sie neu verinnerlicht werden.

Der Übungsweg setzte in der Vorweihnachtszeit an bei der Erdhaftigkeit des Menschen, die sich auf der materiellen Ebene symbolisch umsetzte als von außen geformte Kugel. In der Epiphaniaszeit setzt sich diese Übung auf der energetischen Ebene fort als Lichthüllen-Meditation. Entsprechend findet das von der Mitte her gestaltete Gefäß aus Erde seine energetische Entfaltung in der Meditation des Lichtes, das sich von innen her nach außen ausbreitet. Damit ist ein erster Spanungsbogen meditativer Übung so zu einem Abschluß gekommen, wie die am Ende der Epiphaniaszeit stehende Verklärungsgeschichte den Weg Jesu im Vorgriff auf Ostern zu einem vorlaufenden Abschluß bringt.

Dem Team dienen die entstehenden Bilder in der Gruppe als Spiegel für den inneren Prozeß der einzelnen Gruppenmitglieder. Auch wenn die Bilder nicht im einzelnen ausgewertet werden[42], macht die ruhige Betrachtung im Umschreiten der Bilder deutlich, in welcher Weise sich die KursteilnehmerInnen auf den inneren Prozeß der Übungen je ihren Voraussetzungen gemäß einlassen konnten. In begleitenden Einzelgesprächen kann bei Bedarf über die Bilder gesprochen werden. Die Anleitenden sollten sich aber vor der Einbildung hüten, sie könnten besser als ihre GesprächspartnerInnen verstehen, was deren Bilder zum Ausdruck bringen.

Bewegungsübung stehend und Gebetsgebärden

Achte bei der Übung darauf, daß du gut auf beiden Füßen stehst, die Füße etwa parallel hüftbreit voneinander entfernt.

- Stehe weich in den Knien und weich in den Hüftgelenken, so daß du vom Beckenboden aus gut den Kontakt zum Fußboden (Erdkontakt) spüren kannst.
- Laß deine Hände neben dem Körper locker hängen.
- Vom Becken her finde wie beim Sitzen die aufrechte Haltung. Nimm die Längsachse deines Körpers wahr, in der du die Schwerkraft der Erde spüren kannst.

90

- Spür vom Scheitel her die Weite des Raumes über dir.
- Verweile in dieser Haltung ein paar Atemzüge lang. Sammle deine Aufmerksamkeit in der Mitte der Handinnenflächen, bevor du mit der Bewegung beginnst:
- Öffne die Arme nach rechts und links, drehe in Schulterhöhe die Handflächen nach oben.
- Laß deine Arme sich weiter öffnen und über dem Kopf einen offenen Kelch bilden.
- Führe die Hände über dem Scheitelpunkt behutsam zusammen, laß sie weiter wandern
- zum Scheitel
- zur Stirn (Nasenwurzel)
- zu Mund und Kehlkopf
- zum Herzen.
- Laß die Hände weit nach vorn ausgreifen, wobei die kleinen Finger bzw. die Handkanten sich berühren, die Handflächen nach oben geöffnet sind.
- Laß die Hände zum Körper zurückkehren und lege die Finger vor dem Magenbereich übereinander, die Daumen aneinander.
- Laß die Hände weiterwandern bis vor das Becken und dort eine Schale bilden.
- Führe deine Hände zum Herzraum und laß sie dort auf der Brust ruhen.
- Laß deine Arme und Hände wieder locker neben deinem Körper hängen.
- Laß die Übung im Stehen nachwirken.

Beim Wiederholen der Übung achte darauf, ob du Veränderungen im Brust- und Beckenraum wahrnehmen kannst. Wiederhole die Übung etwa dreimal.

- Richte Dich zum Sitzen in der Stille mit den gewohnten Grundschritten ein.
- Folge dem, was die Gebärden in dir ausgelöst haben.
- Versuche die Gebärdenfolge noch einmal ohne Bewegung zu verinnerlichen («er-innern» = tiefer in dein Inneres hineinnehmen).

Zur Deutung der Übung

Du kannst diese Übung verstehen als Antwort auf den prophetischen Aufruf: «Mache dich auf, werde Licht, denn dein Licht kommt und die Herrlichkeit des Herrn geht auf über dir ... Über dir geht auf der Herr und seine Herrlichkeit erstrahlt über dir.» (Jes. 61,1–2). So kann sie die Bedeutung gewinnen:

- Hier stehe ich vor Dir, Du göttliches Licht.
- Ich öffne mich für Dich.
- Umhülle mich,
- durchströme mich,
- erfülle mich.

Versuche, beim Vollzug der Übung weniger an die Worte zu denken als wahrzu-nehmen, was in dir geschieht. Du mußt das göttliche Licht nicht herbei-denken. Es ist schon da.

■ Vorschlag für eine Gottesdienststruktur

Ist diese Kurseinheit mit einer Abendmahlsfeier (Eucharistie) verbunden, so kann sich der Zusammenhang von Meditation und Liturgie in folgender Struktur ausdrücken:

- Reigen «Mache dich auf ...»
- Lesung 2. Korinther 4, 6 + 7a
- Stille: «Licht fließt zu einem Menschen ...»
- Gebetsgebärde
- Eucharistisches Gebet
- Einsetzungsworte (Konsekration)
- Geheimnis des Glaubens
- Stille
- Friedensgebet und Vaterunser
- Austeilung
- Dankgebet
- Segen

Osterfestkreis

Mitte dieses Festkreises wie ältester Kristallisationskern für das gesamte Kir-chenjahr ist das Osterfest. Jesu Passion und Auferstehung sind Ausgangspunkt der christlichen Überlieferung. Sonntäglich wurde ursprünglich der Auferste-hung Christi als Grundlage des Glaubens gedacht. Erst in relativ späten Zei-ten der christlichen Traditionsbildung trat das Geschehen der Passion Jesu in den Vordergrund.

Von Anfang an ist dieser Festkreis mit dem jüdischen Passahfest verwoben und hat daher relativ genaue historische Bezugpunkte im Jahreszyklus, aber auch im weltgeschichtlichen Rahmen. Wie das Passahfest ist das Osterfest am Mondzyklus des Jahres orientiert. Es findet am ersten Sonntag nach dem Frühjahrs-Vollmond statt.

In unseren Breiten wird das Frühjahr von vielen Menschen als Umbruchszeit erfahren, bis hinein in körperliche Symptome. Vielleicht ist dies ein Hinweis darauf, in welcher Weise die *Naturerfahrung* und die tieferen Fragen des menschlichen Lebens aufeinander bezogen sind – längst vor unserer bewußten Wahrnehmung dieses Zusammenhanges.

In der Natur brechen die Knospen und Blüten auf – oder auch die Samen unter der Erde. Ein doppeltes Aufbrechen: sowohl der schützenden Hülle als auch der Erde selbst! Im Aufbruch stirbt das Alte, das vorher da war! Jesus sagt im Blick auf seinen Weg in das Leiden: «Das Weizenkorn muß in die Erde fallen und sterben, damit es Frucht bringen kann.» (Joh. 12,24)

Den Osterfestkreis eröffnet eine vierzigtägige Fastenzeit, die ihre Themen – vor allem in der Woche vor Ostern – in dem Leidensweg Jesu bis zum Kreuzigungstod findet. Mit dem Osterfest wird die Verwandlung Christi durch den Tod zum Leben in einer anderen Dimension entfaltet. Die Erscheinungen des Auferstandenen prägen die Zeit von Ostern bis Himmelfahrt und münden in den Geistempfang zu Pfingsten. Hier finden Leben, Sterben und Auferweckung Jesu ihr Ziel.

PASSIONS- UND FASTENZEIT

Die Passions- bzw. Fastenzeit hat mit den dunklen Seiten des Lebens zu tun. Sie führt uns hinein in die Konfrontation mit unserer Erdhaftigkeit, mit Unvollkommenheit, Bruchstückhaftigkeit und Vergänglichkeit unseres Lebens. Als christlicher Übungsweg tut sie dies jedoch, indem sie unsere Dunkelheiten in Beziehung setzt zu dem Weg Jesu. So kann die Passionszeit helfen, zu einem neuen Umgang mit den Schattenseiten des Lebens zu finden.

Voraussetzung der Passion ist Jesu Aufbruch nach Jerusalem, heraus aus der begeisterten Menge, hinein in die Skepsis der religiösen Ordnungshüter, heraus aus der Sicherheit, hinein in die tödliche Bedrohung. Jesus sucht offenbar den anderen Pol des Lebens, den er noch nicht kennt. Er sucht auch die Begegnung mit dem Tod, getrieben von einem göttlichen «muß». Nur so bleibt er dem größeren Leben – Gott – verbunden.

Der *Zyklus des Kirchenjahres* setzt mit seinen Erinnerungen an die jeweiligen Stationen des Christusweges voraus, daß dieser etwas zu tun hat mit unseren eigenen Wegen als Menschen durch den Rhythmus der Zeiten. Daher spielt das *Nachfolge*-Motiv für die christliche Spiritualität eine zentrale Rolle: Menschliche Reifung, das Gestaltwerden Christi im Menschen als Aufgabe und Ziel der Menschwerdung ist verbunden mit entschlossenem Aufbruch, aber auch mit dem Loslassen liebgewordener Sicherheiten und «lähmender Gewöhnung». Voraussetzung dafür aber ist ein aufmerksames Wahrnehmen und Sich-Verlockenlassen von «des Lebens Ruf an uns» (Hermann Hesse, Stufen), auch wenn er uns in bedrohliche Erfahrungen hineinführt.

Als bedrohlich erleben wir die Erfahrung von Dunkelheit, von Leid und Tod. So ist Dunkelheit zum Symbol für die unerwünschten Seiten des Lebens geworden: für Schmerz und Vergänglichkeit ebenso wie für Unvollkommenheit und Schuld. Mit dem Dunkel in meinem Leben muß ich jedoch leben. Der Schatten kann nicht einfach überwunden werden – nicht einmal mit Mitteln der Psychologie –, sondern er will als Bestandteil meines Lebens akzeptiert sein. Er gehört zu dem Wurzelboden meines Lebens. Dem Thema Passion in der christlichen Spiritualität entspricht die buddhistische Grundauffassung: Alles Leben ist Leiden. Seine Bewältigung ist ein Grundthema des Menschen.

Die entscheidenden Fragen heißen darum nicht: Wie vermeide ich das Dunkel? Wie komme ich schmerzlos und unschuldig durchs Leben? Entscheidender aber auch hilfreicher sind die Fragen: Wie gehe ich angemessen mit dem Dunkel um? Wo wird es für mich zum Hindernis? Wo ist mein Lebensfluß gehemmt?[44]

Es gibt Hemmnisse, an denen meine Kräfte wachsen. Denen sollte ich mich stellen. «Wer mich in Frage stellt, hilft mir zu werden.» (Kyrilla Spiecker) – «Widerstände lassen die Kräfte der Seele wachsen wie die Staumauern das Wasser, das Licht spendet.» (Jean Sulivan)

Es gibt aber auch Widerstände, die den Fluß des Lebens blockieren:

- Was hindert mich zu tun, was ich eigentlich tun will?
- Was hindert meine Lebensfreude?
- Was hindert mich, das Leben ganz zu leben?

Als *Fastenzeit* ist die Passionszeit eine Zeit der Auseinandersetzung mit diesen Fragen. Darum ist sie auch Aufbruchzeit – Zeit, in der Neues aufbricht – und Zeit, die mich zu Neuem aufbrechen läßt. Das heißt aber oft auch: Zeit, in der Altes stirbt.

Fasten ist kein in sich selbst sinnvoller Akt, sondern ein Weg der Reinigung und Klärung. In diesem Sinne dient Fasten der heilenden Stabilisierung der Lebenskräfte und der Erhöhung spiritueller Lebensqualität.

Die Übungen zum Fasten dienen dazu, den Gegenpol zu den meist einseitigen Tendenzen des eigenen Lebens zu gewinnen. Damit kann das Leben «heil» – auch im Sinne von «vollständig» und «ganz» – werden. Für die einzelnen wird das sehr verschieden aussehen: Ein eher zur Ordnung tendierender

Mensch wird darauf achten, das Chaotische in seinem Umfeld oder im eigenen Leben schätzenzulernen. Ein mehr spontaner oder chaotischer Mensch kann sich darin üben, dankbar die ordnenden Kräfte anderer wahrzunehmen, die seine Mängel ausgleichen – und üben, diese Kräfte auch in sich selbst wirksam werden zu lassen. Ein eher seßhafter Mensch wird den Wert des Unterwegsseins, ein eher unruhiger Mensch, der ständig etwas Neues um sich haben muß, wird die Kostbarkeit der «Wurzeln» entdecken. Ein eher lustbetonter Mensch, der im Leben immer nur die Sonnenseiten zu sehen bereit ist, wird die Erfahrung von Unvollkommenheit und Schmerz zuzulassen lernen, wie umgekehrt ein eher in seiner Grundstimmung melancholischer Mensch sich üben kann, die schönen Augenblicke und Erfahrungen bewußter wahrzunehmen. Jede(r) wird da den eigenen Einseitigkeiten auf der Spur sein müssen, um den Bedarf nach Ergänzung und Heilung in sich selbst entdecken zu können.

Auch Jesu Wort zum Fasten «Wenn ihr fastet, macht kein finsteres Gesicht» (Matth. 16,18) ist kein moralischer Appell, sondern ein Hinweis darauf, daß Fasten immer auf Lebensfreude und Heilung des Lebens zielt.

Daher bildet den Ausgangspunkt der Übungen nicht zuerst die Frage: «Was willlst du weglassen?», so sehr es auch um Loslassen falscher Gewohnheiten und Einseitigkeiten geht. Vielmehr steht die Frage im Mittelpunkt: «Was nimmst du mit, wenn dir nur wenig bleibt? Was ist dir wichtig?» Es geht also vor allem um die Frage: *«Was brauche ich wirklich für mein Leben?»*

Fasten meint also den Aufbruch zu einem Leben, das alle Aspekte des Lebens wahrnimmt. Das schließt ein, daß auch der Tod nicht ausgeklammert wird. Es schließt auch die Bereitschaft zu Opfer und Verzicht für ein größeres Ziel in sich.

Jede *Meditationsübung* ist ein Fasten im kleinen. Voraussetzung dazu ist ein *Entschluß*, ohne den Meditation niemals über eine gelegentliche mehr oder minder angenehme Erfahrung hinauswächst; ebenso setzt sie das *Loslassen* der vordergründig sich nahelegenden Beschäftigung und aller noch so wichtigen Aufgaben voraus. Sie begründet eine «Kultur der Unterbrechung», die den Vorrang der «verlorenen Dimension» (Tillich) des Göttlichen vor allen innerweltlichen Bindungen erkennbar macht. Schließlich zielt jede Meditation auf den Durchbruch des «Wesens» durch das «Welt-Ich» (Dürckheim), oder – mit paulinischer Christusmystik gesprochen – auf das Sterben und Neuwerden mit Christus. Dieser letzte und äußerste Aspekt der Meditation ist natürlich niemals methodisch erreichbar; jedoch sollte sich niemand auf Meditation einlassen, der sich nicht auch für solch grundlegende Erfahrungen offenhält.

Meditation hat es in letzter Konsequenz – wie der christliche Glaube überhaupt – immer mit Tod und Todesüberwindung zu tun und ist somit Aufbruch zum Leben, das von der Todesfurcht befreit ist. Um das Gewinnen eines solchen Glaubens geht es bei der Meditation gerade in der Passionszeit: ein Glaube, der nicht nur Fürwahrhalten, sondern Erfahrung ist. Freilich wird die Übung der Meditation niemals mit solchen hohen Zielvorgaben beginnen können. Die Anleitenden jedoch sollten sich über solche Zusammenhänge und Intentionen der Übungen Rechenschaft geben und gelegentlich auf diese Dimension der Übungen hinweisen.[45]

Die *Gefahr* der Übungen zum Thema Fasten ist die *negative Meditation*. Grundsätzlich gilt für jede Meditation: «Negatives darf nicht meditiert werden.» Es geht bei diesem Prinzip nicht um «positives Denken» im Sinne einer kultivierten Verdrängung negativer Aspekte des Lebens, sondern um das Gewinnen einer tragfähigen Grundlage, von der her auch das Negative bewältigt werden kann.

Da ich mich bei der Meditation in der Tiefe meiner Person öffne, ist es notwendig, daß ich mich dabei dem Leben, der Güte und Schönheit bzw. Gott selbst zuwende und mich seiner Kraft und seinem Schutz anvertraue. Denn aus den Tiefen der eigenen Person kann nicht nur Heilsames, sondern auch Destruktives und Bedrohliches aufbrechen – oder auch in die Person einbrechen. Das ist auch der Grund, weshalb in allen großen Meditationstraditionen für anfängliche wie vertiefte Meditationserfahrungen dringend die Führung durch einen erfahrenen «Meister» nahegelegt wird. Auch wird die konkrete Übung der Meditation deshalb in den verschiedensten Traditionen mit einem Gebet oder einem entsprechenden Ritual begonnen und auch abgeschlossen.

Das Thema Passion in der christlichen Tradition hat es mit den Abgründen des Lebens zu tun. Es ist jedoch eingebettet zwischen die Themen der Menschwerdung Gottes im Menschen und der Auferstehung Christi.

Passion ist der notwendige Durchgang auf Ostern hin, das Leiden Christi der Weg zu seiner Auferstehung. Darum ist das *Kreuz* in der christlichen Symbolgeschichte auch erst relativ spät als selbständige Darstellung zu finden. In der frühen christlichen Kunst taucht es auf als Stab in der Hand des «guten Hirten» oder als Strukturelement in der Gloriole des Pantokrator. Christlicher Glaube ist Auferstehungsglaube. Eine Theologie des Kreuzes, die diese Voraussetzung übersieht, steht in der Gefahr, das Leiden selbst zu verherrlichen oder den Kampf gegen das Unheil und Unrecht in der Welt zu einer ständigen Überforderung des Menschen werden zu lassen. Der Auferstehungsaspekt ist die Basis, von der her Resignation und Überforderung überwunden werden können, da er die alles Negative meisternde Kraft des in der Welt anwesenden Gottes zum Ausdruck bringt, etwa im Sinne des Liedverses von Paul Gerhard: «... bist du doch nicht Regente, der alles führen soll, Gott sitzt im Regimente und führet alles wohl.»

Auch um das rechte Maß zwischen Leidensverherrlichung und politischem Widerstand zu gewinnen, ist die Passions- und Fastenzeit ein nötiger Schritt auf dem spirituellen Weg.

So tritt das Symbol des Kreuzes in den Mittelpunkt der Aufmerksamkeit. Das Leiden Jesu führte zum Tod am Kreuz. Menschwerdung Gottes und vor allem Christi Passion heißt in diesem Zusammenhang: Christus als der wahre Mensch, der die Spannnungen durchhält bis in den Tod hinein, tritt stützend und heilend hinter uns. Unser Kreuz – unsere Unvollkommenheit, Bruchstückhaftigkeit und Vergänglichkeit – ist von seinem Kreuz getragen. In seinem Kreuz aber sind wir von der lebenschaffenden Kraft Gottes umschlossen – auch wenn diese zunächst verborgen bleibt.

Der Mensch trägt in sich das Kreuz als Grundgestalt seines Körpers.[46] Übungen zur Wahrnehmung des Kreuzes – unseres Kreuzes im Bezug auf das Christuskreuz – bilden den Zielpunkt dieser Phase unsereres Meditationsweges: Die für uns unauflösbare und unerträgliche Spannung von Leben und Tod ist im Kreuz Christi aufgehoben und in das größere Leben Gottes hineingenommen.

Gerade für Menschen, die sich weit vom traditionellen kirchlichen Denken und seiner Opfertheologie entfernt haben, kann auf diese Weise eine Brücke zu einem neuen Verständnis der Passion gewonnen werden.

Raumgestaltung zur Passion

In der Mitte des Raumes steht zunächst nur eine Kerze. Im Verlauf des Kurses wird um sie ein Kreis aus drei ineinander verschlungenen Seilen gelegt, an den man Steine und Teelichter gruppieren kann.

Indonesische Atemmeditation

sanfte, fließende Form

- Stehe entspannt, das Gewicht gleichmäßig auf beide Füße verteilt; die Füße stehen etwa schulterbreit auseinander und parallel zueinander. Das Becken sinkt ein wenig, die Gelenke, vor allem Hüft-, Knie und Fußgelenke, sind weich, du stehst aufgerichtet, der Scheitel ist dem Himmel zugewandt.

- Spüre deine Hände, ihre Innenflächen.
- Führe deine Hände langsam nach oben, so, als würdest du einen Ball aus Luft langsam bis etwa in Brusthöhe heben. Spüre den Widerstand der Luft.
- Bei dieser Bewegung atme ein.
- Schiebe den «Luftball» von dir weg nach vorne, während du ausatmest.
- Nach einer kleinen Atempause hole den «Luftball» wieder zu dir heran, während du einatmest.
- Gib den «Luftball» behutsam zur Erde zurück, während du ausatmest.
- Laß die Bewegung mit jeder Wiederholung fließender und weicher werden.

Arme heben   = Einatmen,
nach vorne strecken   = Ausatmen,
heranholen   = Einatmen,
nach unten geben   = Ausatmen.

kraftvolle Variante

- Spüre deinen Kontakt zum Boden, die Füße parallel, schulterbreit auseinander. Stehe weich in den Gelenken und aufrecht, deinen Scheitel dem Himmel zugewandt.
- Spüre die Innenflächen deiner Hände und beginne wie bei der vorigen Übung weich die Arme zu heben – bis etwa in Brusthöhe.
  Atme dabei ein.
- Spanne dann Arme und Hände an.
  Führe die Hände – mit den Kanten nach unten – zielgerichtet abwärts, während du schnell und kräftig ausatmest.
- Nimm eine kleine Atempause wahr.
- Hebe die Arme und Hände wieder mit weichen Gelenken an und atme dabei ein.
- Mit der Ausatmung durchtrennen Hände und Arme wieder kräftig die Luft.
- Die Ausatmung ist bei dieser Übung mit einem hörbaren Laut verbunden. Es kann ein «Ho» oder «Ha» sein. Strenge dabei jedoch nicht die Stimmbänder an, sondern laß den Laut in der Tiefe deines Körpers entstehen.
- Achte bei dieser Übung besonders auf einen klaren Beginn der kraftvollen Bewegung und ein klares Ende und auf den Übergang vom weichen Einatmen zu dem zielgerichteten Ausatmen.
- Wiederhole auch diese Übung einige Male in deinem eigenen Atemrhytmus, weich beginnend – kräftig endend.

Sitzen mit Achtsamkeit auf das Ausatmen

- Beginne deine Meditationsübung mit den gewohnten Schritten.
- Richte deine Aufmerksamkeit auf den Atem.
- Achte besonders auf den Vorgang des Ausatmens.
- Laß alle aufkommenden Gedanken in den von dir wegfließenden Atem hinein los. Atme sie sozusagen aus und laß bei jedem Atemzug neu los, wenn dich etwas hindert, ganz gegenwärtig zu sein.
- Verweile in dieser Übung.

Lichtatmung und Hindernisse

Erinnere dich an die Atem- und Lichtmeditation des Epiphanias-Festkreises: Da hast du dir in der Meditation deinen Atem wie einen Licht- bzw. Energiestrom vorgestellt.

Die meisten Menschen neigen auch beim Meditieren zur «Idealisierung» und stellen sich dann ein bestimmtes Bild vor, das die Wahrnehmung überlagert. In der Meditation aber kommt es darauf an, die Bilder als Hilfe zu gebrauchen, wahrzunehmen, was wirklich ist, und die Bilder im Wahrnehmen wieder loszulassen.

Wirklich ist einerseits, daß der Atem den ganzen Körper energetisiert, z. B. durch den Sauerstoff, der mit der Blutbahn bis zu den äußersten Bereichen des Körpers getragen wird, aber auch durch die Bewegung, die das Zwerchfell bis in die Bauchhöhle hinein auslöst. Diese energetisierende Kraft [47] wird visualisiert als Licht. Die Wirklichkeit wird in einem symbolischen Bild wahrgenommen (Visualisierung).

Andererseits ist jeder Mensch ambivalent: Wenn du wirklich wahrnehmend der Spur deines Atems folgst, erkennst du, wie manche Bereiche in dir sich der Atem-Energie leicht öffnen, andere nur schwer, oder du kannst gar nichts von der belebenden Kraft des Atems spüren.

In diesen Übungen kommt es darauf an, daß du dich immer mehr von den Bildern löst und immer präziser wahrnimmst, was wirklich ist.

In jeder Meditation wird der Ist-Zustand wie in einer Blitzlichtaufnahme wahrgenommen. Wenn er ins Bild gesetzt wird (in der Phantasie oder als gemaltes Bild), so ist dies wie eine Aufnahme des «Vogels im Flug». Dies kann die Wahrnehmung präzisieren helfen, legt aber nicht fest. In der nächsten Meditation ist das Bild schon verändert. Hänge also auch nicht an solchen Bildern von dir selbst!

Das gilt auch für Bereiche deines Körpers, die du nur schwer wahrnehmen kannst. Du bist im Fluß. Was heute nicht wahrnehmbar ist, kann morgen deutlich zu spüren sein; was für die Atem-Energie verschlossen ist, kann morgen durchlässig sein. Fixiere dich also nicht auf eine einmal gemachte Erfahrung mit deinem

Atem, sondern bleibe mit deiner Aufmerksamkeit je neu bei ihm.

- Beginne deine Meditation auf die gewohnte Weise, indem du den Körper, den Atem und die Stille in dir wahrnimmst.
- Stelle dir ein Licht vor, das dich von oben her wärmt und bescheint wie die Sonne, die deinen Scheitel berührt.
- Laß dieses Licht dich umhüllen wie einen wärmenden und bergenden Mantel.
- Nimm den Fluß deines Atems wahr.
- Verbinde das Einströmen des Atems mit dem vorgestellten Licht, so, als könntest du durch den Scheitel einatmen.
- Laß dieses Licht so tief in dich einfließen, wie es dir jetzt möglich ist. (Hilfsvorstellung: Wärme der Sonne, die tief unter die Oberfläche der Erde einwirkt.)
- Versuche wahrzunehmen, welche Bereiche deines Körpers dieses Licht durchdringt, aber auch, in welchen Bereichen du diese Energie nicht gut wahrnehmen kannst.
- Verweile in dieser Wahrnehmung.
- Löse dich aus der gesammelten Konzentration, beginne, dich behutsam zu bewegen, und nimm deine Umgebung bewußt wahr.

Zur Deutung der Übung

Unsere Beschäftigung mit den Innenräumen unseres Körpers, in denen wir die Energie des Atems nicht wahrgenommenen haben, hat etwas zu tun mit Unvollkommenheit und nicht entfalteten Aspekten des eigenen Lebens. Dahinter stehen manchmal schmerzhafte Erfahrungen in der eigenen Lebensgeschichte bzw. nicht zugelassene Möglichkeiten oder auch nicht akzeptierte Grenzen. Die Psychologie seit C. G. Jung spricht in diesem Zusammenhang vom Schatten. Wir sehen das nicht gerne an: Leid, ungeliebte Eigenschaften, Krankheit, Tod usw. Unsere Zeit ist geprägt davon, diese Schattenseiten des Lebens zu verdrängen.

Passion bedeutet auch: Gott geht in unsere Schattenwelt hinein. Jesus stellt sich dem Konflikt und dem Leiden. Er weicht auch dem Tod nicht aus. Er trägt in unsere Schattenwelt und in unsere Dunkelheit das Licht Gottes hinein – und er trägt in Gottes lichte Welt die Dunkelheit unseres Lebens hinein. Das ist seine Vollkommenheit.

Dieser Weg Gottes macht mir Mut, meine Dunkelheiten anzusehen, ohne darin zu versinken. Das ist der Sinn der folgenden Meditationsübung(en).

- Wiederhole die Übung mit dem Licht, das dich umhüllt, durchdringt und erfüllt.
- Sieh, ob sich in den Bereichen des Dunkels etwas verändert hat.
- Laß es sein, wie es ist. Vermeide Bewertungen.
- Laß das Licht in dir wirken.

■ Atemmeditation

Die Übung kann in der Gruppe mit folgenden Schritten vertieft werden:

Malen

Papier (Tonpapier) und Stifte sind bereitgelegt. Übungsdauer ca. 30 Minuten.

- Nimm dir Papier und Stifte. Male deine Momentaufnahme: «Ich bin.»
- Bring dein Bild zum Abschluß und sieh es dir an mit der Frage:
  - Wo in meinem Bild ist es dunkel, wo hell?
  - Gibt es Entsprechungen zwischen Bild und Atemmeditation?

Auswertung im Gespräch

- Such dir eine(n) PartnerIn, mit der du dein Bild gemeinsam betrachten willst. Laß dir Zeit zum Finden der PartnerIn.
- Für die Betrachtung gelten die Spielregeln:
  - Du sagst etwas zu deinem Bild.
  - Ich sage etwas zu deinem Bild.
  - Beachte aber dabei: Was du über ein anderes Bild sagst, hat zuerst mit deinem Sehen zu tun: Die/Der andere prüft und entscheidet, was es auch mit ihr bzw. ihm zu tun hat.
- Ihr könnt den Austausch jeweils mit einem Ritual beginnen, indem ihr zueinander sagt: Ich gebe dir, was ich gesehen habe.
  - Du nimmst dir davon, was für dich stimmt.
- Seht zunächst eure Bilder gemeinsam schweigend an und kommt dann in ein Gespräch miteinander.

Weiterführende Körperarbeit

Eine(r) sitzt oder liegt auf der Matte, während die/der andere hinter bzw. neben ihm sitzt und ihn fragt: «Wo möchtst du bei deinem Atmen von mir durch Berührung mit meinen Händen unterstützt werden?»

Die Unterstützung erfolgt durch sanfte oder etwas kräftigere Berührung, ähnlich wie bei der «PartnerInnen-Arbeit zur Wahrnehmung des Atems».

Plenum

Legt eure Bilder in die Mitte und betrachtet sie schweigend.

■ Händetanz

Bewegung zur Musik (z. B. «Frühling» aus den «Vier Jahreszeiten» von Vivaldi)

- Stellt euch paarweise gegenüber auf der Kreislinie auf und gebt einander die rechte Hand.
- Geht in entgegengesetzter Richtung aneinander vorbei. Gebt dem nächsten entgegenkommenden Menschen die linke Hand, dabei die Seite wechselnd und weitergehend dem nächsten wieder die rechte Hand, wieder die Seite wechselnd usw.

- Bleibt stehen und nehmt wahr, wie ihr diesen Tanz erlebt habt. (z. B. geordnet, regelmäßig, klar, vorgegebene Struktur ...).
- Zu einer zweiten Runde stellt euch wieder zu zweit gegenüber auf, allerdings nicht mehr auf der Kreislinie, sondern irgendwo im Raum.
- Gebt einander die rechte Hand.
- Mit der Musik geht alle wieder los und ergreift eine Hand, die sich euch als nächste entgegenstreckt. Es ist nicht mehr vorgegeben, wessen Hand es sein wird. Achtet nach Möglichkeit darauf, an einer Hand Kontakt zu einem anderen Menschen zu haben, d. h. nicht völlig unverbunden im Raum zu sein.

Wenn die Musik endet, erfogt ein kurzer Austausch zu zweit unter den Leitfragen:

- Wie habe ich die Vorgabe erlebt?
- Welchem Muster bin ich gefolgt?
  - Habe ich mich aktiv oder passiv verhalten,
  - festhaltend oder loslassend?

Falls diese zweite Runde sehr hektisch war, kann die Musik noch einmal laufen mit der Aufgabe, auf freie Hände zu achten.

■ Rucksack-Übung

Anknüpfend an die Erfahrung des Aufbruchs von zu Hause (vor Beginn des Abends oder der Tagung) erhält die Gruppe den Denkanstoß:

- Stell dir vor, du bist zu Hause. Du bekommst Nachricht: Innerhalb von fünf Minuten mußt du aufbrechen. Du weißt nicht, ob du wiederkehren kannst. Was nimmst du mit?

Einzelarbeit: Die Gruppe bekommt fünf Minuten Zeit. Blatt und Stifte sind bereitgelegt und können mit an den Platz genommen werden.
Jede(r) schreibt in Stichworten auf, was ihr/ihm wichtig ist.

- Beende jetzt das Schreiben und brich auf.
- Gehe frei durch den Raum.
- Stell dir vor: Was du eingepackt (aufgeschrieben) hast, ist alles, was du auf absehbare Zeit bei dir hast. Du kannst nicht mehr zurück; kannst deine Entscheidung nicht mehr revidieren.
- Findet euch in Dreiergruppen zusammen und tauscht euch aus über diese Erfahrung und über die Fragen:
  - Was habe ich mitgenommen?
  - Warum gerade dies?

Plenum mit Möglichkeit zur kurzen Rückmeldung (Blitzlicht)

Kurze Deutung der Übung im Sinne des Rückbezuges auf das Kirchenjahr, auf das Thema Fasten und Loslassen in Verbindung mit Jesu Wort vom Weizenkorn.
Der Hinweis darauf, daß bei jedem Atemzug im Ausatmen ein Loslassen geschieht, kann Impuls sein für einen möglichen Abschluß der Übung mit einem Sitzen.

■ Körpererfahrung zum Aufbruch

- Lege dich entspannt auf den Boden und genieße für eine Weile diese entspannte Haltung.
- Löse dich aus der entspannten Haltung und komme allmählich
  - zum Sitzen.
  - zum Stehen
  - zum Gehen
- Bei allen Schritten achte sorgfältig darauf
  - ist dies meine Zeit zur Veränderung?
  - spüre ich Widerstand bei den Veränderungen?
  - woran orientiere ich mich?
    - an mir selbst?
    - an anderen?

Alternativ

zu dieser im Liegen beginnenden Übung kann eine entsprechende Übung aus dem Stehen heraus gestaltet werden:

- Stell dich auf beide Füße und spüre den Kontakt zum Boden.
- Verlagere dein ganzes Gewicht auf die Fersen, ohne die Fußballen und Zehen vom Boden zu lösen.
- Verlagere dein ganzes Gewicht auf die Fußballen und Zehen, ohne die Fersen vom Boden zu lösen.
- Schwanke hin und her zwischen diesen beiden Arten zu stehen.
- Stelle dich wieder mit der ganzen Fläche deiner Füße gleichmäßig auf den Boden. Hat sich dein Kontakt zum Boden verändert?
- Verlagere dein ganzes Gewicht auf die rechten Kanten deiner Füße.
- Verlagere dein ganzes Gewicht auf die linken Kanten deiner Füße.
- Schwanke hin und her zwischen diesen beiden Arten zu stehen.
- Nimm wahr, wie sich in dieser Bewegung dein ganzer Körper in seinem Kontakt zum Boden verändert.
- Bleibe in dieser Bewegung und verbinde sie mit der anderen, so daß eine kreisende Bewegung um die Achse deines Körpers zustande kommt. Achte darauf, daß immer die ganzen Fußsohlen mit dem Boden verbunden bleiben.
- Wenn es dir hilft, stell dir vor: Ich bin wie ein Baum, der vom Wind bewegt wird und doch fest verwurzelt im Boden ist.
- Laß die kreisende Bewegung kleiner und kleiner werden, bis du ganz ruhig wieder stehst. Nimm jetzt deinen Kontakt zum Boden wahr.
- Nimm wahr: Dies ist mein Platz, auf dem ich stehen kann, auf dem ich verwurzelt bin.
- Verweile so.
- Brich auf – nicht einfach, weil es dir gesagt wird, sondern, wenn für dich der richtige Zeitpunkt zum Aufbruch gekommen ist.
- Gehe, wohin du gehen möchtest.

Wenn alle Teilnehmenden sich in Bewegung gesetzt haben, nimmt die Gruppe Platz im

Übungsraum zum Sitzen in der Stille. Dabei kann als Impuls das Gedicht «Ziehende Land-schaft» von Hilde Domin[48] *wirken:*

> Man muß weggehen können
> und doch sein wie ein Baum:
> als bliebe die Wurzel im Boden,
> als zöge die Landschaft und wir ständen fest.
> Man muß den Atem anhalten,
> bis der Wind nachläßt
> und die fremde Luft um uns zu kreisen beginnt,
> bis das Spiel von Licht und Schatten,
> von Grün und Blau,
> die alten Muster zeigt
> und wir zuhause sind,
> wo es auch sei,
> und niedersitzen können und uns anlehnen,
> als sei es an das Grab
> unserer Mutter.

Danach kann ein Erfahrungsaustausch stattfinden unter den Leitfragen:

- Wie habe ich den Übergang vom Verwurzelt-Sein an meinem Platz zum Gehen erlebt?
- Welche Rolle haben dabei die anderen Gruppenmitglieder gespielt?

Aufbruch und Hindernis auf meinem Weg

Für die folgenden Übungen kannst du gut Spaziergänge nutzen.

Suche dir einen vertrauten Weg und wähle eine Zeit, in der du wahrscheinlich niemandem begegnest, der mit dir reden möchte. Achte auch beim Gehen auf einen guten Kontakt zum Boden, aufrechte Haltung und freien Fluß des Atems.

Geh nach draußen, stell dich dem Wind und der Kälte. Nimm wahr: Auch das Aufbrechen in der Natur muß sich gegen Hindernise durchsetzen; gehe der aufbrechenden Kraft in dir selbst nach mit der Frage:

- Wohin möchte mein Leben sich entfalten? Was ist mein nächster Schritt?

Bei einem weiteren Spaziergang geh der Frage nach:

- Was ist mein spezifisches Hindernis?

Es ist nicht nötig, daß du zu einem konkreten Abschluß kommst. Möglicherweise erkennst du weder deinen nächsten Schritt noch dein Hindernis genau. Die Frage ist wichtiger als die Antwort.

- Suche etwas auf deinem Weg als sichtbares Zeichen für deinen nächsten Schritt und etwas anderes als Zeichen für das, was dich hindert, wenn du

104

aufbrechen willst. Nimm es mit und lege es an deinen Meditationsplatz. Es erinnert dich an Aufbruch und Hindernis.

Zur Deutung der Übung:

Passionszeit wird von uns als Fastenzeit verstanden. Dabei gestalten wir Fasten nicht – wie es vielfach geschehen ist und geschieht – von der Negation und dem Verzicht auf etwas Lebens- und Liebenswertes her. Unser zentraler Impuls ist das größere Leben, der andere Pol, der unserer bisherigen Lebensform noch fremd ist. Deshalb meditieren wir, weil wir spüren: wir brauchen in unserer hektischen, überarbeiteten und reizüberfluteten Lebensgestaltung den Gegenpol. Zu ihm und damit zu dem umfassenderen Leben brechen wir auf. Das kann sein: aus dem Überfluß zum bewußten Verzicht auf etwas; aber auch: von einer Hemmung, mir etwas Gutes zu gönnen hin zu einem bewußt gesuchten Genuß. Das kann sein – wenn ich als Optimist immer schon dazu neige, nur die schönen Seiten des Lebens zu sehen –, daß ich aufbreche, dem Leiden zu begegnen. Es kann aber auch sein – wenn ich als eher depressiver Mensch immer schon alles Leiden anziehe und mich ständig mit Sterben und Tod auseinandersetze –, daß ich sehr bewußt übe, auf die schönen Erfahrungen zu achten und sie zu suchen.

■ Suche nach dem nächsten Schritt[49]

Die folgenden Übungschritte variieren die Übung «Aufbruch und Hindernis» für die Gestaltung eines Weges mit der Gruppe. Die beiden Suchfragen bleiben dieselben.

- Gehe allein in der Stille nach draußen.
- Welcher innere oder äußere Schritt ist für mich jetzt dran?
- Was ist mein spezifisches Hindernis? Bringe etwas mit, was für dich Symbol für dein Hindernis sein kann.
- Finde dich zum verabredeten Zeitpunkt wieder im Übungsraum ein.

Das Team gibt je nach Situation eine Zeit vor. In dieser «Pause» legen die Team-Mitglieder in der Mitte des Übungsraumes einen leeren Kreis aus drei ineinander verschlungenen Seilen oder aus Seilen, die spiralförmig zur Mitte hinführen

- Sitzen.

■ Den Entschluß «formen»

Die TeilnehmerInnen schneiden sich von einem großen Tonblock einen für sie angemessenen Klumpen ab, um daraus eine Kugel formen zu können. Während der Ton von der Gruppe geknetet wird, wird folgender Impuls gegeben:

- Zu jedem Weg gehört das Aufbrechen, zu jedem Aufbruch gehört ein Entschluß. Das ist mit äußeren wie mit inneren Aufbrüchen so. Forme deinen Entschluß, indem du den Lehm zur Kugel formst.

Wenn in etwa alle Kugeln geformt sind, rollen die Teilnehemenden die Kugeln schweigend an den Platz bei den Seilen, der ihnen angemessen erscheint.

■ Hindernis und Entschluß

Haben die Teilnehmenden einen «Entschluß» geformt und auf dem Wege für ihr spezifisches «Hindernis» ein Zeichen gefunden, so können die «Hindernisse» zu den Entschluß-Kugeln an den Seilkreis gelegt werden. Wurde kein «Entschluß» geformt, so finden die «Hindernisse» jeweils an der Stelle des Seilkreises ihren Platz, die den einzelnen stimmig scheint. Dieser Schritt kann etwa mit folgenden Worten eingeleitet werden:

- Jeder Entschluß aufzubrechen hat seine spezifischen Hindernisse und «Fallen», die so unterschiedlich sind wie wir Menschen. Auch das «Hindernis», das du gefunden (und mitgebracht) hast, ist verschieden von denen der anderen, so ähnlich sie auf den ersten Blick sein mögen.
- Prüfe noch einmal, ob dein ‹Entschluß› an dem Seil-Weg richtig liegt.
- Lege dein Hindernis an die Stelle des Seilkreises, die dir dafür richtig zu sein scheint.

Stilles Aufbauen der «Hindernisse»

Schweigen mit offenem Ende.

Alternative:

Übung zum Aufbruch mit folgender Weiterführung:
In das Gehen hinein wird der Impuls gesprochen:

- Meditation heißt: Du bist unterwegs zum Wesen(tlichen in deinem Leben). Wer immer sich auf diesen Weg begibt, erfährt Widerstand von außen und innen, erlebt Hindernisse. Das ist normal.
- Jeder Mensch erlebt seine spezifische Art von Hindernissen, die seinem/ihrem besonderen Wesen entsprechen.
- Du bist unterwegs zum Wesentlichen in deinem Leben.
- Was ist dein spezifisches Hindernis? Hast du einen Namen dafür?
- Im Raum sind Steine verteilt. Suche dir einen, der zum Symbol für dein spezifisches Hindernis werden kann, und gehe damit an deinen Platz zurück.

Dies wird fortgesetzt, bis alle ihren Stein gefunden haben und an ihrem Platz stehen. Erst dann kommt der neue Impuls:

- Bring deinen Stein zur Mitte, lege ihn an den Platz am Seilkreis, der dir dafür passend erscheint.
- Sitzen

Worte zu «Seilkreis und Kirchenjahr»:   Christus ist mit mir auf dem Weg
                                          Gottes Licht ist auch bei meinem Hindernis

Reigen «Navida dau» mit Lichtern und Musik,

dabei bzw. danach werden die Lichter am Seilkreis zu den Hindernissen gestellt.

Deutung dieser Übungsschritte

Der Seilkreis in unserer Mitte stellt unseren Weg durch den Rhythmus des Jahres dar. Er ist Zeichen dafür, daß die sich wiederholenden Situationen und Hindernisse Herausforderungen sein wollen, an denen wir reifen und wachsen können. Er stellt zugleich das Kirchenjahr dar, das mit seinen Festen, festlosen und auch Fastenzeiten Hilfen bereithält, damit der Weg durch die Jahre als Reifungsweg gelingen kann.

Im Jahreskreis gibt es festgelegte Zeiten, die je ein besonderes Gepräge haben. Festgelegte Zeiten zeichnen sich dadurch aus, daß sie kommen, unabhängig davon, ob uns zum Feiern bzw. zum Fasten zumute ist oder nicht. Nicht wir als Feiernde machen das Fest, sondern das Fest mit seinem Thema und Gehalt macht uns zu Feiernden; nicht wir mit unserem Fasten machen die Fastenzeit, sondern die Zeit mit ihrem Thema macht uns zu Fastenden.

Beim Fasten wurde dies in früheren Generationen im Zusammenklang zwischen Naturjahr und Kirchenjahr besonders deutlich: Wenn das Saatgetreide ausgesät werden mußte, konnte dies in Jahren mit kargen Ernten – ohne daß der Lebensunterhalt durch große Handelsketten und Weltmarktverbindungen abgesichert war – zugleich eine Entscheidung sein, die Nahrung einzuschränken, bis in der Natur die ersten Nahrungsmittel wieder zu ernten sein würden. Die Zeit selbst machte die Menschen zu Fastenden.

Eine freie Entscheidung zum Fasten setzt Überfluß voraus. Bewußte Gestaltung von Fasten- wie von Festzeiten lebt jedoch – wenn sie nicht zu sinnentleerten Ritualen verkümmert ist – von dem Wissen, daß die Inhalte der Feste und Zeiten unser Leben gestalten. Unsere Gestaltungen schaffen den Inhalten Raum, bei uns wirksam zu werden.

Im Jahr der Kirche haben die festgesetzten Zeiten je einen spezifischen Inhalt, der uns etwas vermittelt von den unterschiedlichen Weisen Gottes, mit uns Menschen auf unserem Weg zu sein. Auch das will uns das Kirchenjahr zeigen: Wie die Feste kommen, ob wir dazu in Stimmung sind oder nicht, so ist Gott mit uns auf unserem Weg, ganz gleich, ob wir es wahrnehmen oder nicht. Gottes Vorgaben, die sich in den Festen ausdrücken, machen uns zu Feiernden.

Passions- und Fastenzeit ist die Zeit, die uns einlädt, hinzusehen auf das, was unser Leben – und das Leben in der Welt insgesamt – behindert. Wir tun dies nicht, um uns darin zu verlieren, sondern um uns in der Kraft des menschgewordenen Gottes diesen Lebens-Hindernissen zu stellen und uns mit ihnen auseinanderzusetzen. Fastenzeit ist also spirituelle Kampf- und Klärungszeit.

■ Reigen «Navida dau»

«Beginne im Einsatz mit der Flöte. Man stelle sich vor, daß man in der Mitte eines auf der Kreisperipherie wandernden Kreuzes steht. Die linke Hand ist auf der rechten Schulter des Tänzers neben einem, die rechte Hand hält ein Lichtlein».[50]

- Das Gesicht ist zur Mitte gewendet. Die Fußspitzen tippen die Enden eines imaginären Kreuzes:
- rechts vor tip, rechts seit tip, rechts rück tip, ran.
- links vor tip, links seit tip, links rück tip, ran.
- links seit, rechts ran, links seit, rechts ran.
- Wiederholung der gesamten Folge

Wir beginnen schweigend und ohne Musik nach einer Einspür-Übung im Stehen die Schrittfolge des «Navidadau» zu vollziehen.

Kurze Deutung:

- Wir sind unterwegs; das Kreuz wandert mit.

Gruppengespräch ohne besondere Vorgabe, einmündend in eine Information über den Zusammenhang von Kirchenjahr und dem gestalteten «Entschluß».

Licht bei meinem Hindernis

- Nimm ein kleines Licht (Teelicht), entzünde es an dem großen Licht (Kerze), das an deinem Meditationsplatz steht.
- Stelle das kleine Licht zu den Symbolen für Aufbruch und Hindernis, die du von deinem meditativen Spaziergängen mitgebracht hast.
- Setze dich zur Meditation.
- Gehe mit den dir gewohnten Schritten in die Stille und laß deinen Blick dann auf dem Licht und deinen Symbolen ruhen.

Zur Deutung der Übung

Dieser Zeit gibt der Weg Jesu ‹hinauf nach Jerusalem› (Luk. 18, 31) ihr Gepräge – und das heißt: hinein in harte Auseinandersetzungen und Leiden. Jesu Weg nach Jerusalem ist ein Weg, der sich bewußt dem stellt, was Leben behindert. Jesus stellt sich auch den religiös begründeten Beschädigungen des Lebens. Auch dem letzten, entscheidenden Widerpart des Lebens, dem Tod, weicht er nicht aus. Er stellt sich all dem, was Leben gefährdet oder zerstört, um als der Christus an unserer Seite zu sein, wenn wir uns mit unseren Hindernissen auseinanderzusetzen haben, aber auch, um mit uns und in uns alle zerstörenden Kräfte von innen her zu heilen.

Für dieses Vertrauen steht die Kerze. Gottes Licht geht mit uns, auch wenn wir es manchmal nicht wahrnehmen können. Dieses Licht ist die Kraft, die uns von Jahr zu Jahr verwandeln und reifen lassen will.

Meditation heißt: Wir lenken unsere Aufmerksamkeit auf diese verborgene Anwesenheit Gottes in unserem Ringen um den Weg und um den jeweils nächsten Schritt.

Gebärden zu einem Gebet von Nikolaus von der Flue (1417–1587)

Vorüberlegungen

Die Bewegungen sollen zunächst unabhängig von Atem und Wort eingeübt und in ihrer körpersprachlichen Symbolik erspürt werden, möglichst mehrere Male.

Hilfreich ist die Konzentration der Aufmerksamkeit auf die Handinnenflächen.

Danach kann die Bewegung mit dem Atemfluß verbunden werden, zunächst in gemeinsamem Rhythmus der gesamten Übungsgruppe, danach so, daß die Einzelnen je ihrem Atemrhythmus folgen.

Nicht die Bewegung lenkt den Atemrhythmus, sondern der Atemrhythmus die Bewegung. Später kann durch die Bewegung auch der Atemrhythmus bewußt verlangsamt werden.

Erst in einem letzten Doppelschritt (Übung im gemeinsamen Rhythmus, danach dem individuellen Rhythmus folgend) lassen sich die Gebetsworte mit dem Gebärdengebet verbinden.

In einer so behutsam schrittweisen Übungsabfolge kann erfahrbar werden, daß Gott nicht nur eine fremde, mich von außen her fordernde Macht ist, der ich mich auszuliefern habe, sondern zugleich mein innerstes Wesen, bzw. «mein Leben» – «Christus in mir» – das erneuerte Ebenbild Gottes, für dessen Wirksamkeit ich mich öffne.

Die konkrete Übung

a Steh mit offenen, weichen Knien, spüre den Bodenkontakt, laß Schultern und Arme locker hängen, halte den Kopf aufrecht.

Atem fließt frei

b Laß die Hände vor dem Körper zueinander wandern, bis sich die Handflächen vor der Brust fast berühren. Führe die Hände weiter bis über den Scheitel. Erspüre die (aufrechte) Linie zwischen Fußsohlen, Beckenboden, Scheitel und Handinnenflächen.

Einatmen

Mein Gott,

c Laß die Hände im weitem Bogen nach rechts und links wandern, halte sie dabei bis in Schulterhöhe nach oben geöffnet. Auf Schulterhöhe drehe die Handflächen nach unten, ohne den Bewegungsfluß zu unterbrechen. Bewege die Hände weiter bis in Ausgangsstellung (a).

Ausatmen

Du,

d Umgekehrte Bewegungsfolge wie c, bis die Hände sich über dem Kopf in der Scheitellinie wieder begegnen.

Einatmen

mein Leben

e Beug dich langsam in weitem Bogen, die Arme und Hände ausgestreckt, nach vorn in Richtung oder bis zum Boden. Achte dabei behutsam auf deine Grenzen.
Stelle dir vor: Lasten fallen von deinen Schultern.

nimm alles von mir,

Laß Schultern und Nacken locker.

Ausatmen

Verweile ein paar Atemzüge in dieser Haltung.

f Richte dich langsam vom Kreuzbein her auf, Wirbel für Wirbel, zuletzt Schultern und Arme, Hals und Kopf, die bis zuletzt von der Schwerkraft nach unten gezogen werden.

was mich hindert zu Dir

Einatmen

g Laß die Hände vor der Körpermitte eine unsichtbare Kugel umschließen. Erspüre, wo deine «Mitte» für dich jetzt wahrnehmbar ist.

Ausatmen

Verweile ein paar Atemzüge in dieser Haltung.

h Laß die Hände vor dem Körper zueinander wandern, bis sich die Handflächen vor der Brust fast berühren. Führe die Hände weiter bis über den Scheitel. Erspüre die (aufrechte) Linie zwischen Fußsohlen, Beckenboden, Scheitel und Handinnenflächen.

Einatmen   Mein Gott

i Laß die Hände im weitem Bogen nach außen wandern, halte sie dabei bis in Schulterhöhe nach oben geöffnet. Auf Schulterhöhe drehe die Handflächen nach unten, ohne den Bewegungsfluß zu unterbrechen. Bewege die Hände weiter bis in Ausgangsstellung (a).

Ausatmen   Du

j Umgekehrte Bewegungsfolge wie (i), bis die Handflächen sich über dem Kopf in der Scheitellinie begegnen.

Einatmen   mein Leben

k Laß die Hände wandern über Scheitel, Stirn, Nase, Mund, Hals, Brust, Bauch (jeweils ohne den Körper direkt zu berühren) bis vor das Becken, wo sie sich zu einer empfangend geöffneten Schale formen.

Ausatmen gib alles mir,

Verweile ein paar Atemzüge in dieser Haltung.

l Laß die Hände vor der Körpermitte eine unsichtbare Kugel umschließen. Erspüre, wo deine «Mitte» zwischen Nabel und Brustbereich für dich jetzt wahrnehmbar ist.

Einatmen was mich fördert

Verweile ein paar Atemzüge in dieser Haltung. zu Dir.

m Laß die Hände vor dem Körper zueinander wandern, bis sich die Handflächen vor der Brust fast berühren. Führe die Hände weiter bis über den Scheitel. Erspüre die (aufrechte) Linie zwischen Fußsohlen, Beckenboden, Scheitel und Handinnenflächen.

Einatmen Mein Gott,

n Laß die Hände im weitem Bogen nach außen wandern, halte sie dabei bis in Schulterhöhe nach oben geöffnet. Auf Schulterhöhe drehe die Handflächen nach unten, ohne den Bewegungsfluß zu unterbrechen. Bewege die Hände weiter bis in Ausgangsstellung (a).

Ausatmen Du

o Umgekehrte Bewegungsfolge wie (n), bis die Handflächen sich über dem Kopf in der Scheitellinie begegnen.

Einatmen mein Leben

p Beuge dich langsam in weitem Bogen nach vorn in Richtung oder bis zum Boden. Achte dabei behutsam auf deine Grenzen. Stelle dir vor: Lasten fallen von deinen

Nimm mich

Ausatmen mir

111

Schultern. Laß deine Schultern und deinen Nacken ganz locker.

q Richte dich langsam vom Kreuzbein her auf, Wirbel für Wirbel, zuletzt Schultern und Arme, Hals und Kopf, die bis zuletzt von der Schwerkraft nach unten gezogen werden.

Einatmen gib mich

r Breite die Arme auf Schulterhöhe aus, Handflächen nach vorne, bis du wie ein Kreuz stehst.
Nimm die Spannung zwischen den Händen wahr.

Ausatmen ganz

Verweile ein paar Atemzüge in dieser Haltung.

s Löse die Spannung auf, führe die Hände zum Körper zurück und laß sie vor der Körpermitte eine unsichtbare Kugel umschließen. Erspüre, wo deine «Mitte» für dich jetzt wahrnehmbar ist.

zu eigen

Ausatmen Dir.

verweile ein paar Atemzüge in dieser Haltung.

t Stehe mit offenen, weichen Knien, spüre den Bodenkontakt, laß Schultern und Arme locker hängen, halte den Kopf aufrecht.

Atem fließt frei Amen.

Ich bin Kreuz

Wir gehen bei der Meditation von der Voraussetzung aus, daß das Kreuz Christi nicht zuerst das historische Sterben auf Golgatha meint, sondern Gottes Hineingehen in die Gegensätze des Lebens, z. B. in die Gegensätze von Liebe und Haß, von Gerechtigkeit und Schuld, von Leben und Tod. Das macht die Bedeutung von Golgatha aus, die den Tod Jesu auch heute noch für uns heilvoll sein läßt.

Übung im Liegen und Stehen

- Dehn und streck dich, laß dem Gähnen freien Lauf und finde eine Lage, in der du entspannt liegen kannst.
- Stell dir vor, du liegst an einem Ort, an dem du dich wohl und sicher fühlst (vielleicht erinnerst du dich an einen schönen Urlaubstag).
- Du liegst in der Sonne und öffnest dich ihrer Wärme und ihrem Licht.
- Öffne dich, indem du die Arme ausbreitest, bis du in der Form des Kreuzes liegst.
- Nimm die Spannung in dieser Gebärde wahr. Was beinhaltet diese Gebärde für dich? (Erlebst du sie als Offenheit oder als Verletzlichkeit oder …?)
- Verlaß diese Haltung wieder und kehre in eine entspannte Lage zurück, die dir jetzt gut tut.
- Bereite dich darauf vor, dich aufzurichten zum Stehen.
- Stehe mit zum Kreuz ausgebreiteten Armen, spüre noch einmal in die Spannung hinein und halte die Spannung aus, solange es dir ohne Krampf möglich ist.

Übung im Sitzen

Ich bin ein Kreuz, dessen Spannung ich nur begrenzt aushalte.

Ich habe einen Standpunkt, der mich auf dieser Erde meinen Platz behaupten läßt. Ich stehe in Beziehung zum Himmel, zu Gott, der mich an meinen Platz stellt. Das gibt mir die Kraft zum Alleinsein und zur Selbständigkeit. Die senkrechte Linie meines Körpers bringt dies zum Ausdruck.

Ich stehe aber auch in Beziehung, kann meine Arme ausbreiten, mich liebend und handelnd mit allen Mitgeschöpfen verbinden. Die waagerechte Linie meines Körpers bringt dies zum Ausdruck. In meinem Herzen kreuzen sich die beiden Linien.

- Nimm in der Stille die Spannung wahr, die dein Leben ausmacht.

Übung im Stehen allein mit Einsatz des Atems

- Stehe weich und locker in den Knien, nimm Verbindung zum Boden und zum Himmel auf, so daß du die senkrechte Achse deines Körpers gut spüren kannst.
- Öffne die Arme zur Kreuzform und nimm die Spannung wahr, die jetzt entsteht. Stelle dir auch vor, deine Arme würden über die Fingerspitzen hinausreichen. Konzentriere dich auf den Atem.
- Laß deine Arme mit dem Rhythmus des Atems sich senken und wieder bis in Schulterhöhe heben.

- Wechsle dabei den Rhythmus von Ausatmen und Einatmen.
- Wann kannst du die unterstützende Kraft des Atems beim Öffnen der Arme besser erfahren: Beim Ein- oder beim Ausatmen?
- Laß die Arme in Kreuzform ausgebreitet. Stelle dir dabei vor: Mit jedem Atemzug erhältst du stützende Kraft. Konzentriere dich dabei auf die Atemphase, die du als besonders unterstützend erlebt hast.
- Achte darauf, in den Knie- und Hüftgelenken weich zu stehen und die Beckenmuskulatur nicht anzuspannen.
- Bleibe in dieser Übung, solange du sie ohne allzu große Anspannung vollziehen kannst.
- Laß dann die Arme wieder sinken.
- Hat die Achtsamkeit auf den Atem etwas in dir bewirkt?
  War etwas anders als beim ersten Stehen in dieser ausgespannten Haltung?

Deutende Worte als Impuls zum Sitzen in der Stille

Das Kreuz Christi ist nicht nur ein Zeichen des Todes. Es ist auch Zeichen radikaler Solidarität Gottes mit unserem menschlichen Leben in allen seinen Spannungen: Gott stellt sich stützend in das Kreuz unseres Lebens und trägt mit uns an dieser Spannung, damit wir wachsen in der lebendigen Doppelbeziehung der Liebe. Das «Doppelgebot der Liebe» wird von Jesus als grundlegende Wesensbestimmung des Menschen verstanden (Matth. 22,36–40). (Vertikale: Liebe zu Gott und dem eigenen Weg; Horizontale: Liebe zu anderen Menschen.) So können wir das Kreuz Christi jenseits theologischer Richtigkeiten erfahren als «Gotteskraft» (1. Kor. 1,18).

- Laß in der Stille diese Zusage in dir nachklingen: Das Christuskreuz trägt mein Kreuz.

Du kannst diese Übung auch im Liegen auf dem Rücken oder auf dem Bauch mit ausgebreiteten Armen vollziehen. Laß dabei deine Kreuzgestalt von unten her stützen, erinnere dich an die Unterstützung, die du im Stehen erfahren hast. Nimm mit jedem Atemzug etwas von der unterstützenden Kraft Gottes in dir wahr.

Die Übungen zum Thema «Ich bin Kreuz» können in der Orientierung und Ausrichtung auf das Kreuz Christi in der Gruppe vertieft werden durch PartnerInnen-Übungen. Den PartnerInnen-Übungen vorangestellt werden jedenfalls die entsprechenden Übungen allein.

■ **Übung mit zwei PartnerInnen: Spannung als Gegensatz und Konflikt**

- Bildet Dreiergruppen (etwa gleiche Körpergröße!).
- Eine(r) steht mit zum Kreuz ausgebreiteten Armen.
- Ergreift die Arme eurer/eures PartnerIn am Handgelenk und erhöht behutsam die Spannung, steigert dann, auf die Grenzen der Belastbarkeit achtend, das Ziehen.

114

- Haltet die Spannung eine Weile.
- Laßt die Spannung zurückgehen.
- Laßt die Arme los und tretet etwas zurück, während der Mensch in der Mitte zunächst in Kreuzform stehenbleibt und erst nach einiger Zeit die Arme sinken läßt.
- Verweilt mit eurer Aufmerksamkeit bei euch selbst und der Nachwirkung dieser Übung in euch.
- Der Mensch in der Mitte öffnet erneut die Arme zur Kreuzform.
- Tretet von hinten an den Übenden heran und unterstützt sie bzw. ihn an Ellbogen und Handgelenk.
- Verweilt in dieser unterstützenden Haltung über längere Zeit.
- Laßt die Arme los und tretet etwas zurück, während der Mensch in der Mitte zunächst in Kreuzform stehenbleibt und erst nach einiger Zeit die Arme sinken läßt.
- Verweilt mit eurer Aufmerksamkeit bei euch selbst und der Nachwirkung dieser Übung in euch.
- Wechselt die Rollen und wiederholt die Übungsfolge, so daß jede(r) Anspannung und Unterstützung in Kreuzform erfahren kann.

Rückblick auf die Übung in der Kleingruppe

■ Übung im Stehen mit PartnerIn

Zwei Team-Mitglieder vollziehen die Übung zunächst, während die Gruppe zusieht.

- Such dir jeweils eine(n) PartnerIn, mit der/dem du diese Übung vollziehen willst.
- Verabredet, wer zuerst unterstützt bzw. sich unterstützen läßt. Verabredet auch ein Zeichen für den Beginn der Unterstützung. Die/der Unterstützende schaut bei der ersten Phase der Übung nur zu:
- Steh weich und locker in den Knien, nimm Verbindung zum Boden und zum Himmel auf, so daß du die senkrechte Achse deines Körpers gut spüren kannst.
- Öffne die Arme zur Kreuzform und nimm die Spannung wahr, die jetzt entsteht. Stell dir auch vor, deine Arme würden über die Fingerspitzen hinausreichen.
- Halte die Spannung aus, solange es dir möglich ist. Gib dann deiner/m PartnerIn ein Zeichen, damit sie/er hinter dich treten und deine Arme an den Ellbogen stützen kann.
- Laß möglichst alle Anspannung los und überlasse das Gewicht deiner Arme der dich stützenden Kraft.
- Gib deiner/m PartnerIn ein Zeichen, wenn du die Spannung deiner Arme wieder allein halten willst.
- Halte die Spannung noch für einen kurzen Moment aus und laß dann mit einem Ausatmen die Arme wieder sinken.
- Wie hast du den Unterschied erlebt?
- Laß dir Zeit für diese Wahrnehmung, bevor du dein(e) PartnerIn bei derselben Erfahrung unterstützt.

Übung im Liegen (vertiefende Übung)

- Räkel dich, strecke und dehne dich.
- Wenn du gähnen mußt, laß es zu.
- Finde die jetzt für dich richtige Lage.
- Liege zunächst so, wie du gerade liegen möchtest.
- Nimm deine Form wahr: sie ist deine Weise, wie du im Augenblick vom Boden Unterstützung nimmst.
- Drehe dich auf den Rücken und strecke dich aus.
  Spüre deine Auflageflächen. Nimm wahr, an welchen Stellen jetzt deine Körperrückseite Kontakt mit dem Boden hat.
- In welchen Bereichen kannst du loslassen und wo spürst du Spannung?
- Spüre von den Fersen aufwärts, wie du auf dem Boden aufliegst:
  Nimm deine Füße wahr, deine Unterschenkel, Kniekehlen und Oberschenkel, dein Becken, deine Wirbelsäule und den gesamten Rücken, deinen Schultergürtel, die Oberarme, Ellbogen, Unterarme, deine Handflächen oder Handrücken und die Finger. Spüre deinen Nacken und deinen Kopf mit seiner Auflage.
- Nimm dich als Ganzes wahr mit allen Teilen, wie du vom Boden getragen wirst.
- Löse dich aus dieser entspannten Haltung, strecke und räkle dich.
- Lege dich auf die Seite und ziehe Arme und Beine zur Brust, so daß du ganz klein wirst.
- Welche Gefühle löst diese Haltung aus? In welcher Situation nimmst du eine solche Haltung ein?
- Löse dich auch aus dieser Haltung und lege dich auf den Rücken.
- Breite die Arme so weit aus, wie es dir möglich ist, so daß dein Körper die Gestalt eines Kreuzes bildet.
- Welche Gefühle löst diese Haltung aus?
- Löse dich auch aus dieser Haltung und lege dich auf den Bauch.
- Breite auch in dieser Haltung die Arme so weit aus, wie es dir möglich ist, so daß dein Körper die Gestalt eines Kreuzes bildet.
- Welche Gefühle löst jetzt diese Haltung aus?
- Wähle für die folgende Zeit der Stille die Haltung im Liegen, die den folgenden Sätzen am besten entspricht:
  «Ich vertraue mich mit meinen Gegensätzen und Spannungen der tragenden Kraft Gottes an:
  Mein Kreuz, das Kreuz der ganzen Welt ist getragen von Christi Kreuz.»

116

Gnadenstuhl-Bildmeditation[51]

Die Abbildung befindet sich in der Tasche des Buchdeckels.

Sitzen mit Bild

- Laß das Bild «Gnadenstuhl» auf dich wirken.
- Laß deinen Blick mit halbgeöffneten Augen darauf ruhen.
- Laß deine Gedanken in der Aufmerksamkeit auf das Bild zur Ruhe finden.
- Erinnere dich dabei an die Körperübungen zum Kreuz.
- Nähere dich so mit deiner Meditation der Erfahrung an:
- «Ich bin mit meinem Kreuz von Gottes Kraft getragen und gestützt»
- oder wie sich für dich die Erfahrung dieser Meditation benennen läßt.

Deutender Text

Ein Quell wurde zum Bach und im Bett der Landschaft zum Fluß. Der Fluß breitete sich aus und wurde zum Strom. Der Strom eilte voran, bis er die Sandwüste erreichte.

Der Strom begehrte, die Wüste zu durchqueren; das war seine Bestimmung. Doch wie sehr er sich auch in den Sand ergoß, er versickerte fort und fort im Wüstensand.

Als der Strom erschöpft dalag, verspürte er einen Lufthauch: «Der Wind durchquert die Wüste, und du kannst es auch.» Der Strom verwahrte sich: «Wind kann fliegen, ich kann es nicht.» Doch die Stimme in der Luft gab nicht nach: «Der Wind kann dich hinübertragen.» Das fand der Strom sehr unvernünftig: «Wie soll das gehen?» Der Hauch in der Luft fuhr leise über ihn hin: «Laß dich aufnehmen vom Wind.»

Noch fürchtete er, vom Wind verstreut zu werden, als die Erinnerung an seine Kindheit in ihm aufstieg. Wurden seine Wasser damals nicht auf den Schwingen der Lüfte getragen? Schon gab er sich hin.

Der Wind hieß ihn willkommen und trug den Wolkenstrom über den Sand: bis zum Gebirge jenseits der Wüste, wo er ihn sanft zur Erde entließ (Sufi-Tradition).

OSTERN

Zentrales Motiv der Osterzeit ist die Dynamik des Lebens: die Kraft der Auferstehung, die alles Tote durchdringt und zum Leben befreit.

Der Spannungsbogen des Osterfestes reicht von Ostern bis Pfingsten. Er beschreibt den tiefsten Punkt der Christuserfahrung bzw. der Welterfahrung Gottes mit Grablegung und Höllenfahrt Christi, die Karsamstag und in der Osternacht gefeiert werden. Am diesem tiefsten Punkt beginnt der Aufbruch nach oben, zunächst verborgen wie ein Keim in der Erde oder wie ein Embryo im Mutterleib, doch dann – wie die Dynamik des Frühlings – das Ganze des Lebens erfassend: Der Auferstandene wird mit seiner Himmelfahrt als der kosmische Christus erkennbar – und wird zugleich gegenwärtig im Herzen aller

Dinge – auch der Menschen. Meditation will die Augen öffnen für diese Wirklichkeit. Aus der «Höhe» der kosmischen Realität und zugleich aus dem Innersten der Menschen heraus bricht der Christusgeist als erneuernde Kraft und belebende Dynamik in die Welt.

Ostern geht es um den Aufbruch des Lebens aus aller tödlichen Umklammerung. Man kann nicht die Auferstehung Christi von den Toten und das österliche Leben meditieren, ohne sich auf die Passionsthematik zu beziehen. Entscheidend ist dabei, daß Auferstehung als dynamisches Geschehen erfahrbar wird, das uns einbezieht, wie es auch den Kreuzweg nicht einfach hinter sich läßt: Auferstehung Christi wird zum Weg der Verwandlung für uns.

Die todesüberwindende Kraft Christi ist nach bilblischer Tradition eine kosmische Wirklichkeit, die nicht eine in sich abgeschlossene Lichtwelt bildet, sondern als die Dunkelheit kämpferisch durchdringende und überwindende Lichtkraft erscheint. In der Meditation öffnen wir uns dieser Kraft.

Als Leitbild für die Dynamik der Verwandlung, um die es bei den Meditationen zu Ostern geht, kann die Geschichte vom Weg der Jünger zwischen Jerusalem und Emmaus dienen (Luk. 24,19–35). Die «Emmausgeschichte» setzt voraus, daß Ostern im Dunkel, Auferstehung im Tod beginnt.

In ähnlicher Weise klingen in den Osterliedern der westlichen Kirchen Todesmotive an wie auch die Ikonenmalerei der östlichen Christenheit Auferstehung in der Regel als «Höllenfahrt Christi» darstellt. Meditative Übungen zu diesem Bild stehen im Mittelpunkt der Meditationen zu Ostern.

Christus ist der Wegbegleiter in der Trauer, der sich entzieht und damit zugleich in den Jüngern aufersteht. Er muß so lange von außen begleiten, solange sie ihn nicht im Inneren erfahren.

Raumgestaltung zu Ostern und Himmelfahrt

In der Mitte des Raumes steht eine aufragende Kerze. Ihr zugeordnet ist eine aufgerichtete Blüte (Lilie), die sich öffnet. Ein Bergkristall oder Amethyst kann einen dritten Akzent setzen: Die unter großem Druck zur kristallinen Klarheit verwandelte Materie wird in der traditionellen Symbolik auch als Hinweis auf den auferstandenen Christus gedeutet. Die drei Gestaltungspunkte sollten so angeordnet sein, daß die Mitte leer bleibt. Während die Ikone betrachtet wird, kann zu den genannten Gestaltungselementen eine große Kopie bzw. ein Tafelbild der Ikone gelegt werden.

■ Körpererfahrung «wie neugeboren…»

Hinweise zu Körpererfahrung und Meditation in Bewegung

Mit Ostern geht es um den Keim des Lebens in uns, der uns aus allen regressiven Phasen unseres Lebens wieder herausführen kann in einen neuen Wachstumsschritt. Nach einer psychologischen Grunderkenntnis steht vor einem neuen Schritt (Progression) in der Regel der Rückzug (Regression), oft mit depressiven Anteilen. Spirituelle Kultur in Ost und West kennt «Retrait» als regelmäßige Übung: Besonders in Entscheidungssituationen ziehen sich Menschen für mehrere Tage oder längere Zeit zurück zu Schweigen und Meditation.

Es geht also an Ostern nicht nur um Christus, sondern auch um uns und unseren Umgang mit allen Formen der Einengung unseres Lebens bis hin zum letzten Engpaß, dem Tod.

Die alten Ostersymbole sind in ähnlicher Weise bildhafte Zeichen, wie die in der Passionszeit verwendete Symbolik vom Weizenkorn, das sich durch den «Tod» hindurch verwandelt: das Ei, aus dem heraus sich das Kücken seinen Weg ins Leben bricht, wenn seine Zeit gekommen ist; der Schmetterling, der aus der Puppe schlüpft und sich ins Licht entfaltet. Begann nicht unser aller Leben mit einem Durchbruch durch den Widerstand des Geburtskanals? Menschliches Leben richtet sich so auf aus der geschützten und in sich eingekrümmten Haltung des Embryo und entwickelt sich zum «aufrechten Gang».

Leben aber ist immer bedrohtes Leben. Menschliches Leben hat von klein auf mit Widerständen zu tun, die es hindern, aufrecht und gerade zu wachsen. Manchmal sind diese Hindernisse in vergangenen Phasen des Lebens hilfreiche und notwendige Stützen gewesen – wie die Eierschalen für das erwachsende Kücken: z. B. die mütterliche Fürsorge, die Angst vor Krankheit oder vor dem Verlust menschlicher Achtung.

Die Symbole der Osterzeit fordern uns heraus mit der unausgesprochenen Frage: Können wir die Engpässe unseres Lebens und schließlich auch unseren Tod verstehen als Vorbereitung auf eine neue Ebene des Lebens oder bleiben wir im Schmerz über verlorene Sicherheit und Wärme stecken? Ostern will uns verlocken, «des Lebens Ruf an uns» zu folgen, von dem Hesse sagt, er «wird niemals enden».

Die Übung führt uns zurück zum Karsamstag: Es geht dabei um die Rückkehr in eine embryonale Haltung, eine Art der «Verpuppung», die einen Neubeginn und eine «neue Geburt»[52] erst möglich machen. Wir üben uns darin, aufmerksam zu werden auf die Kräfte, die das Leben in uns zum Durchbruch bringen. Wir üben uns damit auch in die Wahrheit ein, daß der mühsam erworbene aufrechte Gang des Kindes gegen alle Widerstände und Hindernisse des Lebens immer wieder neu gewonnen werden will.

Meditation in Bewegung[53]

Die Teilnehmenden entspannen sich auf den ausgebreiteten Matten. Die/Der Anleitende gibt ggf. noch Hilfen zur Entspannung und leitet die Übung ein mit folgendem Impuls:

- Nimm die Haltung ein, die dir größtmöglichen Schutz bietet.
- Nimm wahr, was diese Haltung ausdrückt und in dir an Erinnerungen auslöst.

Nach einiger Zeit wird die Übung fortgesetzt mit einer geführten Imagination:

- Es gibt Hindernisse, die dich gefangenhalten und zugleich schützen,

- wie ein Küken im Ei,
- wie den Schmetterling in der Puppe,
- wie den Embryo im Mutterleib.
- Kannst du dich mit deiner Haltung in einem der Bilder wiederfinden?
- Was engt dich ein?
- Spürst du in dir den wachsenden Widerstand gegen dieses Hindernis?
- Laß den Widerstand gegen alles Einengende als Lebenskraft in deiner Vorstellung wachsen.
- Laß diese Kraft wirksam werden als Energie, die dich aufrichtet.
- Folg ihrem Impuls und laß dich allmählich von ihm aufrichten (zum Sitzen und Stehen).

Im Stehen:

- Nimm die aufrichtende Kraft in dir wahr.
- Findest du einen Namen dafür, ein Wort?
  Geh mit diesem «Wort» umher.

Blitzlichtrunde

- Teil dein «Wort» mit den anderen.

Sitzen mit Impuls:

- Erinnere dich an die Erfahrung der aufrichtenden Kraft in dir und laß diese Kraft sich in dir entfalten.

Wenn die Ikone vorher schon meditiert worden ist, kann der Impuls erweitert werden:

- Erinnere dich an die Ikone und die aufrichtende Christuskraft in ihr.
- Laß beide Kräfte nebeneinander in dir wirken und sieh, ob sich das Bild der Christuskraft mit der aufrichtenden Kraft in dir verbindet.

Wenn genügend Zeit zur Verfügung steht, kann die Übung vertiefend weitergeführt werden mit dem Impuls:

- Mal ein Mandala.

■ Körpererfahrung «Sich aufrichten lassen»

Die Übung kann nach einer Vorinformation mit einer kurzen Entspannung eingeleitet werden. Socken mit Rutschwiderstand erleichtern die Übung auch auf glattem Boden.

- Liege entspannt auf dem Boden. Spür den Kontakt mit dem Boden und dein Gewicht.
- Wir Teamer kommen zu euch von Person zu Person und richten euch auf.
  Während du aufgerichtet wirst, geht es darum, geschehen zu lassen. Achte darauf, daß du weder helfen noch fest sein willst. Laß dich ein auf das, was geschieht.

Das Team vollzieht folgende Schritte:

- Steh über dem Oberkörper des Liegenden.
- Fasse dessen Handgelenke und hebe seine bzw. ihre Arme, bis sie einen rechten Winkel zum Oberkörper bilden.
- Zieh die Arme behutsam höher. Die Schultern lösen sich von Boden, der Kopf hängt. (Beim nach hinten hängenden Kopf ist jede ruckartige Bewegung zu vermeiden!)
- Geh vorsichtig rückwärts, laß dabei auch deine Arme lang gestreckt, bis die liegende Person auf ihren Sitzknochen sitzt, die Kniekehlen dabei locker und den Kopf nach vorne hängen läßt.
- Geh weiter mit lang gestreckten Armen rückwärts, während das Gesicht der sitzenden Person in Richtung Füße kommt, sich die Knie weiter beugen und das Gesäß zu den Füßen rutscht.
- Schließlich übernehmen die Fußsohlen das Gewicht. In diesem Moment gehe nicht mehr rückwärts, sondern gebe einen kleinen Impuls nach oben. Die Knie können sich nun strecken. Der Mensch steht selbständig.

Ist genügend Zeit vorhanden, so können die Gruppenmitglieder paarweise diese Übung miteinander nachvollziehen.

■ **Reigen «Abba Jesus» als getanztes Herzensgebet**

Informationen zum Reigen

Die Anregung, das «Herzensgebet» in der vorliegendem Form zu tanzen, stammt von Maria-Gabriela Wosien[54].

Nach Br. Maria-Emmanuel aus der Zisterzienser-Abtei Hauterive in Frankreich besteht das Gebet aus der Wiederholung der fünf Anrufungen:

Abba	*Gott-Vater, Ursprung ewigen Lebens*
Jesus	*Mensch gewordener Sohn Gottes*
Maria	*Mutter des Lebens, Mittlerin des Göttlichen in die Welt*
Hosanna	*«Herr, hilf doch»*
Halleluja	*«Gelobt sei Gott»*

In unserem Zusammenhang zeigt sich, daß die Aufstellung, die Gebärden und die Raumwege symbolhafter Ausdruck für das Ostergeschehen sein können, den Spannungsbogen des Kirchenjahres von Weihnachten her aufgreifend. Die Einführung in den Reigen kann natürlich nur eine behutsame Andeutung der darin angelegten Symbolfülle sein, die am besten im wiederholenden Vollzug selbst zu entdecken ist.

Anleitung zum Vollzug

Alle Gebärden sollen sich als eine Einheit miteinander verbinden.

Während des ersten Teils des instrumentalen Vorspiels stehen alle am Platz, zur Kreismitte ausgerichtet, die Arme (rechts über links) vor der Brust gekreuzt. Die Handflächen liegen unterhalb der Schultern. Mit Beginn des zweiten musikalischen Themas werden die Arme gesenkt, die Hände durchgefaßt. Alle bewegen sich nach rechts und schreiten leicht wiegend als Prozes-

sion: rechts, links tippt ran; – links, rechts tippt ran … Beim Ausklang des Vorspiels wenden alle sich zur Mitte und kreuzen wieder die Arme vor der Brust.

Beim ersten Gesang «Abba Jesus» werden die Arme nach vorn zur Mitte geführt, die Handflächen zeigen nach oben. Rechts geht mit einem Ausfallschritt in die Mitte, links tippt ran. Der Kopf ist aufrecht.

Die Mitte symbolisiert dabei Gott als Mitte und Urgrund allen Seins: väterlich-mütterliche Kraft, der Jesus sich anvertraut. In dieses Ur-Vertrauen als Grundlage unseres Lebens lassen wir uns von Anfang an hineinziehen.

Beim zweiten Gesang «Abba Jesus» werden die Arme seitwärts waagerecht zur Kreuzhaltung ausgebreitet. Links rückt zurück, rechts tippt ran.

Beim Gesang «Maria» wird der rechte Fuß mit dem Ballen nach hinten gestellt und belastet, das linke Knie gebeugt, Oberkörper und Kopf neigen sich leicht nach vorn. Die Arme legen sich als zum Kreis geöffnete, empfangende Gebärde vor der Körpermitte (rechts unter links)[55].

Beim Gesang «Hosianna» wird der Körper aufgerichtet, die Arme am Körper hochgeführt, bis die Hände über dem Kopf eine Schale bilden. Der Blick folgt der Gebärde.

Beim Gesang «Halleluja» drehen wir uns rechtsschultrig um die eigene Achse, schauen nach oben, die Arme nach oben geöffnet, das Gesicht zur Mitte gewandt. Die Arme werden wieder gesenkt und gehen in die gekreuzte Haltung vor der Brust[56].

Beim konzertanten Zwischenspiel, auf das die Gebärden noch einmal folgen, und beim Ausklang gehen wir wie zur Eingangsprozession.

Beim Ende der Musik schauen alle zur Kreismitte und verweilen ein paar Augenblicke in der Anfangsgebärde.

Schritte zur Vertiefung

Sitzen in der Stille

- Laß die Gebärden in dir nachklingen.

Zum Abschluß des Sitzens gibt ein Team-Mitglied einen Erinnerungsimpuls.

- Mit welcher Gebärde im Reigen konntest du dich besonders gut verbinden?
  Welche Gebärde entspricht dir im Augenblick am meisten?

Einige Minuten Nachdenkzeit:
- Richte dich behutsame auf zum Stehen.
- Stelle deine Gebärde nach in einer Aufmerksamkeit, die sich ganz nach innen richtet (möglicherweise mit geschlossenen Augen).
- Eine nach der anderen stellt sich und ihre Gebärde vor, indem sie einen Schritt nach vorne tritt und die Gebärde schweigend vollzieht.

Wiederholung des Reigen «Abba Jesu».

Impuls für das Gehen draußen:
- Bleib im inneren Kontakt mit der Gebärde, wenn du draußen gehst.
- Nimm die Natur wahr und sieh, ob du da Entsprechendes findest.

Oster-Ikone: Höllenfahrt Christi

Die Abbildung befindet sich in der Tasche des Buchdeckels.

Spontane Meditation

Ich lade dich ein, dich der Ikone ohne weitere Vorinformationen auszusetzen.
Leg dazu eine Abbildung der Ikone vor dich auf deinen Meditationsplatz, so daß dein Blick beim Sitzen darauf ruhen kann.

- Beginn deine Meditationsübung mit den vertrauten Grundschritten und laß die Ikone auf dich wirken, als sähest du sie zum ersten Mal.
- Laß deinen Blick weich und eher unscharf auf der Ikone ruhen.
- Versuche, dich von dem Bild be-eindruck-en zu lassen. Laß den Eindruck, den die Ikone auf dich macht, wirken. So gut es dir gelingt, verzichte darauf, Befremdendes abzuwehren, aber auch Bekanntes zu verstehen und zu analysieren.
- Achte auf die Gefühle und inneren Bilder, die die Begegnung mit dieser Ikone in dir weckt.
- Verweile in dieser inneren Wahrnehmung.
- Beende auch diese Meditation auf die gewohnte Weise.

Information zu Ikonen

Ikonen sind Bilder, in denen die orthodoxe Christenheit die Anwesenheit der dargestellten göttlichen Wirklichkeit verehrt, ohne das Bild selbst damit zu identifizieren.

Anders als in der modernen westlichen Kunst ist das Bild nicht Ausdruck der subjektiven Persönlichkeit des Künstlers und seiner Wahrnehmungen und Gefühle. Subjektive Kreativität und individueller Ausdruck sind ebensowenig gefragt wie die Perspektive; sie gelten vielmehr eher als störend. Vorausetzung für das «Schreiben» einer Ikone ist langjährige Meditationserfahrung, in der die darzustellenden Wahrheiten als innere Erfahrung und Wirklichkeit (wirksame Kraft) die Seele des Mönches oder der Nonne gestalten. Erst in dieser inneren Verfaßtheit kann dann die Berufung zum Ikonen-Schreiben erfolgen[57]. Bei der Gestaltung geht es vor allem darum, die vertraute Wahrheit in vorgegebenen Formen und Farben nachzubilden. Ikonen sind niemals nur ins Bild gesetzte biblische Geschichte oder dogmatische «Wahrheit», sie sind immer auch Spiegelbild religiösen Erlebens, das in archetypischer Tiefe wurzelt und daher auch Tiefenschichten in der Persönlichkeit des Betrachters ansprechen kann. Sie sind nicht eigentlich Kunstwerke, sondern Kultgegenstände bzw. Meditationsbilder. Daher werden sie auch mit einer gottesdienstlichen Handlung geweiht, bevor sie in den Dienst genommen werden.

Zur Ikone von der Höllenfahrt Christi

Die Ikone «Christi Höllenfahrt», auch «Christi Auferstehung» genannt, ist eine der schönsten Ikonen des Ikonenmuseums Recklinghausen und eine der tiefsten Osterdarstellungen überhaupt. Sie stammt aus Rußland und entstand in der ersten Hälfte des 16. Jahrhunderts[58].

Theologischer Hintergrund

Die Ikone der Höllenfahrt Christi gehört in die Liturgie der Osternachtsfeier. Sie ist das zentrale Osterbild der orthodoxen Christenheit.

In der Liturgie zur Osternacht heißt es:

«Heute ruft der Hades stöhnend: Besser wäre es mir gewesen, ich hätte den von Maria Geborenen nicht aufgenommen. Denn indem er zu mir kam, hat er meine Macht gebrochen, die ehernen Tore zertrümmert, die Seelen, die ich vordem gefangenhielt, als ewig seiender Gott auferweckt.

Ehre, Herr, deinem Kreuz und deiner Auferstehung.»

«Heute ruft der Hades stöhnend: Vernichtet ist meine Macht. Ich nahm den Toten auf, wie einen der Gestorbenen. Diesen aber vermag ich nicht gefangenzuhalten, vielmehr verliere ich die, über welche ich herrschte. Ich hatte die Toten von der Urzeit her. Doch siehe, dieser erweckt alle.

Ehre, Herr, deinem Kreuz und deiner Auferstehung.»

«Heute ruft der Hades stöhnend: Aufgezehrt ist meine Macht. Der Hirt ward gekreuzigt und erweckte den Adam. Über die ich herrschte, derer wurde ich beraubt. Die ich verschlang, da ich stark war, habe ich alle ausgespieen. Leer hat gemacht die Gräber der Gekreuzigte. Schwach geworden ist die Macht des Todes.

Ehre, Herr, deinem Kreuz und deiner Auferstehung.»

«Des Todes Tötung feiern wir, die Zerstörung der Hölle, eines anderen, des ewigen Lebens Anbruch ... Nun ist alles mit Licht erfüllt, Himmel, Erde und Unterwelt. So feiere denn die gesamte Schöpfung Christi Auferstehung!»

Sie stellt sozusagen die geglaubte, unsichtbare Rückseite der Grabesruhe des gekreuzigten Christus dar, die eigentliche innere Dynamik seines Todes. Der Tod Christi ist hier begriffen als Einbruch in einen Machtbereich, in dessen Gefangenschaft alles Lebendige verfällt: in den Machtbereich des Todes. Paulus beschreibt dies Geschehen als zukünftiger Vollendung entgegendrängend: «Der letzte Feind, der vernichtet wird, ist der Tod» (1. Kor. 15,26). Was Paulus als zukünftiges Geschehen beschreibt, glaubt die orthodoxe Christenheit als mit dem Eintritt Christi in den Bereich des Todes bereits grundlegend und stellvertretend vollzogen. Auch viele Osterlieder der evangelischen Tradition entfalten dieses Motiv, z. B. Martin Luthers «Christ lag in Todesbanden»: «Es war ein wunderlicher Krieg, da Tod und Leben rungen; das Leben behielt den Sieg, es hat den Tod verschlungen.»

So stellt dieses Bild die Pforten des Totenreiches dar, wie sie aus den Angeln gebrochen über dem schwarzen Abgrund des Nichts liegen und in der Gestalt des Andreaskreuzes Christus tragen. Er selbst ist wie das Licht in weißer Farbe gestaltet. Von ihm geht eine lebenschaffende Kraft aus, die sich in der grünen Aura ausdrückt, die ihn umhüllt und von ihm ausstrahlt. Alle von ihr berührten Gestalten sind bereits aus dem Bereich des Todes (den im Dunkel liegenden Särgen) in das Leben zurückgekehrt. Im dunklen Abgrund liegen auch Marterwerkzeuge und die Schlüssel des Totenreiches (der Hölle) wie nach einem Einbruch verstreut. Hinter Christus stehen Propheten des Bundes Gottes mit Israel, aber auch Philosophen der griechischen Welt als Vertreter der Weisheit (Sophia). Ihnen zugeordnet hat sich Eva aus dem Grab erhoben – wie die Weisen von der grünen Aura Christi berührt. Von der Weisheit her wendet Christus sich Adam zu, den er am Handgelenk ergreifend aus dem Grab zieht. Über Adam haben sich die Könige des Alten Testamentes und Mose – als Vertreter der Macht und Ordnungsstruktur – im Kraftfeld der Aura des Christus aus dem Grab erhoben.

Zur Symbolik der Mandorla

Die grüne Mandorla der Ikone hat auch die Form einer Puppe, zu der sich die Raupe eingesponnen hat, bevor sie zum Schmetterling verwandelt wird. In diesem Vorgang der Natur hat meditative Theologie immer ein Gleichnis des Auferstehungsgeschehens wahrgenommen. In der unscheinbar verborgenen Gestalt der Puppe sammelt sich die ganze Lebenskraft, um aus dem Innersten heraus Verwandlung und Neubeginn zu wirken.

Ostern hat damit zu tun, daß Gott als die Kraft des Lebens sich «einschleicht» in den Tod und in alles, was das Leben schon vor dem Tod hindern will, um es von innen her aufzubrechen und zu verwandeln. Dieses «Sich-Einschleichen-Gottes» stellt die Ikone dar in der Mandorla, die die Christusgestalt in sich birgt. Die Mandorla ist Symbol der einen schöpferischen Kraft des göttlichen Geistes, die über den Urfluten brütete (1. Mose 1,1 f.) und die Jesus von den Toten auferweckte – wie sie auch in uns belebend wirkt (Röm. 8,11).

Zur Symbolik der Farbe Grün

Hildegard von Bingen spricht von der «sancta viriditas», der «heiligen Grüne» als der lebenschaffenden und aufrichtenden Kraft, die sie nahezu mit der Kraft des Heiligen Geistes identifiziert. Zwei ihrer Gedichte bzw. Meditationen als Beispiel:

«Der Heilige Geist ist lebenspendendes Leben,
Beweger des Alls
und Wurzel allen geschaffenen Seins,
er reinigt das All von Unlauterkeit,
er tilgt die Schuld und er salbt die Wunden,
so ist er leuchtendes Leben, würdig des Lobes,
auferweckend und wiedererweckend das All.»

«O edelstes Grün
in der Sonne du wurzelst,
du leuchtest in strahlender Helle
im Kreise
den kein irdisches Sinnen begreift.
Umfangen wirst du von den Armen
der Geheimnisse Gottes.
Du schimmerst auf wie das Morgenrot,
du flammst wie der Sonne Glut.»

An anderer Stelle stellt Hildegard die Grünkraft der Traurigkeit (Depression) gegenüber als heilende Kraft. Sie sagt über die Traurigkeit: «Dieser Lebensform fehlt alle Grünkraft, und sie bleibt ohne allen Schutz der Seligkeit.»

Hildegard steht in der großen altkirchlichen Tradition, in der der Heilige Geist als Schöpfergeist wahrgenommen wird – auch und gerade in seinem Werk der Auferweckung Christi von den Toten und der Aufrichtung der Glaubenden aus allen niederdrückenden Erfahrungen. Das kirchliche Liedgut hält auch in der westlichen Kirche noch an dieser Identifikation fest.

Je stärker christliche Tradition von der Angst vor synkretistischen Verschmelzungen oder pantheistischen Tendenzen bestimmt ist, desto deutlicher betont sie den personalen Charakter des Heiligen Geistes und bindet ihn ausschließlich an das Christusgeschehen, das die Kirche mit ihrem Amt und ihren «Gnadenmitteln» (die durch das kirchliche Amt zu verwaltenden Sakramente) verkündet. Der Preis dieser Entwicklung ist eine Steigerung der Macht des Klerus gegenüber den Laien und der Verlust des Schöpfungs- bzw. Naturbezuges.

Das Verständnis von Meditation in diesem Kurs setzt demgegenüber ein Wirken des göttlichen Geistes in allem Lebendigen – im Lebensgeheimnis jedes Menschen wie aller anderen Geschöpfe – voraus. Kirchliches Amt und seine Rituale und Sakramente haben der Entfaltung dieses Lebensgeheimnisses zu dienen, können aber nicht den Anspruch erheben, außerhalb ihres Wirkungskreises gebe es kein Heil[59]. Daher gehört die Begegnung mit der «Grünkraft» in der Natur ganz unmittelbar mit der Meditation der Ikone zusammen.

Zur patriarchalen Problematik der Ikone[60]

Christus wendet sich in der russischen Höllenfahrts-Ikone Adam zu und nicht Eva.

Die gesamte patriarchalische Be- und Abwertungsgeschichte der Frau, die sich mit dem Sündenfall-Mythos durch die Jahrhunderte hindurch verbunden hat, ist auch in der hinter dieser Ikone stehenden Christus-Adam-Typologie und damit in der Ikone gegenwärtig.

Eva als Repräsentantin des Weiblichen wird nicht einer eigenen göttlichen Berührung gewürdigt, wie sie auch in den Traditionen vieler Kirchen vom priesterlichen Amt ausgeschlossen ist. Noch in der jüngsten Ausgabe des Evangelischen Gesangbuches ist der von Luther aus der hebräischen Bibel übernommene Text des zehnten Gebotes als Bekenntnis der Kirche zitiert, nach dem die Frau als Besitz des Mannes gewertet wird. Dieser durch die Ikone hindurchscheinende Hintergrund der Christus-Adam-Typologie, die den Mann als Vertreter der Menschheit schlechthin darstellt, hat sich bei der spontanen Betrachtung häufig als Erschwernis oder Blockade des Zugangs gezeigt.

Die angedeutete Problematik kann hier nicht eingehend erörtert werden, sollte aber beim meditativen Umgang mit der Ikone berücksichtigt werden, damit sich nicht unvermutet ein Teil der Gruppe aus dem meditativen Prozeß ausgeschlossen findet.

Die Wahrnehmung an der Ikone, daß Christus von der göttlichen Weisheit (Sophia) herkommend – Propheten, Philosophen und auch Eva im Rücken – sich der männlichen Welt der Macht (Könige) zuwendet und als letzten Adam aus der Todesstarre befreit, ist in der Ikone selbst ein starkes Gegengewicht zu der angedeuteten patriarchalen Problematik.

126

Zur Meditation der Höllenfahrts-Ikone

Meditation aus der spontanen Begegnung heraus

Eine spontane Meditationsweise versucht nicht zu «verstehen» und zu «analysieren», sondern sich «be-eindruck-en» zu lassen. Ergänzend zu der oben vorgeschlagenen Weise der spontanen Meditation geben wir hier noch eine weitere Anregung:

- Öffne die Augen, laß das Bild als Ganzes möglichst unreflektiert in dich hineinfallen; schließe dann die Augen wieder und sieh, welch ein inneres Bild der äußere Eindruck in dir hinterläßt. Wenn das innere Bild wieder undeutlicher zu werden beginnt, öffne neu die Augen und sieh das äußere Bild wieder an, schließ dann erneut die Augen usw.[61]

Betrachtende Meditation

Die Meditation mit Bildern kann geschehen als ein äußeres Betrachten des Bildes und eine Beschreibung all seiner Einzelheiten. Meditierend nehme ich bei dieser Betrachtung mit meiner Phantasie (Vorstellung) irgendwo in diesem Bild meinen Platz ein (z. B. in der Gestalt Adams oder Evas oder als ZuschauerIn an der Seite des Geschehens). Ich lasse dabei die Dynamik des Bildes von außen auf mich einwirken. Zentraler Orientierungspunkt ist bei einem Christusbild die Kraft Christi, wie sie im Bild dargestellt ist. Ich reflektiere und bedenke in der Betrachtung des Bildes, wie mein Verhältnis zu dieser Christuskraft aussieht – und öffne mich so dieser Kraft.

Eine Meditation des Bildes im engeren Sinn setzt voraus, daß ich die zentrale Dynamik des Bildes auf meine «Mitte» beziehen kann. Ich erfahre das Bild als eine innere Dynamik in mir: Mein Atemraum, den ich in mir wahrnehme, füllt sich mit der Mandorla, die Christus umhüllt. Gegenüber dem Bild können sich dabei Farbe und Gestalt verändern. Das äußere Bild regt meine inneren Bilder an, um schließlich in der Meditation alle Bilder zu überschreiten und mich nur noch die Christuskraft wahrnehmen zu lassen.

Betrachtende Meditation (1)

- Beginne deine Meditation wie gewohnt.
- Suche deinen Platz im Bild: Ist er mehr bei Adam? Oder näher bei Eva? Könnte es sein, daß du dich lieber bei den Repräsentanten der Macht einreihst? Oder bei den Repräsentanten der Weisheit? Oder ganz am Rande? Oder bleibt dir das Bild unzugänglich?
- Nimm wahr, was das Bild in dir auslöst.
- Dann wende deine Aufmerksamkeit der lebenschaffenden und befreienden

Kraft zu, die in der Mitte des Bildes wirkt: einbrechend, aufbrechend, voll mitreißender Dynamik.

- In welcher Beziehung erlebst du dich zu ihr? Berührt sie dich?
- Bricht sie in dir auf? Als Freude? Als Sehnsucht? Als Schmerz?
- Oder läßt sie dich unberührt?
- Verweile mit deiner Aufmerksamkeit bei dieser Kraft – gleichgültig, ob mehr mit innerer Distanz oder mit starker innerer Bewegung.
- Beende deine Meditation mit den gewohnten Schritten.

Betrachtende Meditation (2)

Je tiefer du dich in die Betrachtung dieser Ikone einläßt, desto geringeres Gewicht behält das äußere Bild. Du gehst in gewissem Sinn den umgekehrten Weg des Ikonenmalers und näherst dich vom Bild her der meditativen Erfahrung an, die Paulus mit den Worten beschreibt: «Christus lebt in mir.»

- Verweile mit deiner Erinnerung bei der Ikone.
- Betrachte sie wie einen Spiegel deiner Seele.
- Nimm wahr, ob es in dir etwas gibt wie königliche, prophetische, weise Kräfte oder andere lebenswichtige Energien, die bisher nicht zur Wirkung kamen in deinem Leben.
- Erinnerst du dich an Augenblicke in deinem Leben, in denen du dich wie eingeschlossen, abgeschnitten vom Leben oder abgestorben fühltest? Kennst du die Sehnsucht nach Freiheit?
- Wende deine Aufmerksamkeit der belebenden Christusgestalt zu. Spür, ob sie deine Sehnsucht berührt.
- Gibt es Augenblicke in deinem Leben, in denen du solch eine befreiende Kraft einmal gespürt hast? Erinnere dich daran.
- Nimm wahr, ob du auch jetzt in dir etwas von der befreienden Kraft Christi spüren oder erahnen kannst.
- Verweile mit deiner Aufmerksamkeit bei der Christusgestalt der Ikone und der Sehnsucht, die sie in dir weckt, bei der befreienden Kraft, an die du dich erinnern kannst oder die du jetzt in dir verspürst.
- Beende deine Meditation mit den gewohnten Schritten.

Meditation des inneres Christus

In den weiteren Schritten der Vertiefung kannst du deine imaginativen Kräfte zu Hilfe nehmen. Wir arbeiten mit der Erinnerung an die Ikone. Dabei kommt es nicht darauf an, daß du alle Einzelheiten präzise in dir wiederholen kannst. Laß geschehen, was die Kraft dieses Bildes in dir bewirkt.

Gehe – sozusagen als Arbeitshypothese – aus von dem Grundvertrauen: Christus ist auch in mir auferstanden und lebt auch in mir.

- Vollzieh die gewohnten Grundschritte der Meditation und verweile mit deiner Aufmerksamkeit bei dem Innenraum deines Leibes.
- Nimm wahr, wie dein Atem kommt und geht.
- Erinnere dich an die Ikone.
- Stell dir vor, daß deine Leibesmitte von der leuchtend weißen Christusgestalt erfüllt und dein ganzer Körper von der Mandorla seines Auferstehungslebens durchdrungen ist.
- Verbinde die Vorstellung der in die Tiefe greifenden Christusgestalt mit dem Ausatmen.
- Laß den Fluß deines Atems in deiner Mitte zur Ruhe finden, bevor du aus dieser Mitte heraus einatmest.
- Verbinde das Einatmen mit der Erinnerung an die Aura Christi. Laß dich mit jedem Einatmen von dieser Kraft durchdringen.
- Verweile in dieser Vorstellung mit dem schwingenden Rhythmus deines Atems.
- Beende deine Meditation mit den gewohnten Schritten.

Meditation der «Heiligen Grünkraft»

- Gehe in die Natur.
- Bewahre die Achtsamkeit auf die durchdringende ‹Grünkraft› des auferstandenen Christus als Kraft in dir, soweit es dir möglich ist, auch während des Gehens.
- Sieh, wo dir draußen aufbrechendes Leben begegnet.
- Nimm wahr, was dich besonders anspricht, und verweile dabei.
- Beende deine Meditation, indem du still innehältst und dich mit Dank verneigst vor der belebenden Kraft in dir und um dich herum.

Meditation des Auferstandenen als belebende Kraft

Die Ikone ist uns nicht mehr als Bild wichtig. Es geht dem 2. Gebot (‹Bilderverbot›) entsprechend auch im christlichen Glauben darum, nicht an den Bildern haften zu bleiben, sondern zu den dahinter bzw. darin sich zeigenden grundlegenden Kräften zu finden. Die Grundenergien[62] in der Christusgestalt sind das Licht, das in die Tiefe greift, und die belebende Kraft in seiner Mandorla, die sich nach außen entfaltet. Für das Sitzen in der Stille stelle dich auf folgende Übung ein:

129

- Nimm das Christus-Licht, das in die Tiefe greift, mit dem Ausatmen als Kraft in dir wahr.
- Nimm mit dem Einatmen die Kraft in dir wahr, die belebend nach außen drängt: sie entfaltet sich in dir und durch dich hindurch
  – durch deinen Körper,
  – deine Haut,
  – deine Kleidung,
  – in den Raum hinein, der dich umgibt.
- Verweile in dieser Wahrnehmung.
- Beende deine Meditation in der gewohnten Art.

Bei weiteren Meditationen kannst du deine Wahrnehmung auf verschiedene Aspekte lenken.

Schwerpunkt der Achtsamkeit ist dabei zunächst die in die Tiefe greifende Christusgestalt bzw. das Ausatmen:

- Nimm wahr, wie die Christuskraft Gefangenes in dir zur Freiheit lockt und Abgestorbenes belebt.

Schwerpunkt der Achtsamkeit bei der folgenden Variante ist die nach außen belebend wirkende Kraft bzw. das Einatmen:

- Nimm wahr, wie die Christuskraft durch dich hindurch als befreiende und belebende Kraft in deine Umgebung hinein weiterwirkt.

Wenn die bisherigen Schritte dieser Meditation gelingen, kannst du aus der Meditation heraus den Bezug zum Alltag herstellen:

- Stell dir eine alltägliche Situation vor, in der du diese Kraft besonders nötig hast.
- Laß dich nicht von dieser Situation gefangennehmen, sondern freue dich, daß dir diese Kraft zuwachsen kann, die dich in dieser Situation stärken wird.

Zur «biologischen Basis» dieser Übung: Licht und Grünkraft im Atem

Das Bild des inneren Lichtstromes visualisiert und gibt dem Lebensprozeß eine umfassende Deutung, der zwischen Lunge und Herz-Kreislaufsystem ohnehin geschieht: In der Lunge übergibt das Blut den Stickstoff als Verbrennungsschlacken an die Atemluft und übernimmt den Sauerstoff aus ihr. Durch den Sauerstoff werden die Verbrennungsprozesse im ganzen Körper – in jeder einzelnen Zelle – möglich. Auf diese Weise erfährt der Körper mit jedem Atemzug belebende Energie. So berührt und erfüllt uns mit jedem Atemzug belebende Kraft, die in dieser Me-

ditation als Auferstehungskraft wahrgenommen werden kann. Die Farbe Grün in der Ikone ist Symbol für diese Kraft. Bei der inneren Aneignung kann es sein, daß du diese Kraft wohl wahrnimmst, aber nicht in Verbindung mit dieser Farbe. Auch das ist in Ordnung.

Meditation aus der Er-Innerung der Ikone

Eine Vertiefung der Meditationen zur Höllenfahrts-Ikone kann darin bestehen, daß ein Sich-Ausbreiten der «Grünkraft» aus der Mitte der eigenen Person heraus bis in den Bereich der Aura geübt wird.

Vorübung zur Wahrnehmung der Wärmehülle

- Leg deine Hände auf Nabelbereich und Kreuzbein: Die Hand auf deinem Bauch berührt mit der Handinnenfläche den Körper; die Hand auf dem Rücken berührt das Kreuzbein mit dem Handrücken.
- Spür in beiden Händen, wie dein Atem deine Hände bewegt.
- Nimm nun die Hände so weit vom Körper auf Abstand, daß du auch noch ohne direkte Berührung den Atemfluß und die Wärme des Körpers in den Händen wahrnehmen kannst. Verweile in dieser Wahrnehmung.
- Leg dann die Hände in die für die Meditation gewohnte Haltung zurück, verweile mit deiner Achtsamkeit in dem Raum, der dich umgibt.

Sitzen mit Impuls:

- Versuche in den Raum, der dich umgibt, hineinzuspüren (Haut, Kleidung, Wärmehülle). Dann achte auf den Atemfluß, wie dich das Ausatmen in deine Mitte führt und das Einatmen dich erfüllt bis in deine Wärmehülle hinein.
- Wenn du die Wärmehülle nicht wahrnehmen kannst, nimm die Kräfte deiner Phantasie zu Hilfe und stell dir vor, du wärest in Licht eingehüllt, wie Christus auf der Ikone von der Mandorla umhüllt ist.

Schritte

- Steh auf beiden Füßen und spüre dich im Kontakt mit dem Boden.
- Stell den rechten Fuß vor dich hin und verlagere dein ganzes Gewicht auf den linken Fuß. Das linke Bein wird Standbein und das rechte Spielbein.
- Achte auf deinen Atem, wie er geht und wie er kommt.
- Stell dir vor, du könntest mit jedem Einatmen durch die Fußsohle des Standbeins Kraft aus dem Boden ‹schöpfen› und mit jedem Ausatmen den Atem wieder in den Boden zurückfließen lassen.

131

- Stell dir vor, dein Gewicht wandert von dem einen Fuß durch das Bein hinauf,
  – durch das Becken in das andere Bein
  – und abwärts in den anderen Fuß.
- Folg mit dem Becken dieser Gewichtsverlagerung, bis du in eine Pendelbewegung nach vorne und wieder zurück kommst.
- Verbinde mit dieser Pendelbewegung den Fluß deines Atems:
- Laß dich in den jeweils neuen Stand ein, indem du mit dem Ausatmen den Atem in den Boden fließen läßt und mit dem Einatmen aus dem Boden ‹Kraft schöpfst›,
- die ‹Kraft› durch dein Becken fließen läßt,
- um sie mit dem nächsten Ausatmen durch das andere Bein und den Fuß wieder in den Boden fließen zu lassen.
- Bleib in dieser Pendelbewegung.
- Halt inne.
- Spür deine Haut,
  – spür die Kleidung, die deine Haut umgibt.
  – Nimm wahr, wo dein Körper direkt von der Luft berührt wird.
- Spür durch die Kleidung hindurch die unmittelbare Lufthülle, die dich umgibt.
- Spür in den Raum hinein, der dich umgibt.
- Laß deine Aufmerksamkeit wieder zurückwandern von der Wärmehülle um dich herum
  zur Kleidung,
  zur Haut,
  in dich hinein.
- Verbinde den Fluß deines Atems mit der Erinnerung an die aufrichtende Christuskraft (ausatmen) und an die belebende Grünkraft (einatmen).
- Nimm wahr, wie diese aufrichtende und belebende Kraft in dir ist und dich zugleich schützend umgibt.
- Beginne wieder mit der Pendelbewegung und verbinde sie mit der Wahrnehmung dieser Kraft im Rhythmus deines Atems.
- Laß allmählich aus der Pendelbewegung Schritte werden.
- Bleib mit deiner Aufmerksamkeit der aufrichtenden Kraft und der schützenden Hülle zugewandt bei jedem Schritt, den du tust.
- Geh in dieser Achtsamkeit zu deinem Meditationsplatz und laß die Übung im Sitzen nachwirken.

132

■ Reigen «Surrexit Christus, Halleluia»[63]

Lobpreis	Kreisbewegung in Tanzrichtung, lockere Handfassung
	li kreuzt vor re, re neben li, li kreuzt hinter re, re neben li;
	li kreuzt vor re, re neben li, li kreuzt hinter re, re neben li;
«surrexit Christus»	Zur Mitte, Hände heben sich verbunden miteinander
	über die Köpfe
	re vor, li vor, re seit, wiegen
«Halleluia»	Zurück zum Kreisbogen, Hände senken sich wieder
	re rück, li rück, wiegen in Kreisrichtung
Lobpreis	Kreisbewegung in Tanzrichtung, lockere Handfassung
	li kreuzt vor re, re neben li, li kreuzt hinter re, re neben li;
	li kreuzt vor re, re neben li, li kreuzt hinter re, re neben li;
«cantate domino, Halleluia»	Drehung um die eigene Achse in freier Schrittfolge

Alternative – einfachere Version

«(Sur)rexit Christus Halleluja»:
- nach Auftakt mit rechts beginnend acht Schritte in Tanzrichtung gehen,
  «(can)tate domino»
- nach Auftakt mit rechts beginnend vier Schritte zur Mitte gehen.
  Arme dabei langsam heben.
  «Halleluja»
- mit rechts beginnend vier Schritte rückwärts aus der Mitte gehen
  Arme dabei langsam senken.

Gedicht: «Auferstehung»[64]

> Manchmal stehen wir auf
> Stehen wir zur Auferstehung auf
> Mitten am Tage
> Mit unserem lebendigen Haar
> Mit unserer atmenden Haut.
>
> Nur das Gewohnte ist um uns.
> Keine Fata morgana von Palmen
> Mit weidenden Löwen
> und sanften Wölfen
>
> Die Weckuhren hören nicht auf zu ticken
> Ihre Leuchtzeiger löschen nicht aus.
>
> Und dennoch leicht
> und dennoch unverwundbar
> Geordnet in geheimnisvoller Ordnung
> Vorweggenommen in ein Haus aus Licht.

Reflektieren die Osterschichten die befreiende Bedeutung von Tod und Auferstehung Christi im Blick auf die abgründigen und destruktiven Aspekte des Lebens, so weist das Fest der Himmelfahrt Christi auf ihre kosmische Dimension: die Herrschaft Christi «über alle Reiche, Gewalt, Macht, Herrschaft und alles, was sonst einen Namen hat, nicht allein in dieser Welt, sondern auch in der zukünftigen», aber auch seine göttliche Wesensqualität, die «alles in allem erfüllt» (Eph. 1,21 f). Darüber hinaus spielt die Anschaubarkeit des Himmels als räumliches Symbol eine Rolle für die «Himmel» genannte göttliche Welt, in die Christus «aufgefahren» ist: «... und eine Wolke nahm ihn auf vor ihren Augen weg» (Apg. 1,9).

Das hebräische bzw. aramäische Wort für Himmel wird grundsätzlich im Plural gebraucht. Das weist darauf hin, daß für Menschen früherer Generationen und anderer Kulturkreise die anschaubare Sphäre, die wir Himmel nennen, nur vordergründiger Aspekt einer vielschichtigen Wirklichkeit ist. Hinter dem als Blau erlebten atmosphärischen Raum, der die Erde als Lufthülle umgibt, verbirgt und erschließt sich auch für unsere Erfahrung die unvorstellbare Weite unseres Sonnensystems in unserem Milchstraßensystem. «Himmel» als Symbol weist damit bereits in seinem anschaulichen Symbolmaterial sowohl auf die Unfaßbarkeit der Welt Gottes als auch zugleich auf seine Nähe, die uns umhüllt und im Atem durchdringt.

Himmelfahrt Christi spricht darum von der Rückkehr Christi in die unendliche, göttliche Überlegenheit und zugleich von seiner unfaßbaren Nähe. Die unsichtbare göttliche Welt der Himmel wird jedoch nicht als leerer, neutraler Raum wahrgenommen, sondern als der eigentliche Wirklichkeitsbereich: als Raum, aus dem heraus «kosmische Kräfte, Mächte und Gewalten» auf die sichtbare Welt einwirken. Von Engeln und Dämonen spricht hier die Tradition. Charakteristisch für die biblisch-christliche Tradition ist nun, daß sie – wie gegenüber dem Tod auch – nicht behauptet, diese «Gewalt, Macht, Herrschaft und alles, was sonst einen Namen hat ...» gäbe es nicht. Sie geht von ihrer Existenz und Wirksamkeit aus – wie immer diese kosmischen Mächte auch begriffen werden mögen –, bekennt jedoch, daß Christus mit Tod, Auferstehung und Himmelfahrt die Herrschaft über alle diese Mächte angetreten und sie damit ihrer zerstörerischen Dynamik beraubt hat. Was immer dem Menschen in Unfreiheit gefangenhalten kann, hat keine eigene Macht mehr, sondern ist der Herrschaft Christi unterstellt. Darum müssen «denen, die Gott lieben, alle Dinge zum Besten dienen» (Röm. 8,28; vgl. auch 8,34 ff.).

Die christliche Tradition hat größten Wert darauf gelegt, daß die göttliche wie die menschliche Natur Christi zu seinem Wesen gehören. Sein Menschsein, Sterben und seine Höllenfahrt sind darum mit der Himmelfahrt nicht einfach «abgeschüttelt», sondern sind in der göttlichen Welt präsent. So bleibt Christus die Seite Gottes bzw. die Person der göttlichen Trinität, die für uns Hölle und Himmel zusammenhält, damit auch für uns der Weg aus allem Dunkel zum Licht offen ist und auch wir die zum Himmel aufrichtende Kraft Gottes erfahren, ohne die Liebe zur Erde mit ihren Dunkelheiten und Kämpfen aufzugeben.

Der Christusweg weist nach unserem Verständnis auf Möglichkeiten hin, zu denen wir Menschen berufen sind. Als Fest der kosmischen Thronbesteigung weist es auf eine königliche Würde, die in jedem Menschen angelegt ist und darauf wartet, geweckt zu werden. «Es ist noch nicht erschienen, was wir sein werden. Wir wissen aber, wenn es erscheinen wird, daß wir ihm gleich sein werden.» (1. Joh. 3,2)

Meditation der Himmelfahrt Christi ist Einübung in diese Zukunft. Zugleich gilt, daß die Herrschaft Christi Schutz bedeutet für die in seiner Sphäre lebenden Menschen: «Ich bin gewiß, daß weder Tod noch Leben, weder Engel, noch Fürstentümer noch Gewalten, weder Gegenwärtiges noch Zukünftiges, weder Hohes noch Tiefes noch keine andere Kreatur kann uns scheiden von der Liebe Gottes, die in Christus Jesus ist, unserem Herrn.» (Röm 8,38 f.)

Die Meditation der Himmelfahrt Christi ist auch eine Einübung in die Gewißheit dieses Schutzraumes «in Christus». Der protestantische Mystiker Gerhard Tersteegen vergegenwärtigt als Ziel des Himmelfahrtsgeschehens die Herrschaft Christi im Zentrum der eigenen Person; daß er aus diesem Zentrum heraus seine heilsame Macht ausüben möge, ist seine Bitte, die er in diese Worte faßte: «Du kannst alles allerorten nun erfülln und nahe sein; mein armen Herzens Pforten stell ich offen, komm herein! Komm du König aller Ehren, du mußt auch bei mir einkehren, ewig in mir leb und wohn als in deinem Himmelsthron.» Um diese Teilhabe an der Herrschaft Christi in unserem eigenen innersten Wesen und um die befreiende Macht Christi im Herzen und damit im Ganzen unserer Person geht es bei der Meditation des Himmelfahrtsfestes.

Meditation der schützenden Christuskraft

- Wiederhol die Meditation des inneren Christus und wende dabei die Aufmerksamkeit deiner Haut zu.

- Spür, wo deine Haut von Kleidung bedeckt ist und wo sie unmittelbar von der Luft berührt wird.
- Spür die Wärmehülle, die deinen Körper umgibt.
- Stell dir vor: Dein Körper ist von der Mandorla des auferstandenen Christus umgeben.
- Dieses Licht ist wie eine schützende Hülle, in der du geborgen sein kannst.
- Verweile in dieser Vorstellung.

Meditation der aufrichtenden Christuskraft

- Beginne die Meditation nach den gewohnten Schritten in dem Bewußtsein: Christus läßt mich teilhaben an seiner Würde und Kraft.
- Stell dir vor: Dein Meditationsplatz ist ein Thron, auf dem du sitzt.
- Richte in einer zweiten Phase der Meditation (wenn du die erste Vorstellung gut vergegenwärtigen kannst) deine Aufmerksamkeit auf den Scheitelpunkt und verbinde das mit der Vorstellung: Christus richtet mich auf – nicht nur von unten und von innen, sondern auch von oben her.

Spiralförmiges Aufstehen

- Sitz auf dem Boden.
- Spür den Kontakt zwischen Boden und Sitzknochen. Wieviel Fläche, die dich stützt, nimmst du vom Boden?
- Leg dein linkes Bein mit Außenseite und gebeugtem Knie auf den Boden, stelle die rechte Fußsohle vor deinem linken Unterschenkel auf den Boden und leg die linke Hand mit der Handfläche neben dir auf den Boden.
- Heb dein Gewicht nun vom Boden langsam ab, indem du dich auf die linke Hand und die rechte Fußsohle stützt und das Becken hebst. Laß den Kopf dabei hängen.
- Die Fußsohlen drehen sich mit, während du dein Gewicht spiralförmig nach oben bringst, dich schließlich aufrichtest und zuletzt auch den Kopf hebst.
- Versuch auf die gleiche Weise zum Sitzen zu kommen.
- Wiederhole aufstehen und hinsetzten mehrere Male, bis dein Körper den Ablauf gelernt hat.
- Übertrage nun den Ablauf auf die andere Seite, wobei rechte Hand und linker Fuß dich unterstützen.

Zur Deutung der Übung

Mit dieser Körperübung wird die Weise, sich aus dem Sitzen vom Boden zu lösen,

eingeübt, die am wenigsten Kraft erfordert. Sie nimmt die spiralförmige Wachs-
tumsbewegung auf, die man in der Natur vielfach beobachten kann – ein Grund-
muster des Lebens auch in seinen kleinsten Bausteinen. Mit spielerischer Leichtig-
keit geübt und vielleicht sogar bis zu einem kleinen Sprung gesteigert, kann diese
die Spannung bewußtmachen zwischen unserer Erdgebundenheit und unserer
Sehnsucht, «abzuheben».

«Abheben»-können ist eine menschliche Ursehnsucht, der Wunsch zu springen,
zu fliegen, Berge zu besteigen, das Schwere hinter sich zu lassen. Dabei kann wohl
der «Leib als Kerker der Seele» erfahren werden, weil er uns an die Erde bindet.
Auch Meditation ist Ausdruck dieser Ursehnsucht. Unser Weg der Meditation zielt
im Unterschied zu anderen Meditationswegen jedoch bewußt auf die Verbindung
dieser Sehnsucht mit dem Erdkontakt. Christus entzieht sich zwar mit der Him-
melfahrt der leibhaftigen Berührung durch die Jünger, weist sie aber zurück vom
Himmelsblick auf einen konkreten Ort auf der Erde (Apg. 1,11): Jerusalem. So ist
Meditation in unserem Verständnis immer erdgebunden und zugleich ausgerichtet
auf die Berührung durch das Unverfügbare, die Wirklichkeit des «Himmels», die
nur durch die «Wolke des Nichtwissens» hindurch erfahren wird.

Gehen und Sitzen mit «Krone»

Diese Übung nimmt das Motiv auf, in dem die Himmelfahrt Christi als «Thron-
besteigung» und «Krönungsfest» des himmlischen Königs gefeiert wird. In der Frei-
heit des Evangeliums gehen wir davon aus, daß der erhöhte Christus uns nicht
demütigt, sondern uns an seiner Erhöhung Anteil gibt, uns aus dem Niederge-
drücktsein aufrichtet und uns zu einem «königlichen Priestertum» (1. Petr. 2,9)
werden läßt.

- Steh weich und locker in den Knien.
- Nimm Verbindung zum Boden auf, so daß du gut den Boden wahrnehmen
  kannst.
- Stell dir so klar wie möglich die Verbindung von der Erde zum Himmel vor,
  die durch dich hindurchgeht.
- Spür diese senkrechte Achse in dir.
- Geh mit dem deutlichen Gefühl dieser Achse und deines Scheitelpunktes,
  der dem Himmel zugewandt ist.
- Stell dir vor, daß du auf deinem Kopf eine Krone trägst.
- Gehe mit dieser Vorstellung weiter, ohne den Nacken festzuhalten. Bleibe
  weich und locker in allen Gelenken.
- Nimm Platz zum Sitzen aus dieser Haltung heraus.

Sitzen mit Impuls:

- Setz die Meditation fort; richte dabei die Konzentration auf deinen Scheitelpunkt und verbinde diese Achtsamkeitsübung mit der Vorstellung:
Christus als der König läßt mich teilhaben an seiner Würde und Kraft.
Er richtet mich auf – nicht nur von unten und von innen, sondern auch
von oben her.

Herz als Ort der Erwartung des Gottesgeistes

*Christus hat sich mit der «Himmelfahrt» den Menschen entzogen und sie zugleich
mit einer erhöhten Erwartung zurückgelassen: Er verheißt ihnen den Heiligen
Geist. In der Himmelfahrtsgeschichte heißt es: «Sie wandten sich um nach Jerusalem und versammelten sich im Obergemach des Hauses zum Gebet.» (Apg.
1,8.12–14) Als leiblichen Ort der Erwartung des Heiligen Geistes sammeln wir
unsere Aufmerksamkeit in der Meditation beim Herzen.*

- Verweile mit deiner Aufmerksamkeit in deiner Mitte, im Herz-Brustbe-
reich.
- Nimm wahr, ob es auch in dir eine Sehnsucht gibt, die wie ein noch offenes
Versprechen ist.
- Halte dich offen für den lebenschaffenden Christusgeist.

PFINGSTEN

Pfingsten bildet den Abschluß des Osterfestkreises. Die Auferstehung Christi
und seine Erhöhung zu Gott erfüllt sich darin, daß er gerade nicht in ungreif-
bare Ferne entrückt ist, sondern in das «Herz» aller Dinge. Er ist zur Achse
aller Wirklichkeit geworden – oder in der Sprache der Tradition: auf den
Thron Gottes erhoben. Von dort her erfüllt die Kraft seines Geistes nun alles
Leben, das sich seinem Einfluß nicht verschließt: Es entsteht Gemeinde als
«Leib Christi» in dieser Welt. «Die Liebe Gottes ist ausgegossen in unsere Herzen durch den heiligen Geist, der uns gegeben ist.» (Römer 5,5) Pfingsten
feiert diese Anwesenheit der Liebe Christi in seinem Geist. Wird in vielen
Pfingstliedern die Bitte um den Geist in den Vordergrund gestellt, so steht für
die Meditation des Pfingstfestes das aufmerksame und dankbare Wahrnehmen
der überfließenden Kraft des Geistes im Mittelpunkt. Die Bitte um das Kommen des Geistes hat wohl eher zu tun mit der Bereitung und Öffnung des
eigenen Wesens für den Einfluß des Christusgeistes, der uns bereits gegeben
ist, als mit seiner Herabrufung von Gott her zu uns Menschen.

138

Bei den ersten Übungen zum Advent lag der Schwerpunkt auf der empfangenden, wartenden Haltung. Deshalb rücken die Übungen zu Pfingsten – von den Übungen zu Ostern und Himmelfahrt ausgehend – das Sich-Ausbreiten der göttlichen Geistkraft durch uns hindurch in den Mittelpunkt.

Raumgestaltung zu Pfingsten

Zu den Pfingstmeditationen steht in der Mitte des Raumes in einer großen mit Wasser gefüllten Schale eine aufragende Kerze, um die herum drei Pfingstrosen oder Rhododendron-Blüten mit Blättern auf dem Wasser liegen.

Entspannungsübung im Liegen: Zur Mitte finden

Die Übung ist eine Variation bereits dargestellter Entspannungsübungen. Eingangs- und Schlußphase werden darum hier nicht mehr dargestellt.

Diese Übung kann die Aufmerksamkeit auch noch einmal auf die verschiedenen Atemräume lenken, zielt jedoch vor allem auf den Bereich der Körpermitte und des Herzens. Daher sollte sie konzentriert werden und verbunden sein mit einer Diagonal-Streckung.

- Liege mit dem Rücken auf dem Boden.
- Spür deine Form, den «Eindruck», den du auf dem Boden hinterläßt.
- Leg deine Arme nach oben so in Richtung Kopf, daß deine Ellbogen weich sind und auf dem Boden liegen.
- Dehne mit der Einatmung die rechte Ferse vom Rumpf weg und laß mit der Ausatmung los.
- Wiederhole das mehrmals.
- Dehne nun mit der Einatmung die linke Ferse vom Rumpf weg und laß mit der Ausatmung los.
- Wiederhole auch das mehrmals.
- Dehne, die Finger zum Kopf hin angewinkelt, die Handballen der rechten Hand mit der Einatmung vom Kopf weg.
- Wiederhol auch dies mehrmals rechts und links.
- Nun dehne gleichzeitig mehrmals rechten Arm und linkes Bein und dann linken Arm und rechtes Bein.
- Spür von der rechten Hand zum linken Fuß hin und von der linken Hand zum rechten Fuß.
- Wo kreuzen sich diese Linien in deinem Körper?
- Spür von diesem Kreuzungspunkt in alle fünf Richtungen: zu den Füßen hin, zu den Händen hin und zum Kopf hin.

- Heb einmal alle «Teile dieses fünfzackigen Sterns» gleichzeitig vom Boden ab.
- Leg dich nun in entspannte Rücklage zurück
  und spür diesen fünf Richtungen nach aus dem Mittelpunkt heraus.
- Nimm den Rhythmus deines Atems wahr, der diese Mitte durchströmt.

Phase stiller Wahrnehmung

- Lege die Arme im rechten Winkel zum Körper.
- Nimm wahr, wo sich die Längsachse und die Querachse deines Körpers treffen.
- Sammle deine Aufmerksamkeit in dieser Mitte.
  Ist es dieselbe wie bei der Diagonalen?
- Nimm den Rhythmus deines Atems wahr, der diese Mitte durchströmt.
- Nimm wahr, daß der Atemraum beide Mitten umfließt.

Geist, der Einheit ist und schafft

- Nimm deine Mitte («Herz») wahr, in die der Christusgeist mit jedem Einatmen wie ein warmes Licht aus der Höhe («dem Himmel») einströmt.
- Laß mit jedem Ausatmen dieses Licht sich in dir ausbreiten.
- Spür dabei   – die Grenzen deiner Haut,
  – die Grenzen deiner Wärmehülle.
- Laß es sich ausbreiten   – zu einem konkreten Menschen,
  der dir nahe steht,
  – in möglichst konkrete Situation,
  in der es an Güte mangelt

Die Übung entspricht der abschließenden Epiphanias-Meditation und ist deren vertiefende Weiterführung.

Übe diese Meditation in kleinen Schritten. Richte deine Aufmerksamkeit zunächst auf nahe Menschen, mit denen dich Sympathie und Zuneigung verbinden. Erst wenn die Übung in solchen problemlosen Beziehungen gelingt, weite sie aus
– zu vertrauten Menschen, die nicht in deiner Nähe leben;
– zu Menschen, die dir häufig begegnen und die dir fremd sind;
– zu Menschen, die dir unangenehm sind.

Nahe verwandt ist diese pfingstliche Meditationsübung mit der im Buddhismus verbreiteten «Liebe-Güte-Meditation». Vielleicht ist dies ein Zeichen dafür, daß der pfingstliche Gottesgeist unsere Grenzen nicht kennt.

■ Reigen

Komm, du Geist der Hei - lig- keit, komm, Geist des Le - bens,

komm, Geist des Feu - ers und ent - zün - de uns!___

«Komm, du Geist der Heiligkeit,»:	drei Schritte in Tanzrichtung, wiegen (rechts vor, links vor, rechts vor, wiegen); die Hände miteinander verbunden, rechts empfangend, links gebend geöffnet
«komm Geist des Lebens,»:	spiralförmig von unten nach oben kreisende Bewegung um die eigene Achse (rechts beginnend)
«komm Geist des Feuers,»:	rechts vor, links vor zur Mitte rechts und links wiegen mit erhobenen Händen
«und entzünde uns.»:	rechts zurück zum Kreisbogen, links zurück, dabei wandern Hände vor Gesicht und Brust und öffnen sich wieder zum Kreis Wiegeschritt rechts und links in Tanzrichtung

Gebetsgebärden

Die Gebetsgebärden nehmen die vertrauten Bewegungsmeditationen bzw. Gebetsgebärden aus der Epiphaniaszeit auf und erweitern sie.

Die Gebärdenfolge zur Öffnung für die Kraft des Gottesgeistes wird zunächst ohne Worte geübt; die Achtsamkeit bleibt in den Handinnenflächen und bei den Veränderungen im Brust- und Beckenraum.

- Steh weich in den Knien und weich in den Hüftgelenken, so daß du vom Beckenboden aus gut den Kontakt zum Fußboden (Erdkontakt) spüren kannst.
- Vom Becken her finde – wie beim Sitzen – die aufrechte Haltung. Nimm die Längsachse deines Körpers wahr, die dich als Schwerkraft mit der Erde verbindet und in der die Erde dich trägt bis zum Scheitel.

141

- Spür vom Scheitel her die Weite des Raumes über dir.
- Verweile in dieser Haltung ein paar Atemzüge lang.
- Sammle deine Aufmerksamkeit in der Mitte der Handinnenfläche, bevor du mit der Bewegung beginnst.
- Öffne die Arme nach rechts und links,
- drehe in Schulterhöhe die Handflächen nach oben,
- öffne die Arme weiter und bilde über dem Kopf einen offenen Kelch.
- Führ die Hände über dem Scheitel behutsam zusammen und laß sie sinken
  – zum Scheitelpunkt,
  – zur Stirn (Nasenwurzel),
  – zum Mund und zum Kehlkopf,
  – zum Herzen.
- Laß die Hände weit nach vorn ausgreifen, wobei sich die Kuppen von kleinen Fingern und Ringfingern berühren; die Handflächen sind dabei nach oben geöffnet.
- Laß die Hände zum Körper (Magenbereich/Sonnengeflecht) zurückkehren, die Finger sich übereinanderlegen und die Daumenkuppen einander berühren.
- Laß die Hände bis vor das Becken sinken und sich dort zu einer Schale formen.
- Senk die Schale, wie von einem schweren Gewicht gezogen, zum Boden. Dabei bleibe weich in den Knien und laß Kopf, Schultergürtel und den gesamten Rücken von oben nach unten folgend nachgeben, bis die Schale den Boden berührt.
- Laß die Schale auf dem Boden ruhen.
- Richte den Rücken langsam, behutsam von unten her auf und laß sich die Hände schützend um die «Mitte» sammeln.
- Öffne Hände und Arme zu gebender Gebärde und verweile einige Atemzüge darin.
- Schließ Hände und Arme wieder zum Herzen hin und laß sie dann locker neben den Körper in die Ausgangsstellung sinken.
- Wiederhol die Übung oder laß sie im Stehen nachklingen.

Die Gebärdenfolge kann sich verbinden mit den (gesprochenen oder nur gedanklich mitvollzogenen) Worten:

Hier stehe ich, Gott, vor dir	*stehen*
Ich öffne mich für deinen belebenden Geist.	*Arme bis Schulterhöhe*
Umhülle mich (mit deiner … Kraft … Liebe …)	*Hände als Kelch über Kopf*

Durchdringe mich,	*Hände berühren einander*
– mein Denken und meine Einsicht	*Hände zum Scheitel*
– mein Sehen, Hören und Wahrnehmen	*zur Stirn (Nasenwurzel)*
– mein Sprechen	*zu Mund und Kehlkopf*
– mein Herz und meine Liebeskraft	*zum Herzbereich*
– mein Ringen um das tägliche Brot	*nach vorn ausgreifend*
Gib mir den Mut, mich auf mein	
Maß zu beschränken	
– das Maß meiner Kraft	*zum Magenbereich zurück*
– meiner Lust und Lebensfreude	*vor Becken*
Durchdringe mich bis in die tiefsten	
Wurzeln meines Daseins.	
Dir vertraue ich mich an.	*Verbeugung zum Boden hin*
Du bist der Grund, der mich trägt.	*Hände auf dem Boden ruhend*
Segne mich.	*aufgerichtet*
Und laß mich ein Segen sein.	*Arme und Hände in*
	gebender Gebärde
Amen.	*Hände vor dem Herzen*
	gesammelt

■ Anregung zur Gestaltung einer eucharistischen Feier

Tischabendmahl und Feedback lassen sich mit dem Gaben-Darbringungswort bzw. -gebet verbinden:

Brot als Zeichen für alles, was mir im Leben zu kauen und zu schlucken gibt, wird in die Mitte gebracht und verbunden mit der Einladung, in einer Runde zu benennen, was den einzelnen Teilnehmenden an diesem Kurs schwer geworden ist. Die Einsetzungsworte können verbunden sein mit der Bitte, auch das Beschwerliche zu verwandeln und zum Segen werden zu lassen.

Wein als Zeichen für alles, was mein Leben mit Freude und Begeisterung erfüllt, belebt und beschwingt, wird zur Mitte gebracht. Damit wird der Impuls verbunden, zu benennen, was die einzelnen in diesem Kurs bewegt und belebt hat.

Der Spannungsbogen des Kirchenjahres und der Übungsweg der Meditation

WEG DER WIEDERHOLUNG

Pfingsten zeigt mit seiner Thematik das Ziel auf, zu dem hin der Weg spiritueller Entwicklung führt: die durch den Menschen hindurch zu anderen Menschen und in die Welt hinein fließende göttliche Kraft: «überfließende Kraft des Heiligen Geistes».

Der persönliche Übungsweg des einzelnen kann durchaus noch bei einer anderen Wegstrecke im Kirchenjahr seinen Schwerpunkt haben, etwa bei Himmelfahrt mit dem Akzent der Erwartung des Gottesgeistes oder auch bei der Übung, sich den Widerständen des Lebens, Leid und Tod zu stellen. Meditative Übung mit dem Kirchenjahr ist darum immer auch ein Vorgriff, ist wie der Weg durch ein Labyrinth: eine Annäherung an das Ziel, die sich immer wieder neu von ihm entfernt, um sich ihm auf neuer Ebene zu nähern.

Meditation als Übung lebt von der Wiederholung. Der Jahresrhythmus mit seinen wechselnden Themen gibt der Meditation eine Entwicklungsrichtung vor, in die hinein durch die meditative Wiederholung spirituelles Wachstum geschehen kann.

WEG ZUR MITTE ZWISCHEN UNTEN UND OBEN

Der Übungsweg der Meditation zielt auf das Wahrnehmen der «Mitte» im doppelten Sinne: der Mitte des Universums wie der Mitte der eigenen Person.

Der Weg zur Mitte wird von Graf Dürckheim beschrieben als ein Weg, der für den westlichen Menschen von der Zentrierung auf den Kopf, der «Himmelsmitte» des Menschen, zum Leib, seiner «Erdenmitte» («Hara») führen müsse.[65] Zwischen «Himmelsmitte» und «Erdenmitte» könne der Mensch dann seine wahre Mitte im Herzraum entdecken.

Unser Übungsweg zentriert mit Weihnachten und später auch mit der Passion die Aufmerksamkeit auf die Erdenmitte des Menschen. Der Mutterschoß ist der Ort der Gottesgeburt, wie auch die den Menschen im Tod aufnehmende Erde im unteren Bereich des Körpers ihre Entsprechung hat. In der Ikonographie spielt daher auch die Höhle für beide Themen eine wichtige Rolle. Maria als die Mutter Jesu erscheint als Lebensmutter wie als Todesmutter (Pieta).

Ostern und Himmelfahrt zentrieren im Übungsweg die Aufmerksamkeit auf die Himmelsmitte des Menschen, die oberen Bereiche seines Körpers.

Epiphanias, aber vor allem Pfingsten führen die Aufmerksamkeit zur Herzmitte des Menschen. Von dort her geschieht die Öffnung zur menschlichen Gemeinschaft wie zur Lebensfülle in der Welt. Ikonographisch steht für diese Zielrichtung des meditativen Weges die «Gottesmutter vom Zeichen», aus deren Herzmitte heraus sich Christus als Pantokrator der Welt zuwendet.

Unser meditativer Übungsweg führt in einem doppelten Spannungsbogen

144

von der Gründung in der Erde über die zum Himmel aufrichtende Kraft hin zur im Herzen zentrierten Kraft der Zuwendung zu Menschen und Welt.

WEG ZUR MITTE ZWISCHEN INNEN UND AUSSEN

Meditative Übung ist wie das Kirchenjahr ein Weg, der zunächst in das verborgene Innerste des Menschen führt und von dort aus wieder nach außen.

Im Weihnachtsfestkreis führt der Weg von der Wahrnehmung des eigenen Körpers über die Achtsamkeit auf den Atemraum als Innenraum bis hin zur Imagination des Körpers als Ort der inwendigen Geburt Christi und des Lichtes, das den eigenen Innenraum erfüllt. Mit dem Übungsschritt zur Imagination des durch den eigenen Innenraum hindurch nach außen ausstrahlenden Lichtes ist dieser erste Spannungsbogen abgeschlossen.

Mit der Passion geht der Weg Jesu Christi auf einer anderen Ebene zurück in die Verborgenheit – in die Nichtigkeit des Todes, um von dort her wieder neu als Licht in die Welt hinein aufzustrahlen. Wie die neue Windung einer Spirale folgt mit dem Themenkreis Passion, Ostern, Pfingsten dieser zweite Spannungsbogen. Die Auseinandersetzung mit Endlichkeit, Leiden und Tod am Bilde Christi entspricht einer meditativen Grundübung, welche die Erdhaftigkeit, Unvollkommenheit und Vergänglichkeit des Menschen wahrnimmt, ohne sie abzuwehren. Hier ist wieder der Mensch als «irdenes Gefäß» (2. Kor. 4,7) im Blick, jedoch auf andere Weise als beim Beginn des Übungsweges. Leben, das den Tod überwindet und doch mitten im Vergehenden sich entfaltet, ist das Thema der Osterzeit. Auf neue Weise werden hier die Übungen der Epiphaniaszeit vertieft und ausgeweitet. Auch die Erfahrung des Auferstehungslichtes drängt über den eigenen Innenraum wie den geschlossenen Rahmen der Gemeinde hinaus zu allen Menschen und Mitgeschöpfen. Der innere Prozeß meditativen Übens wird also ähnlich dem bisher vollzogenen Spannungsbogen sein, auch wenn er vom äußeren Symbolmaterial her eine neue «Farbe» bekommt.[66]

Übungsweg der Meditation und Spannungsbogen des Kirchenjahres führen von außen nach innen. Der Heilige Geist als der Christus- und Gottesgeist in uns tritt an die Stelle des väterlich transzendenten, von außen den Menschen berührenden Gottes und auch an die Stelle des brüderlich, stützend, heilend und erlösend neben ihn tretenden Gottes in Jesus Christus. So führt auch die Meditation von der Betrachtung äußerer Bilder, Symbole und Erfahrungen zu der Erfahrung Gottes im Innersten des Menschen. Der Leib wird als Tempel des Heiligen Geistes erfahrbar. Dies ist ein weiter Weg. Jede meditative Übung auf diesem Weg ist getragen von dem Vertrauen, daß wir von dieser Realität ausgehen und sie nicht erst erarbeiten müssen.

Nun ist schon sehr früh in der Kirchengeschichte eine Entwicklung eingetreten, die den Heiligen Geist ausschließlich binden wollte an die Kirche und ihre Überlieferung bzw. ihre Autoritäten. In der westlichen Kirche bildete sich das Papsttum aus, das für sich die Vermittlung des Heiligen Geistes beansprucht. Von dieser Warte her wurden in der frühen Kirche und bereits in den späten Schriften des Neuen Testamentes Bewegungen unterdrückt und verfolgt, die auf einen unmittelbaren Geistempfang des einzelnen Menschen, unabhängig von Amt, Rang und Geschlecht, vertrauten. Die mystische Bewegung des Hochmittelalters wurde aus demselben Grund von der Inquisition scharf kontrolliert. Meister Eckhart wurde noch nach seinem Tod zum Irrlehrer und Ketzer erklärt. Die Reformation setzte sich kritisch mit der Papstauthorität auseinander. Vor allem in Abgrenzung gegen Bewegungen, die sich auf unmittelbaren Geistempfang beriefen, bildeten jedoch auch die Kirchen der Reformation ein neues Autoritätsprinzip aus: Die zur alleinigen Norm erhobene «Heilige Schrift» bedurfte der Auslegung. Die dazu ausgebildeten Theologen beanspruchten in wachsendem Maße – verstärkt durch die historisch-kritische Forschung seit der Aufklärung – ein Auslegungsprivileg, das jeden unmittelbaren, «frommen» Umgang mit der Bibel skeptisch beobachtete und z. T. mit staatlichen Mitteln bekämpfte. Die Anfänge des Pietismus sind von dieser Problematik geprägt. Da in den Kirchen der Reformation keine eigene Kirchenleitung entstand, sondern – in Ermangelung von Bischöfen – ein «landesherrliches Kirchenregiment» eingesetzt wurde, entwickelte sich die Amtsautorität der Pfarrherren zu einer neuen, beamtenähnlichen Institution, die bis heute jeder Geistunmittelbarkeit skeptisch gegenübersteht.

Meditation zielt immer auf die Unmittelbarkeit des Menschen zu Gott, ja auf die Gewißheit der göttlichen Kraft, des «Christus in mir». Darum wird Meditation sich immer als kirchen- wie gesellschaftkritische Kraft erweisen, wo sie ernsthaft praktiziert wird. Sie wird aber auch immer ein Randphänomen in einer auf das Pfarramt zentrierten Institution Kirche sein. Denn da, wo der Leib als Tempel des Heiligen Geistes erfahren wird, ist jeder einzelne Mensch gewürdigt, gottunmittelbar zu sein. Der Weg zu dieser Erfahrung ist jedoch ein Weg nach innen.

Der meditative Weg nach innen drängt zugleich in gegenläufiger Richtung nach außen. Darum zielt christliche Meditation auf eine Verinnerlichung, die sich als Gestaltungskraft in Kirche und Gesellschaft aus innerer Unabhängigkeit heraus zeigt.

Ergänzende Übungen

KÖRPERARBEIT – «WARM UP»

Abklopfen

Das Abklopfen des Körpers hilft uns, alle Teile wahrzunehmen und fördert die Durchblutung.

Eine *Grundregel* für die Behandlung unseres Körpers lautet: zum Herzen hinarbeiten, d. h. wir fangen am weitesten entfernt vom Herzen an.

Die zweite Grundregel: Die Finger und Handgelenke sind beim Abklopfen locker und weich.

- Beginn mit beiden Händen, den rechten Fuß abzuklopfen, wo du ihn erreichen kannst, ohne ihn vom Boden zu heben.
- Klopf das rechte Bein von unten nach oben von allen Seiten ab bis hin zum Becken.
- Wiederhol dasselbe mit linkem Fuß und linkem Bein.
- Klopf Beckenbereich und Bauch, spare dabei aber den Nierenbereich aus. Für die Nieren sind solche Erschütterungen nicht gut.
- Klopf seitlich die Rippen und den Brustkorb; dann
    den Schulterbereich,
    die rechte Hand,
    den rechten Arm,
    die linke Hand,
    den linken Arm.
- Vorsichtig mit den Fingerkuppen, wie Regentropfen, klopf Gesicht und Kopf von allen Seiten ab.

Die Übung läßt sich erweitern:

Erste Variante:

- Leg nach der rechten Seite jeweils eine Pause ein und vergleich die rechte Seite mit der linken.

Zweite Variante:

- Such dir eine(n) PartnerIn, mit der/dem du wechselseitig den Rücken «behandeln» kannst.

Entspannen im Stehen

- Die Füße sind etwa schulterbreit voneinander entfernt. Während der ganzen Übung steh fest auf beiden Füßen, halte guten Bodenkontakt mit der ganzen Fußsohle und stehe weich in den Knien.
- Spür das Gewicht der Hände, die neben dem Körper locker hängen.
- Laß dich langsam von den Händen in Richtung Boden ziehen. Der Kopf hängt.
  Atme aus, während du dich nach vorne beugst.
- Atempause.
- Richte Wirbel für Wirbel vom Becken ausgehend wieder auf. Spür dabei, wie sich das Knochengerüst übereinander aufbaut.
  Atme ein, während du dich aufrichtest.
- Wiederhol die Übung mehrmals.

Den Rücken weich machen

- Stell die Füße parallel und leicht auseinander. Steh weich in den Knien. Achte auf deinen Rücken, daß kein Hohlkreuz entsteht. Laß die Arme locker hängen, während der Kopf aufgerichtet ist.
- Geh bei den folgenden Bewegungen schonend mit Nackenmuskeln und -wirbeln um.
  Beginn den Kopf behutsam und langsam zu bewegen:
  – nach vorne und hinten,
  – nach rechts und links,
  – im Kreis nach rechts wie nach links drehend.
- Laß den Kopf sehr langsam nach vorne sinken.
- Laß den Rücken rund werden und dem Kopf folgen, der weiter nach unten sinkt.
  Die Arme hängen dabei, die Knie werden weich.
- Leg die Hände auf den Boden auf.
- Sink weiter in die Hocke, d. h. komme auch mit dem Becken in Richtung Boden.
- Bedeck das Gesicht mit beiden Händen. Spür die Temperatur der Hände auf dem Gesicht.
- Leg die Hände wieder auf den Boden, heb das Becken und laß auch die Knie gerader werden.
- Richte Wirbel für Wirbel vom Becken ausgehend wieder auf. Laß die Arme dabei hängen.

Variante:

- Stell beim Hocken die Knie und Füße weiter auseinander und laß die Arme zwischen die Beine sinken.
- Streck und runde in dieser Haltung den Rücken

Stehen üben durch Gewicht verlagern

Erste Variante:

- Stell die Füße schulterbreit auseinander. Die Knie und Hüftgelenke sind dabei elastisch weich, die Wirbelsäule aufrecht auf dem Becken ruhend. Der Kopf ruht auf den Nackenwirbeln, der Scheitel ist dem Himmel zugewandt.
- Verlagere das Gewicht von den Fersen zu den Fußspitzen in weicher Bewegung.
- Wiederhole diese Bewegung mehrmals.
- Steh auf Fußspitzen und Fersen.
- Spür dabei die Fußwölbung, die das Knochengerüst trägt.

Zweite Variante:

- Stell die Füße enger zusammen.
- Leg die Hände auf die Knie.
- Laß die Knie kreisen.
- Laß dabei das Gewicht auf den Fußsohlen abrollen, während die ganzen Fußsohlen Bodenkontakt behalten.

Dritte Variante:

- Steh abwechselnd auf der rechten Fußspitze und der linken Ferse und dann auf der linken Fußspitze und der rechten Ferse.
- Verändere die Geschwindigkeit dieser Bewegung – mal schneller, mal langsamer.

Vierte Variante:

- Steh mit dem rechten Fuß auf der ganzen Sohle, mit dem linken auf der Spitze.
- Stell jetzt auch den rechten Fuß auf die Spitze, so daß dein ganzer Körper auf einer höheren Ebene steht.
- Laß den linken Fuß auf die Sohle zurücksinken, während der rechte auf der Spitze bleibt.

- Stell den linken Fuß auf die Spitze, während der rechte Fuß auf die Sohle zurücksinkt.
- Bleib in dieser Wechselbewegung weich in den Knien.
- Verändere die Geschwindigkeit dieser Bewegung – mal schneller, mal langsamer.

Erweiterung:

- Du kannst diese Übung erweitern, indem du die Arme gegenläufig mitbewegst.

Fünfte Variante:

- Steh mit leicht gebeugten Knien.
- Schwing die Arme parallel zueinander bis zur Schulterhöhe vor und zurück.
- Laß die Knie weich sein, sodaß dein ganzer Oberkörper mitschwingt:
  – beim Vorschwingen der Arme hoch,
  – einen Moment in der Luft stehenbleibend in aufrechter Haltung,
  – beim Zurückschwingen der Arme sich beugend.

Erweiterung:

Springe beim Vor- und Zurückschwingen hoch.

Das dritte Bein finden

Diese Übung korrigiert eine in unserer Zivilisation weitverbreitete Fehlhaltung beim Stehen (aber auch beim Sitzen und Gehen): Eine Überspannung erschwert, über längere Zeit zu stehen, und verursacht vielfach Rückenschmerzen.

- Stell die Füße schulterbreit auseinander. Die Knie und Hüftgelenke sind elastisch weich, die Wirbelsäule ruht aufrecht auf dem Becken. Der Kopf ruht auf den Nackenwirbeln, der Scheitel ist dem Himmel zugewandt.
- Geh leicht in die Knie, knick gleichzeitig in der Leiste etwas ein, so als wollest du dich setzen. Stell dir dabei vor, Wirbelsäule und Steißbein verlängerten sich bis zum Boden hin zu einem «dritten Bein», das mit den beiden anderen Standpunkten ein Dreieck bildet.
- Atme in die Seiten und in die Rückenpartien.
- Geh in dieser Haltung mit weichen Bewegungen durch den Raum.
- Verlagere dabei mit weichen Gelenken das Gewicht von Fußsohle zu Fußsohle wie bei einer Waage. Trage so dein Gewicht in den Raum, es mit jedem Schritt nach rechts bzw. links verlagernd. Die Arme schwingen leicht gebogen weich mit.

- Nimm die Schwere der Ellenbogen wahr.
- Geh vor- und rückwärts.

Erweiterung:

Du kannst bei dieser Übung auch mit Kontrasten arbeiten:
- große und kleine Distanzen,
- rasche und langsame Bewegungen,
- steife und lockere Haltung.

Atemübung im Stehen von Seite zu Seite

Diese Übung läßt den Kontakt zwischen Händen und Körper von rechts nach links und wieder zurück wechseln. Dadurch werden beide Seiten mit gleicher Intensität wahrgenommen und auch sensibilisiert.

- Steh mit etwas mehr als schulterbreit voneinander entfernten Füßen. Die Fußspitzen weisen leicht schräg nach außen.
- Leg die rechte Hand etwa auf die rechte Niere, die linke oberhalb der linken Leiste.
- Gleite mit beiden Händen am rechten Bein abwärts. Oberkörper und Kopf folgen dieser Bewegung in Richtung Knie.
- Laß beide Hände am Fuß bis zu den Zehen gleiten
- und dann am rechten Bein wieder aufwärts. Dabei richtet sich die Wirbelsäule langsam auf, dem Bewegungsfluß der Hände folgend Wirbel für Wirbel aufeinander aufbauend.
- Beide Hände wandern über den Bauch zur linken Seite, die linke Hand etwa auf die linke Niere, die rechte oberhalb der rechten Leiste.
- Wiederhol die gleiche Bewegung wie auf der rechten Seite.
- Wechsle mehrmals von einer Seite zur anderen.
- Halte die ganze Zeit über mit beiden Handflächen den Kontakt zum Körper.
- Verbinde
  die Abwärtsbewegung mit dem Ausatmen,
  das Aufwärtsgleiten mit dem Einatmen.

Atemübung im Stehen von rückwärts nach vorwärts

Diese Übung stellt den Kontakt zwischen Händen und Körper entweder an der Vorderseite oder an der Rückseite her und ermöglicht damit eine unterschiedliche Wahrnehmung der beiden Seiten. Durch die Berührung werden die berührten Körperstellen belebt.

- Steh parallel mit schulterbreit voneinander entfernten Füßen. Die Knie und Hüftgelenke sind dabei elastisch weich, die Wirbelsäule aufrecht auf dem Becken ruhend. Der Kopf ruht auf den Nackenwirbeln, der Scheitel ist dem Himmel zugewandt.
- Leg die Hände mit der Handfläche auf den Rücken: Die Finger zeigen etwa in der Nierengegend zur Wirbelsäule.
- Laß die Handflächen langsam an der Rückseite hinuntergleiten. Erst wenn die Hände nicht mehr weiter können (etwas unterhalb des Gesäßes), beuge den Rücken von der Hüfte aus gerade nach vorn.
- Streich mit den Handflächen weiter, bis die Hände (etwa bei den Kniekehlen) nicht mehr weiterkönnen. Laß dann den Kopf hängen, den Rücken rund werden und streich weiter bis zu den Fersen.
- Streich nun mit den Händen zu den Fußspitzen
- und langsam von den Fußspitzen aufwärts an der Vorderseite des Körpers wieder hoch.
- Richte dabei die Wirbelsäule Wirbel für Wirbel aufeinander aufbauend auf, dem Bewegungsfluß der Hände folgend.
- Streich nun mit den Händen wieder über die Seiten nach hinten zum Ausgangspunkt der Übung.
- Wiederhol die Übung mehrmals.
- Achte darauf, daß die Handflächen den Kontakt zum Körper halten.
- Beim rückwärtigen Hinabstreichen atme aus.
- Beim vorderseitigen Aufwärtsstreichen atme ein.

EINFACHE ÜBUNGEN AUS ÖSTLICHEN TRADITIONEN

Bei den hier vorgestellten exemplarischen Übungen liegt uns vor allem daran, den Zusammenhang zur Meditation aufzuzeigen. Ziel dieser Übungen ist, daß Sammlung des Geistes, Atem und Bewegung sich einen.

Grundsätzlich werden die Übungen *mit geöffneten Augen* durchgeführt. Der Blick ist weich, ohne etwas gezielt wahrzunehmen oder zu fixieren.

Die Gesichtsmuskulatur entspannt sich zu einem leichten Lächeln. Das löst unbewußte Spannungen in Hals- und Kehlkopfbereich, läßt den Atem frei und seinem natürlichen Rhythmus folgend fließen und wird zugleich zum Ausdruck einer inneren Haltung.

Die Körperbewegungen werden zeitlupenartig vollzogen, langsam und rund, nicht schlaff: Die *Kunst der Verlangsamung* fördert die Achtsamkeit auf die inneren Prozesse, ja, macht sie z. T. erst bewußt.

Harmonie im Bewegungsablauf läßt sich erst erspüren nach täglichem, beharrlichem *Üben*. Das ist normal und läßt sich leicht einsehen, wenn wir den Leib wie ein Musikinstrument verstehen, mit dem wir üben, die Harmonie des Lebensflusses auch in uns neu zum Klingen zu bringen.

Die folgenden Übungen werden im *Stehen* vollzogen. Lockeres Stehen gelingt am besten, wenn die Füße wie fest verwurzelt an Fersen und Ballen gleich belastet werden. Alle Schwere geben wir dem Boden ab. Rücken, Arme, Schultern und Kopf verbinden wir mit der Vorstellung, daß sie leicht sind wie Äste im Wind. Die Füße stehen hüftbreit voneinander entfernt parallel, die Fußspitzen weisen etwas nach innen, Knie und Hüftgelenke sind locker und ein wenig gebeugt. Wir stellen uns den Moment vor, in dem wir die aufrechte Haltung verlassen, um uns hinzusetzen. In diesem ersten Moment der Bewegung verweilen wir. Der Rücken bleibt dabei aufrecht, der Scheitel dem Himmel zugewandt.

Wir beenden jede Übung, indem wir die Hände auf den Unterbauch legen und der inneren Ruhe nachspüren und langsam die Handinnenflächen zum Boden absenken, bis sie abschließend zu den Körperseiten weisen.

Wer noch wenig Übung in bewußter Körperwahrnehmung hat, kann nur schwer zwischen gespannter und entspannter Haltung bzw. Muskulatur unterscheiden. Die beiden ersten Übungen wecken die Sensibilität für diesen Unterschied. Die weiteren Übungen wirken regulierend auf den Atemfluß und verstärken das Bewußtsein für die Verbindung zu Himmel und Erde.

Sich ausschütteln

ist eine grundlegende Übung, um im Stehen Entspannung erfahrbar zu machen:
- Steh fest auf beiden Fußsohlen und beginn mit den Händen, dann auch mit den Armen nach unten zu schütteln.
- Laß das Schütteln in schnellen, rhythmischen Bewegungen allmählich auf den ganzen Körper und die Beine übergehen.
- Die Fersen wippen dabei vom Boden auf und ab mit Betonung auf dem Fallenlassen.
- Setz die Übung für ein paar Minuten fort.
- Steh still und nimm wahr, was die Übung in dir ausgelöst hat.

Sich verkrampfen und lösen

Eine Kontrastübung macht gewohnte Verspannungen durch Übertreibung bewußt und kann in kurzer Zeit die Erfahrung wohltuender körperlicher Entspannung vermitteln:

- Nimm die Grundhaltung im Stehen ein.
- Schneid Grimassen (als wolltest du die Ohrläppchen schnappen oder die Nasenspitze lecken oder hättest in eine saure Zitrone gebissen ...).
- Zieh die Schultern bis zu den Ohren hoch.
- Spann die Arme mit angewinkelten Ellbogen an.
- Ball die Fäuste.
- Spann die Gesäßmuskulatur an (Gesäßbacken zusammenpressen).
- Drück die Knie nach hinten durch.
- Krall die Zehen zusammen.
- Halt den Atem für ein paar Sekunden an, während du – so gut es in dieser verkrampften Haltung geht – die Arme hebst.
- Lös die Anspannung mit einem kräftigen Ausschwingen der Arme nach hinten und Beugen der Knie, während du ausatmest. Du kannt dem Atemstoß Stimme verleihen, z.B. mit einem «Ho».
- Wiederhole die Übung ein paarmal.
- Beende die Übung, indem du Kopf und Schultern ein paar Atemzüge lang hängen läßt und dich dann langsam von unten her aufrichtest.
- Leg die Hände übereinander auf den Unterbauch und verweil mit deiner Aufmerksamkeit in deiner Körpermitte.
- Löse die gesammelte Haltung auf, indem du die Handinnenflächen dem Boden zugewandt absenkst, bis sie abschließend zu den Körperseiten weisen, die Fingerspitzen nach unten.

Im Atemfluß stehen

- Nimm die Grundhaltung im Stehen ein.
- Lenk die Aufmerksamkeit in den Mittelpunkt deiner Handinnenflächen.
- Dreh die Handinnenflächen langsam nach vorn und heb sie leicht an, daß sie nach oben geöffnet sind wie Schalen, die etwas in sich aufnehmen können.
- Stell dir vor, dir wird ein großer Luftballon in die Hände gelegt.
- Heb diesen Ballon bis in Augenhöhe und stell dir dabei vor, er wird immer leichter.
- Wende deine Handinnenflächen zur Stirn hin und laß sie zugleich langsam vor deinem Körper nach unten zurück sinken.
- Verbinde den Fluß der Bewegung mit dem Fluß deines Atems:
  – beim Einatmen heb die Hände,
  – beim Ausatmen senk die Hände.
- Wiederhol die Übung mehrfach.

- Leg die Hände übereinander auf den Unterbauch und verweile mit deiner Aufmerksamkeit in deiner Körpermitte.
- Löse die gesammelte Haltung wie oben beschrieben auf.

Verbunden mit der Erde

ist eine Abwandlung der Übung «Im Atemfluß stehen»
- Nimm die Grundhaltung im Stehen ein.
- Richte deine Aufmerksamkeit vor allem auf die Fußsohlen.
- Nimm wahr: Ich stehe, verwurzelt mit dem Boden, aufgerichtet zum Himmel.
- Lenk die Aufmerksamkeit in den Mittelpunkt deiner Handinnenflächen.
- Dreh die Handinnenflächen langsam nach vorn und hebe sie leicht an, daß sie nach oben geöffnet sind wie Schalen, die etwas in sich aufnehmen können.
- Stell dir vor, dir wird ein großer Ball in die Hände gelegt.
- Heb diesen Ball bis in Augenhöhe.
- Wende deine Handinnenflächen nach unten.
- Stell dir vor, daß du mit deinen Händen den Ball in ein Wasserbecken hineindrückst.
- Verbinde den Fluß der Bewegung mit dem Fluß deines Atems:
  - beim Einatmen heb die Hände,
  - beim Ausatmen senk die Hände.
- Wiederhole die Übung mehrfach.
- Leg die Hände übereinander auf den Unterbauch und verweil mit deiner Aufmerksamkeit in deiner Körpermitte.
- Lös die gesammelte Haltung wie oben beschrieben auf.

Aufgerichtet zum Himmel

ist eine weitere Abwandlung der Übung «Im Atemfluß stehen» und betont das Sich-Öffnen.

Sie ist im ersten Teil mit der vorigen Übung identisch und wird wie folgt fortgesetzt:
- Heb die gestreckten Arme langsam parallel vor dem Körper bis etwa in Schulterhöhe und öffne die Arme zur Seite nach rechts und links. Atme dabei ein.
- Führ die Bewegung beim Ausatmen in umgekehrter Reihenfolge aus.
- Verbinde den Fluß der Bewegungen mit dem Fluß deines Atems.
- Wiederhol die Übung mehrfach.

- Heb dann beim Einatmen die Arme vor dem Körper ganz nach oben; die Handinnenflächen wenden sich über dem Kopf zueinander.
- Laß die Arme beim Ausatmen in weitem Bogen nach rechts und links in die Ausgangsstellung zurücksinken, die Handinnenflächen weisen dabei nach unten.
- Wiederhol die Übung mehrfach.

«Einen Regenbogen schwingen»

führt den zweiten Teil der letzten Übung weiter:
- Heb beim Einatmen die Arme vor dem Körper ganz nach oben; die Handinnenflächen wenden sich über dem Kopf zueinander.
- Laß die Arme beim Ausatmen in weitem Bogen nach rechts und links bis in Schulterhöhe zurücksinken.
- Stell dir beim Einatmen vor, daß sich von einer geöffneten Handfläche zur anderen ein Regenbogen wölbt.
- Wende beim Ausatmen deine Augen zur rechten Handinnenfläche.
- Laß beim Einatmen deinen Blick am vorgestellten Regenbogen entlangwandern bis über deinen Kopf und beim Ausatmen bis zur anderen Hand.
- Wiederhol diese Bewegung in umgekehrter Reihenfolge.
- Wiederhol diese Bewegungsfolgen mehrfach und laß dabei deinen Oberkörper leicht mitschwingen, ohne dich nach vorn oder hinten zu beugen.
- Beende diese Phase der Übung, indem du deinen Blick aus der linken Handinnenfläche löst und den Kopf beim Einatmen wieder aufrichtest.
- Laß beim Ausatmen deine Hände vor der Brust zueinanderwandern, bis vor den Bauch sinken und lege sie übereinander auf den Unterbauch.
- Verweile mit deiner Aufmerksamkeit in deiner Körpermitte.

■ Bildung von Kleingruppen

Die Bildung der ‹Kleingruppen› erfolgt im Rahmen eines freien, zunächst unstrukturierten Gehens im Raum, das immer wieder durch Impulse gelenkt wird.

- Richte deine Aufmerksamkeit so weit wie möglich auf dich selbst, nimm wahr, wie du gehst, und laß dich so wenig wie möglich durch die anderen im Raum von dieser Aufmerksamkeitsübung ablenken.
- Nimm die anderen Menschen im Raum wahr, … die du kennst, … die dir noch fremd sind. Begegne ihnen mit einem deutlichen Blick. Versuche, dabei so aufmerksam wie möglich mit deiner Wahrnehmung zugleich bei dir selbst zu bleiben.
- Suche jeweils zwei weitere Menschen, die du bislang noch nicht gut kennst, und stelle dich mit ihnen zusammen in die große Runde.[67]

156

- Gehe wieder frei im Raum, aufmerksam auf dich selbst konzentriert. Prüfe dabei noch einmal, ob du im Sinn der beschriebenen Arbeitsweise des Kurses mit den Menschen, die du zunächst ausgewählt hast, eine Dreiergruppe bilden willst.

WIEDERHOLENDE ANLEITUNG
ZU DEN GRUNDLEGENDEN SCHRITTEN DER MEDITATION

Reigen als Deutung meditativer Übung[68]

Motto: «Aus der Vergangenheit und der Zukunft in die Gegenwart finden»
- Vorübung: Die Gruppe geht im Kreis, mit den Händen untereinander verbunden. In spielerischem Wechsel: vorwärts/rückwärts gehen mit der Musik:
- Die Gruppe steht im Kreis, Blicke sind zur Mitte gewandt, Hände sind verbunden und bleiben so während des Reigens.
- Blick und Füße wenden sich nach links gegen die Tanzrichtung (rechts), Füße gehen rechts-rückwärts, links-rückwärts (in Tanzrichtung).
- Blick und Füße wenden sich nach rechts (in die Tanzrichtung), und gehen rechts-vorwärts, links-vorwärts in Tanzrichtung.
- Blick wendet sich zur Mitte, rechts wiegen, links wiegen (2 x).
- Wiederholung der Bewegungsfolge.

Zur Deutung

- Ich gehe in Tanzrichtung vorwärts, wende mich dabei aber zurück: So bin ich oft der Vergangenheit verhaftet. Ich verabschiede mich davon.
- Ich gehe in Tanzrichtung vorwärts und wende mich nach vorne. So bin ich unterwegs in die Zukuft, oft schon mir selbst voraus. Ich begrüße, was kommt.
- Ich halte inne, wiege hin und her, der Mitte zugewandt. Ich bin in der Gegenwart.

Sitzen als Übung des Gegenwärtigwerdens:

- Mit dem Ausatmen lasse ich los, was aus Vergangenheit und Zukunft ‹auftaucht›.

Sitzen auf Stuhl oder Bänkchen

Meditation als Übung des Leibes wird unter drei Gesichtspunkten vertieft:

• Erde	Schale / Gefäß sein	Ich bin verbunden mit dem, was unter mir ist und mich trägt. Ich lasse mich los.
• Himmel	Empfänglich sein	Ich bin geöffnet für das, was über mir ist und mich weitet. Ich richte mich auf.
• Atem	Im Fluß sein	Ich bin aufmerksam auf das Geheimnis des Lebens in mir. Ich vertraue mich an.

Körperreise – Entspannung im Liegen

Die Körperreise kann im Sitzen oder Liegen vollzogen werden:
Sie zielt auf das schlichte «Ich bin da».
Einleitend oder abschließend kann das Wort aus Psalm 139,14 gelesen werden:
«Ich danke Dir, daß ich wunderbar gemacht bin...»

Die Körperreise im Liegen beginnt mit allgemeinen Entspannungsübungen und der Aufforderung, eine angenehme Lage zu finden, in der über längere Zeit verweilt werden kann. Bei der Anleitung ist zwischen den einzelnen Impulsen eine Pause von drei bis fünf Atemzügen wichtig, damit ein Spüren möglich wird.

- Finde die jetzt für dich richtige Lage.
- Liege zunächst so, wie du gerade liegen möchtest.
- Nimm deine Form wahr: sie ist deine Weise, wie du im Augenblick vom Boden Unterstützung nimmst.
- Dreh dich auf den Rücken und streck dich aus.
  Spür deine Auflageflächen. Nimm wahr, an welchen Stellen jetzt deine Körperrückseite Kontakt mit dem Boden hat.
- Wo sind Zwischenräume zwischen Boden und Körper?
  In welchen Bereichen kannst du loslassen und wo spürst du Spannung?
- Spür von den Fersen aufwärts, wie du auf dem Boden aufliegst:
  Nimm deine Füße wahr,
  deine Unterschenkel, Kniekehlen und Oberschenkel,
  dein Becken,
  deine Wirbelsäule und den gesamten Rücken,
  deinen Schultergürtel, die Oberarme, Ellbogen, Unterarme,
  deine Handflächen oder Handrücken und die Finger.
  Spüre deinen Nacken und
  deinen Kopf mit seiner Auflage.
- Nimm dich als Ganzes wahr mit allen Teilen, wie du vom Boden getragen wirst.
  In dieser Lage nimmst du die größtmögliche Fläche ein und empfängst auch die größtmögliche direkte Unterstützung vom Boden.
- Nimm den Fluß deines Atems wahr, wie er deinen Körper von innen bewegt.
- Verweil in stiller Wahrnehmung des Atemflusses.
- Streck, wenn du einatmest, sanft die Fersen vom Körper weg; so wird deine Rückseite gedehnt. Mit dem Ausatmen laß die Spannung los.
- Wiederhol dies mehrmals.

158

- Beginn dich mit dem ganzen Körper kräftiger zu bewegen, zu recken und zu strecken.
- Richte dich langsam auf zum Sitzen.
- Spür die Fläche, die du jetzt vom Boden als Unterstützung nimmst.
- Komme langsam zum Stehen.

Vorschläge für einen Meditationsweg mit Gruppen

Die hier vorgeschlagenen allgemeinen Hinweise und Gestaltungsideen sind aus der gemeinsamen Praxis unserer Teams entstanden. Die konkrete Gestaltung hat sich je nach Team und darin vorhandenen Begabungen bzw. Qualifikationen von Kurs zu Kurs gewandelt. Die Ideen tragen Modellcharakter und wollen zu entsprechender eigener Gestaltung herausfordern.

Entscheidendes Auswahlkriterium für «Übungsschritte» und «Bausteine» wird immer die Frage sein, welche Akzente die einzelnen Team-Mitglieder authentisch vermitteln können.

Bei Tagungen ist es auch möglich, Qualifikationen der KursteilnehmeInnen zu einzelnen Gestaltungselementen einzubeziehen. Besonders bei Gottesdiensten hat sich dies in unserer Arbeit bewährt. Die Fähigkeit einer Kursteilnehmerin, andere zum meditativen Tanz anzuleiten, hat die Gestaltung der Abende bereichert.

Allgemeine Hinweise

DAS TEAM

Andere zur Meditation anleiten bzw. einen Kurs gestalten kann nur, wer selbst regelmäßig meditiert und sich über mehrere Jahre auch zur Meditation hat anleiten lassen. Die eigene Anleitung sollte auch von einer in Meditation erfahrenen Person beratend (supervisorisch) begleitet werden.

Bewährt hat sich, wenn künftige AnleiterInnen zunächst selbst einmal an einem solchen Halbjahreskurs unter Anleitung einer anderen Person teilgenommen oder wenigstens alle Übungen selbst vollzogen haben.

Sinnvoll ist, wenn der Kurs von einer Frau und einem Mann geleitet wird. Das Team braucht ausreichend Zeit für Gespräche auf der Beziehungsebene und zur Vorbereitung der Inhalte. Auch hat sich als hilfreich erwiesen, wenn das Team schon eine Stunde vor der Gruppe im Übungsraum ist. So kann im Gestalten des Übungsraumes wie in einer persönlichen Meditationszeit (möglichst des gesamten Teams) eine Atmosphäre der Stille entstehen, die die Gruppe empfängt.

VORBEREITENDE ÜBERLEGUNGEN

Bereits mit der Ausschreibung[69], spätestens vor Kursbeginn muß das Team entscheiden, wie groß die Gruppe sein kann. Die Größe des Übungsraumes und die Kraft des Teams, eine Gruppe in den Übungen anzuleiten und zu überschauen, setzen eine natürliche Grenze. Optimal für uns war, im Team zu zweit mit einer Gruppe von zwölf bis sechzehn Übenden zu arbeiten.

Am Anfang des Kurses bedarf das Thema *Übung und Übungsweg* besonderer Aufmerksamkeit. Weitgehend verbindet sich mit dem Stichwort «Meditation» die Vorstellung, sich zu entspannen. Die Mühen eines Übungsweges und seine innere Verbindlichkeit werden dabei übersehen. In persönlicher Begleitung läßt sich der Meditationsweg am angemessensten klären: In *persönlichen Gesprächen* mit einer Anleiterin bzw. einem Anleiter werden individuelle Möglichkeiten, Hindernisse und Schwierigkeiten bedacht und Lösungen gefunden. Aus dem Gespräch heraus findet der Übungsweg seine je eigene unverwechselbare Gestalt im Leben der einzelnen, ohne beliebig zu werden.

Die Gespräche dienen auch dem Team zur Information über die Wirkung der Impulse auf die einzelnen. Sie sind nicht nur Angebot, sondern verbindlicher Bestandteil des Übungsweges. Vorbehalte werden abgebaut, wenn gleich zu Beginn des Kurses die Einzelgespräche angekündigt werden und ihr Sinn erläutert wird. Ein erstes Gespräch findet möglichst noch in der Adventszeit statt. Es ist sinnvoll, wenn die Team-Mitglieder nach den ersten Zusammenkünften mit den Teilnehmenden zum Gespräch einladen.

Neben den Einzelgesprächen sind kontinuierliche Gespräche in einer Kleingruppe (Dreiergruppen, möglicherweise den gesamten Kurs begleitend[70]) hilfreich für die gegenseitige Ermutigung auf dem Übungsweg. Sie sind deshalb in die Struktur eingeplant.

FINANZIERUNG

Die Kosten des Kurses sind ein wichtiges Thema, besonders wenn Honorare für Team-Mitglieder kalkuliert werden müssen.

In unserem Kulturkreis ist Geld zum Symbol für *Verbindlichkeit* geworden. Da dieser Kurs einen verbindlichen Weg meint, muß er auch einen angemessenen Preis haben. Natürlich sollten die Kosten so kalkuliert sein, daß Geringverdienende oder Arbeitslose auch mit einem ermäßigten Beitrag teilnehmen können. Jeder, der bereit ist, einen Übungsweg zu gehen, sollte unabhängig von seinen finanziellen Möglichkeiten an diesem Kurs teilnehmen können.

Da die TeilnehmerInnen das Team z.T. noch nicht kennen, auch der Übungsweg noch nicht als bekannt vorausgesetzt werden kann, bleibt der Einführungsnachmittag und der erste Abend bzw. die erste Tagung als Kennenlern-Treffen in ihrer Verbindlichkeit offen. Am Ende des ersten Abends bzw. des Wochenendes wird eine verbindliche Festlegung für die übrige Kursdauer erwartet. Diese Verbindlichkeitsstruktur drückt sich auch in der finanziellen Regelung aus: Mit der Anmeldung erfolgt die Anzahlung einer Anmeldegebühr, die gleichzeitig die Kosten für die Enführungsphase deckt. Die Bezahlung des vollen Teilnahmebeitrags wird erst nach der Einführungsphase vorausgesetzt, wenn mit ihrem Ende keine ausdrückliche Abmeldung erfolgt.

RAUMGESTALTUNG

Es hilft zur Stille und Meditation, wenn der Übungsraum von vornherein als ein Raum der inneren Sammlung erfahren werden kann. Stehen mehrere Räume zur Verfügung, kann es sinnvoll sein, wenn einer der Räume ausschließlich der Stille dient, während ein anderer der offenen Kommunikation (vor Beginn der Übungseinheit oder in den Pausen) zur Verfügung steht. Die Teilnehmenden stellen sich leichter auf den Prozeß der meditativen Verinnerlichung ein, wenn mit dem Betreten des Übungsraumes auch eine sichtbare Schwelle in das Schweigen hinein überschritten wird.

Raum und innerer Weg stützen einander.

Der Übungsraum sollte von vornherein durch eine Kerze und eine runde Matte bzw. Tücher zentriert werden. Eine schlichte Gestaltung der Mitte hilft, auch die Blicke zur Ruhe kommen zu lassen. Die Mitte als Symbol weist auf das Thema der jeweiligen Übungseinheit hin.

Übungsmatten und Sitzgelegenheiten können nach einer Einführungsphase von der Gruppe in den Raum gebracht werden. Natürlich müssen sie rechtzeitg vorher bereitgestellt sein[71].

In der ersten Einheit erfolgt eine Einführung in den Umgang mit Bänkchen, Polster oder Stuhl und mit der Matte für die Meditation. Bei Beginn der zweiten Einheit sollte der Übungsraum bereits mit vorbereiteten Plätzen ausgestattet sein, wenn die TeilnehmerInnen eintreffen. Damit erhalten sie einen Eindruck, welche Struktur der Übungsraum grundsätzlich haben soll.

Das Team kann feste Plätze beziehen, die sich während des Kurses auch nicht grundlegend verändern.

Von der dritten Einheit an bereiten die Teilnehmenden selbst sich jeweils ihren Platz bzw. den Raum so vor, wie er für die meditative Übung benötigt wird. Der Weg der Meditation ist kein Weg der Verwöhnung und Fürsorglichkeit seitens der leitenden Menschen, sondern ein Weg zu wachsender Eigenständigkeit, die auch in diesen kleinen Vollzügen eingeübt wird.

ÜBUNGSAUFGABE

Am Ende der einzelnen Übungseinheiten in der Gruppe stehen *Impulse*, die die persönliche Übung der einzelnen anregen. Diese Impulse entsprechen den Übungen für einzelne im Übungsteil des Buches. Sie werden jeweils in der Schlußphase der Gruppenzusammenkunft gemeinsam geübt.

Am Schluß von Tagungen ist es sinnvoll, die Impulse für den gesamten Themenkreis noch einmal zusammenfassend zu formulieren.[72]

Ein Fragebogen zur Auswertung der Erfahrungen des Kurses kann neben den Gesprächsphasen im Kurs selbst einen Eindruck vermitteln, wie weitgehend der Übungsweg von den einzelnen aufgenommen wurde.[73]

ZUR GESTALTUNG DES ÜBUNGSWEGES
IN EINER SEMINARGRUPPE

Wenn sich mehrere Menschen für einen gemeinsamen Übungsweg über etwa ein halbes Jahr verabreden, entsteht ein gruppendynamischer Prozeß. Die Verabredung dieses Kurses zielt nicht auf Gemeinschaftsbildung oder Selbsterfahrung in der Gruppe, sondern auf die Gruppe als Raum für den Weg der einzelnen Menschen. Dennoch ist es wichtig, daß die Anleitenden mit den Grundlagen der Gruppendynamik vertraut sind. Für unsere Arbeit in den verschiedenen Teams war es wichtig, sich den Zielpunkt der Verabredung klarzumachen, um über die Angemessenheit der jeweiligen Methode entscheiden zu können: Dient sie der Eröffnung eines eigengewichtigen gruppendynamischen Prozesses oder hilft sie, den eigenen Weg im Rahmen der Gruppe präziser zu ergreifen?

Als wichtiger Baustein der Gruppenarbeit diente das Blitzlicht: eine Runde, in der jede(r) mit wenigen Worten benennt, welche Erfahrungen sie/er in der eben vollzogenen Übung gemacht hat, oder auch, wie die eigene Befindlichkeit zur Zeit ist – ohne daß darauf von Gruppenmitgliedern reagiert wird. Oft stehen solche Blitzlichtrunden vor der Einleitung eines neuen Übungsschrittes und können der/dem Anleitenden zur Ausrichtung der nächsten Schritte auf die Situation der Gruppe hin helfen.

Die Kennenlern- und Ankommensphasen in der Gruppe sind erkennbar auf den jeweils persönlichen Übungs- und Erfahrungsweg ausgerichtet.

Ein Unterschied entsteht durch die Struktur des Kurses: Treffen sich Menschen etwa zu vierzehntägigen Übungsabenden, so ist für Kommunikation innerhalb der Gruppe weniger Raum nötig (in der Regel auch ein geringeres Bedürfnis bei den Teilnehmenden) als etwa bei Gruppen, die sich zu mehreren Tagungen treffen. Ein mehrtägiges Beisammensein schafft eine andere Kommunikationsdichte als ein gelegentliches Treffen in einer Übungsgruppe. Dies spiegelt sich auch in der gemeinsamen Arbeit.

Die Dauer für die einzelnen Schritte in der Gruppe werden vom Team sorgfältig vorüberlegt. Zeitabsprachen über das Ende der Übungsabende bzw. -nachmittage werden eingehalten, auch wenn dadurch ein vorgesehener Übungsschritt verkürzt werden und ausfallen muß.

Im allgemeinen haben in der Gruppe auftauchende Fragen und Themen («Störungen») Vorrang vor dem Erreichen des vom Team geplanten Übungsverlaufes.

Nachmittage und Abende

ZUR GRUNDSTRUKTUR

Für die Struktur der Treffen hat sich folgender Aufbau bewährt: Am Anfang steht nach einem «warm up» jeweils eine Meditationsphase von ca. 15–20 Minuten Dauer. In dieser Einheit wird der Übungsimpuls des zurückliegenden Abends wiederholt. Danach ist Gelegenheit zum Gespräch in Kleingruppen über die gewonnenen Erfahrungen. In der Regel folgen zwei weitere etwa gleich lange Phasen des Sitzens in der Stille, die durch Körperarbeit und/oder kreative Impulse vorbereitet bzw. vertieft werden. Die letzte Phase des Sitzens wird verbunden mit dem Impuls zum persönlichen Weiterüben zu Hause.

164

Ein Ablauf bzw. *«Liturgie» der Treffen* könnte wie folgt aussehen:

- Ankommen und Wahrnehmen («warm up»)
- Sitzen in der Stille (Wiederholung des Übungs-Impuls)
- Einander Anteil geben (Kleingruppe)
- Thematischer Block mit flexiblen Bausteinen
  - Sitzen
  - Bewegung
  - Impuls
  - Kommunikation
  - Sitzen
- Übungsimpuls für den Alltag
- Schlußritual
  - Reigen (ggf. mit Singen) und/oder Segen

Die Dauer der Treffen sollte möglichst zweieinhalb Stunden umfassen und Zeit für eine kurze Pause lassen. Es hilft den Teilnehmenden, sich auf das Geschehen der Übungstreffen besser einzustellen, wenn ihnen bei einer der ersten Zusammenkünfte diese geplante Grundstruktur mitgeteilt wird. Diese Struktur sollte vom Team auch nicht ohne ausreichende Begründung verändert werden.

DIE EINGANGSPHASE AN NACHMITTAG UND ABEND

Übungsnachmittag: Vertrautwerden mit Weg und Weggemeinschaft

14.00 Treffpunkt des Teams
15.00 Beginn mit Kaffee und Tee (falls ein gesonderter Raum vorhanden ist)
       Offene Kommunikation
15.15 In den leeren Meditationsraum gehen, der nur mit einer Mitte und der Kerze darin versehen ist.
       Begrüßung
       Hinweise zur Struktur des Nachmittags und auf die Gelegenheit zur Klärung der offenen Fragen
       Begehen und Wahrnehmen des Raumes. Erste Begegnung in der Gruppe
15.45 Schreit-Reigen zu «Ausgang und Eingang ...»
       als Symbol für den gemeinsamen Weg in den vorgegebenen
       Strukturen: Kirchenjahr, gemeinsamer Übungsweg.
16.00 Übungsweg (I)
16.30 Pause
16.50 Sitzen (elementarisierte Variante)
17.00 Meditatives Arbeiten mit Ton
17.20 Sitzen
17.30 Übungsweg (II)
18.15 Pause
18.25 Übung zur Aufmerksamkeit

165

18.40 Sitzen
18.55 Schlußreigen und Segen

Übungsabend: Weg und Weggemeinschaft

19.00 Begrüßung und Bewegungsübungen
19.10 Sitzen
      Hilfen dazu anknüpfend an die Schlußübung vom Übungsnachmittag;
19.25 Freie Bewegung im Raum
      Hilfen zum Finden der Dreiergruppen, verbunden mit Hinweisen zur Arbeits-
      struktur des Kurses
19.35 Dreiergruppen
19.55 Übungen zum Wahrnehmen der Hände
      eigene Hände; Hände als Verbindung nach rechts und links ...
      Namentliche Vorstellung der rechten und linken NachbarIn
20.15 Gehen mit Übung zur Aufmerksamkeit
20.30 Sitzen mit der Übung der Aufmerksamkeit
20.45 Pause
20.55 Wahrnehmung der Hände
      Hinweise zu Haltungen der Hände bei der Meditation
21.05 Sitzen: «Wie soll ich dich empfangen»
21.20 Schlußreigen «Ausgang und Eingang» und Segen

Nach den intensiven Kleingruppen-Gesprächen kann ein Moment gemeinsamer Mitteilung sinnvoll sein. Die Übung zum Wahrnehmen der Hände führt in die persönliche Aufmerksamkeit und damit in die Vereinzelung; sie stellt in gewisser Hinsicht eine Doppelung zu der letzten Übungsphase dar. Daher kann sie ersetzt werden durch ein «Blitzlicht»-artiges Rundgespräch, bei dem auch die einzelnen sich noch einmal namentlich vorstellen.

ZWEI ABENDE ZUM ADVENT

1. Abend: Advent – offene Erwartung

19.00 Begrüßung, Ansagen, Entspannungsübung («Den Tag loslassen»)
19.15 Sitzen mit Impuls «Wie soll ich dich empfangen» (Wiederholung)
19.35 Dreiergruppen.
      Gesprächs-Impuls: Raum und Zeit des Übens zu Hause;
      Wie wurde der Impuls aufgenommen?
      (Hinweis: Es geht auch hier nicht um Bewertung, wie gut oder
      schlecht ich war, sondern um möglichst genaues Wahrnehmen,
      was ist, damit ich der eigenen Absicht, Meditation im Alltag
      zu üben, näherkommen kann.)
19.50 Sitzen.
      Impuls: Schale, Gefäß, empfänglich sein: «Wenn ich sitze, sitze ich»
20.10 Blitzlicht-Runde. Wo bin ich jetzt (ein Satz)

20.20 Pause
20.30 Übungen zur Engelerfahrung
21.10 Sitzen mit Impuls: Begegnung mit dem Engel
       (Übungsimpuls für den Weg)
21.25 Segen

2. Abend: Advent – Von Gottes Welt berührt: neues Leben beginnt zu wachsen

18.00 Team-Runde
18.45 Ankommen, «Geschäftliches»
19.00 Bewegungsübung zum Ankommen
       (Schwerpunkt: Bewegung des Beckenraumes)
19.20 Sitzen mit Wiederholung des Impulses vom letzten Abend
19.40 Dreiergruppen.
20.00 Maria, der Engel und wir: Gehen
                                   Gedanken zu Maria und uns
       Reigen: Maria durch ein Dornwald ging
20.25 Pause
20.35 Körperbezogene Aufmerksamkeitsübung: Beckenraum und Atmung
       Sitzen mit Impuls: Göttliches, Neues wächst in mir
21.00 Reigen (Wiederholung)
21.10 kurzes stilles Sitzen mit Bild
       Übungsimpuls für den Weg
21.25 Reigen und Segen

DREI ABENDE ZU EPIPHANIAS

1. Abend: Menschwerdung – Gottes Licht, das sich im Menschen spiegelt

19.00 Reigen «Maria durch ein Dornwald ging» – Gehen im Raum
19.15 Sitzen mit Impuls zur Erinnerung an das Bild von der
       Geburt Christi im Stall
19.35 Austausch in Dreiergruppen zum Weihnachtsbild
19.55 Pause
20.05 Atemwahrnehmung und «Licht-Atmung»
20.45 Aufstehen, Lockerungsübungen
20.50 Sitzen mit Impuls
       Licht, das sich in mir entfaltet (Grundübung)
       Übungsimpuls für den Weg
21.20 Reigen: «Mache dich auf und werde licht ...»
       Segen

2. Abend: Menschwerdung – Gottes Licht, das sich im Menschen entfaltet

19.00 Begrüßung und Bewegungsmeditation
       Reigen: «Mache dich auf und werde licht ...»

19.20 Sitzen zur Wiederholung der Lichtmeditation
19.35 Dreiergruppen
19.55 Dehnen, Stecken, Recken
20.05 Pause
20.15 Atemübung im Stehen
20.20 Sitzen mit Impuls: Licht, das sich in mir entfaltet
       (Vertiefung 1. Schritt)
20.40 Verweilt in der Stille, versucht noch einmal wahrzunehmen,
       wie das Licht euch durchströmt
       Malt auf Tonpapier ein Bild: Ich bin Gefäß des Lichtes
21.10 Bewegungsmeditation zu dem
       Gebetslied: «Erneuere mich, o ewig's Licht ...»
       oder zu den Gebetsgebärden: «Ich öffne mich für das Licht ...»
       Übungsimpuls für den Weg und Segen

3. Abend: Menschwerdung – Gottes Licht, das durch den Menschen ausstrahlt

19.00 Ankommen, Entspannungsübung
       Bewegungsmeditation / Gebetsgebärden (Wiederholung)
19.25 Sitzen: Licht, das sich in mir entfaltet (2. Schritt)
19.40 Blitzlichtrunde
19.55 Pause
20.10 Selbstmassage
20.40 Sitzen: Licht, das sich in mir entfaltet (3. Schritt)
21.00 Bewegungsübungen / Gebetsgebärden (Wiederholung)
21.10 Licht, das sich in mir entfaltet (Wiederholung / Fortsetzung 3. Schritt)
       Übungsimpuls für den Weg
21.25 Segen

ÜBUNGSNACHMITTAG UND ZWEI ABENDE ZUR PASSION

Übungsnachmittag: Passion als Loslassen und Aufbruch

15.00 Bewegung, hinführend zu den Gebetsgebärden
15.15 Sitzen
15.30 Rucksack-Übung
15.45 Dreiergruppen
16.00 Plenum: – Blitzlicht: «Was ist für mich wesentlich? unverzichtbar?»
               – Impuls: Fasten heißt Aufbrechen aus gewohnten Lebensmustern
                 hin zu dem, was wesentlich ist:
                 Jesusbezug. Aufbruch
16.15 Sitzen mit Achtsamkeit auf das Ausatmen
16.30 Pause
16.50 Körpererfahrung zum Aufbruch
       Suche nach dem nächsten Schritt.

168

17.30 Sitzen. Impuls: Ich lasse los, was unwesentlich ist (Ausatmen),
       ich bin offen für das Wesentliche (Einatmen).
17.50 Gehen. Impuls: Hindernis und Entschluß
18.10 Sitzen
18.30 Worte zum Seilkreis und Kirchenjahr.
18.35 Reigen «Navida dau» mit Lichtern
18.45 Sitzen. Impuls (für den Weg):
       «Mein Hindernis (ausatmen) und mein Licht (einatmen)»
       Segen

1. Übungsabend: Passion – Bejahung des Kreuzes

19.00 Reigen als grundlegende Deutung meditativer Übung
19.15 Sitzen
19.35 Blitzlicht Plenum mit Information: Fasten und Kreuzesnachfolge
20.00 Pause
20.15 Ich bin Kreuz – im Liegen und Stehen
20.40 Sitzen
21.00 Gehen
21.10 Sitzen in der Stille mit Impuls: «Ich bin Kreuz»
       Segen

2. Übungsabend: Passion – Erfahrung des Kreuzes als tragende Kraft

19.00 Bewegung, hinführend zum Gebärdengebet
19.15 Sitzen
19.35 Dreiergruppen
19.50 Pause
20.00 Zweiergruppen (etwa gleiche Größe):
       Ich bin Kreuz – Stehen mit PartnerIn
20.20 Ich bin Kreuz – allein mit Einsatz des Atems
       Deutende Worte
20.40 Sitzen
21.00 Ich bin Kreuz – Liegen
21.20 Sitzen
       Abschluß der Stille: Karte wird vom Team an die Plätze gebracht.
       Übungsimpuls für den Weg
       Segen

ÜBUNGSTAG UND ZWEI ÜBUNGSABENDE ZUM OSTERFESTKREIS

Übungstag:

Reigen und Erstbegegnung mit der Oster-Ikone

11.00 Begrüßung
       Einspür-Übung, Gebärden zum Reigen «Abba Jesu»

11.30 Sitzen
11.45 Gebärde nachstellen
12.00 Reigen «Abba Jesu»
12.10 Runde mit Gesprächsimpuls:
Meine wichtigste Erfahrung (aus den Übungen dieses Kurses oder auch sonst) in dieser Osterzeit
12.30 Freie Bewegung im Raum, ggf. mit inhaltlichem Bezug
12.35 Sitzen mit der Ikone: Spontane Meditation
12.50 Austausch: Wie ist es mir mit dem Bild ergangen?

Ostern als Erfahrung aufrichtender Kraft

14.30 Bewegung und Reigen «Abba Jesu»
14.45 Entspannungsübung im Liegen
15.00 Körpererfahrung «Sich aufrichten lassen»
15.25 Runde (Blitzlicht),
abgeschlossen mit Hinweisen zur Meditation und deutender Einführung in das Verständnis und die Meditation der Ikone
15.40 Sitzen mit der Ikone – Betrachtende Meditation
Übungsimpuls für den Weg

Ostern als Erfahrung des inneren Christus

16.30 Sitzen: Meditation des inneren Christus
16.50 Körpererfahrung «wie neugeboren»
17.30 Sitzen: Meditation des inneren Christus
(Schwerpunkt: Christusgestalt / Ausatmen)
17.50 Reigen «Abba Jesu»
Segen

Übungsabend: Auferstehungskraft breitet sich aus in mir

19.00 Begrüßung
Bewegung
Reigen «Abba Jesu»
19.15 Sitzen mit Impuls: Erinnerung an die Ikone;
«Was ist in mir als innerer Eindruck von der Ikone lebendig,
wenn ich die Augen schließe?» (Grünkraft? Weiß? …)
Die TeilnehmerInnen, die beim Übungstag Ostern nicht dabei waren,
bekommen die Ikone als Karte vor ihren Platz gestellt:
Spontane Meditation.
19.35 Austauschrunde unter den Leitfragen:
«Was hat mich in der Ikone angesprochen?» oder (Wiederholung:)
«Was ist jetzt in mir lebendig, wenn ich mich an die Ikone erinnere?»
19.45 Übungen im Stehen und in Bewegung:
Erdkontakt (Baum)
Schritte in die Freiheit

170

20.15 Sitzen: Meditation aus der Er-innerung der Ikone
Wahrnehmung der Wärmehülle
Sitzen mit Impuls
20.35 Gehen
20.40 Sitzen mit Weiterführung des Impulses zur Wärmehülle
(Übungsimpuls für den Weg)
21.00 Blitzlichtrunde
21.10 Gebetsgebärde
21.25 Segen

Übungsabend: Himmelfahrt: Aufgerichtet und ausgerichtet zum Himmel

19.00 Begrüßung
Gebetsgebärde
19.15 Sitzen
19.35 freie Austauschrunde
Blitzlicht: «Mit Himmelfahrt verbinde ich ...»
Informationen zu Christi Himmelfahrt als Zuspitzung des Ostergeschehens
19.55 Spiralförmiges Aufstehen
20.20 Gehen und Sitzen mit «Krone»
20.50 Reigen «Surrexit Christus, Halleluja ...»
21.05 Sitzen mit Krone (Wiederholung / Übungsimpuls für den Weg)
Segen

ÜBUNGSABEND
PFINGSTEN: ERWARTUNG DER GEISTESGEGENWART

19.00 Begrüßung; Hinweise auf den Abschlußabend:
– Zeit: 18.00 – 22.00 Uhr
– Abendmahl und Essen (mitbr.)
– Fragebogen ankündigen
Informationen zum Thema
Reigen: «Surrexit Christus ...»
19.15 Gehen mit Aufmerksamkeit auf Scheitelpunkt, verbunden mit
19.30 Sitzen: Meditation der aufrichtenden Christuskraft
19.50 Austauschrunde:
Was aus den Übungen jetzt, von zu Hause oder sonst
möchtest du mitteilen?
20.00 Übung im Liegen: Zur Mitte finden
20.35 Sitzen mit Impuls: Herz als Ort der Erwartung des Gottesgeistes
20.55 Singen und Gehen: «Komm, du Geist ...»
21.05 Sitzen: Herz als Ort der Erwartung des Gottesgeistes
(Übungsimpuls für den Weg)
Segen

ABSCHLUSSABEND/PFINGSTEN:
GEIST ALS DIE KRAFT HERZLICHER ZUWENDUNG

18.00   Begrüßung und Hinweise:
        – Fragebogen
        – Weinverträglichkeit (Abendmahlsfeier)
        – Struktur des Abends / grundsätzliche Hinweise
18.20   Lockerungsübung und Reigen. «Komm, du Geist der Heiligkeit ...»
18.35   Sitzen
18.55   Übung «Schritte in die Freiheit» (Wiederholung)
19.05   Sitzen: «Geist, der Einheit ist und schafft»
19.25   Gebetsgebärden
19.40   Pause, vorbereiten des Tisches für Abendmahl und Essen
20.00   Lied «Komm, du Geist der Heiligkeit ...»
        Brotmeditation und Rückblick auf die mühsamen Erfahrungen des
        gemeinsamen Weges
        Lied: «Es werden kommen ...»
        Einsetzungsworte (Konsekration) und Austeilung des Brotes
20.30   Abendessen, gegen Ende:
21.00   Tischgespräch zu Fragen der Meditation
21.20   Weinmeditation und Rückblick auf die belebenden Erfahrungen des
        gemeinsamen Weges
        Lied: «Es werden kommen ...»
        Einsetzungsworte (Konsekration) und Austeilung des Kelches
21.40   Abschluß der Mahlfeier mit Dankgebet und
        Segen um den Tisch   *oder*
        Reigen und Segen   *oder*
        kurzes Sitzen, Reigen und Segen

Tagungen

Für die Gestaltung eines Meditationskurses im Rahmen von Tagungen legt sich nahe, Meditation und Liturgie in Beziehung zueinanderzusetzen: Ein liturgisches Ritual am Morgen vor dem Frühstück (Morgenlob), ein Innehalten vor dem Abendessen (kurze gemeinsame Stille) und zum Abschluß der letzten Arbeitseinheit am Abend (Friedensmeditation) geben der gemeinsamen Arbeit eine spirituelle Struktur. Es hilft zur Sammlung, wenn diese Rituale jeweils einer festen, gleichbleibenden Struktur folgen. In einem Abendmahlsgottesdienst jeweils am Ende der Tagung fließt der Ertrag gemeinsamer Übungen und Meditationen zusammen zu gottesdienstlicher Feier. Dabei kann sich ein neuer Zugang zum Sinn traditioneller Rituale erschließen.

Morgenlob

Beim *Morgenlob* hat sich bei uns folgende Struktur bewährt:
- Bewegung (Gehen draußen)
- Stimme (und Atem) wecken
- Kanon. «Wach auf, mein Herz und singe ...»
- Sitzen in der Stille mit Bibelwort
- (Lied)
- Gebet, Vaterunser
- Segen

Das Bibelwort für das Sitzen in der Stille kann über sämtliche Tage dasselbe bleiben, ggf. sich Schritt für Schritt erweiternd.

In landschaftlich schöner Umgebung sollte der Tag draußen und das Morgenlob in stiller Begegnung mit der Natur begonnen werden. Dabei halten wir die unangenehmen Seiten (Kälte, Regen) in der Regel nicht für ein Hindernis. Wenn den einzelnen Teilnehmenden auch hier freigestellt ist, erst bei der Phase des Morgenlobes, die im Raum stattfindet, dazuzukommen, ist die Bereitschaft zu dieser Form des Tagesbeginns sehr groß.

Die *Friedensmeditation* entspricht dem letzten Schritt der Übungen «Licht, das sich in mir entfaltet» und «Geist, der Einheit ist und schafft». Sie ist eine gute Form, den Tag abzuschließen. Wer sich der Tradition vieler Meditationszentren überall in der Welt anschließen will, etwa um 18.00 Uhr eine Meditation dem Frieden in der Welt zu widmen, kann diese Form der Meditation auch auf die Zeit vor dem Abendessen legen.

Meditation und *Abendmahl* stehen in besonders intensiver Beziehung zueinander: die Eucharistie verleiblicht in den Elementen Brot und Wein die in der Meditation vollzogene «Innerung»[74] Christi bzw. der göttlichen Kraft. So legt es sich nahe, die Tagungen in einen meditativen Abendmahlsgottesdienst münden zu lassen. Die besondere Situation des Tagungsraumes öffnet dabei weitere Gestaltungsmöglichkeiten als der übliche Gemeindegottesdienst. Die im Rahmen einer Tagung gewonnenen Erfahrungen können jedoch den Gemeindegottesdienst befruchten.

Denkbar und im Nürnberger bzw. Schloß Schwanberger Modell[75] erprobt ist eine Gliederung des Tages durch eine elementarisierte Form der Tagzeitengottesdienste. Diese legt sich besonders dann nahe, wenn die Tagungen in einem Haus stattfinden, in dem das Stundengebet auch von anderen Gruppen gestaltet wird.

ZUR EINFÜHRUNG IN DEN KURS UND ADVENT

Morgenlob

In jeder Morgenandacht wird als Text für die Stille Lukas 1,30 gelesen:
> Der Engel sprach zu Maria:
> «Fürchte dich nicht, Maria! Denn du hast Gnade bei Gott gefunden.»

Vertrautwerden mit Gruppe und Thema

Freitag: 18.00 Abendessen
19.30 Einführung in Haus, Umgebung und Zeitplanung

Kurzvorstellung des Teams
«Ich bin – Blatt»
20.30 Vorstellung
Erste Hinführung zur meditativen Körperwahrnehmung
im Stehen und Sitzen
21.15 Hinweise zur Meditation
und kurze Zeit der Stille
21.30 Abendlied und Segen
Samstag und an allen weiteren Tagen:
7.35 Morgengang und Morgenlob
8.30 Frühstück

Vertrautwerden mit der elementaren Meditationspraxis

9.30 Gehen, Stehen, Sitzen
      Verschiedene Möglichkeiten des Sitzens
      kurzes Sitzen
10.50 Gespräch in der Kleingruppe
11.00 Pause
11.15 Arbeiten mit Ton
12.30 Mittagessen
14.30 Kaffeetrinken
15.00 Abklopfen: – Haut spüren
               – Hören auf unterschiedliche Klänge des Körpers
15.10 Stehen   Nachspüren:
           Mein Körper als Innenraum mit der
           Haut als Grenze zwischen Innen und Außen
15.25 Sitzen mit der Achtsamkeit auf das Becken als Innenraum
      «Ich bin Gefäß»
15.40 Gehen, dabei Impuls zum Nachdenken (vorbereitend für das
folgende Kleingruppengespräch):
«Was beschäftigt mich jetzt?
Hat es in mir Widerstand gegeben? Kann ich ihn benennen?»
GesprächspartnerIn finden
15.50 Zweiergruppen
16.00 Plenum.   Blitzlicht
16.15 Pause
16.30 Übung zur Aufmerksamkeit
Sitzen
18.00 Abendessen
19.30 Sitzen
Übungsweg 1 und 2
20.00 Plenum. «Was ist mir im Gespräch wichtig geworden?»
20.10 Gehen, bei sich sein, bedenken der Frage:
      «Welche Erwartungen an den Kurs bringe ich mit?»

20.45	Zur Konzeption des Kurses:	– Team, nicht Guru
		– Mischung der Methoden
		– Übungsweg
	Rückfragen	
21.00	Gehen	
	Abendsegen	

Maria und die Begegnung mit dem Engel

Sonntag 9.30 Abschließende Arbeitseinheit, gestaltet als Gottesdienst
Lied: «O Heiland, reiß die Himmel auf ...» (EG 7)
Körpererfahrung im Liegen und Stehen:
«Zur Erde werden, sich zum Himmel öffnen und
sich aufrichten»
Hinweise zum liturgischen Gesamtrahmen

10.00 Sitzen mit Impuls:
Zur Frage werden.
Lesung aus Lukas 1,26–31

10.20 Aufstehen, Gehen, Bildung von Dreiergruppen
Engelerfahrung

10.40 Meditation: Begegnung mit dem Engel

11.00 Abendmahlsliturgie

11.30 Pause

11.45 Schlußgespräch mit zwei Impulsen seitens des Teams:
Was ist gewesen? (Rückblick)
Ist für mich der Entschluß klar, mich auf diesen
Übungsweg einzulassen?
Schlußrunde, stehend im Kreis
Segen

WEIHNACHTEN UND EPIPHANIAS

Morgenlob

Als biblischer Impuls in diesen Tagen eignet sich der Text 2. Kor. 4,6ff.:

«Denn Gott, der gesagt hat: ‹Aus der Finsternis leuchte das Licht hervor!›
der hat einen hellen Schein in unsere Herzen gegeben,
damit durch uns entstünde die Erleuchtung
zur Erkenntnis der Herrlichkeit Gottes in dem Angesicht Jesu Christi.
Wir haben aber solchen Schatz in irdenen Gefäßen ...»

Täglich kann ein anderer inhaltlicher Schwerpunkt, der auch den Umfang der Lesung bestimmt, gesetzt werden:

– Dienstag:	Schöpfung des Lichtes
– Mittwoch:	Licht in unseren Herzen
– Donnerstag:	Licht durch uns zu anderen
– Freitag / Abendmahlsfeier:	Schatz in irdenen Gefäßen

Ankommen

Dienstag

11.30 Körper, Bewegungsübungen
       Namensrunde
11.40 Sitzen   Wo komme ich her?
11.50 Runde: Was bringe ich mit?
       Informationen zur Tagung, Hinweis auf Einzelgespräche
12.30 Mittagessen, Mittags- und Kaffeepause
15.30 Zur Sitzhaltung (Ergänzungen, ggf. Sitzkorrektur)
       Sitzen
16.10 Runde: Meditation in meinem Alltag: «Wie ist es mir mit
                 den Impulsen aus der letzten Tagung gegangen?»
16.35 Übungen zum Gehen
16.45 Zeit zur persönlichen Stille
       Gespräche
17.55 Kurzes Sitzen
18.00 Abendessen

Christgeburt in mir

19.30 Körperarbeit mit Achtsamkeit auf das Becken:
                 Liegen
                 Stehen
                 Tanz
                 Sich niederlassen, Achtsamkeit auf das Becken
20.30 Sitzen mit dem Weihnachtsbild
20.50 Reigen «Navida dau» mit Lichtern
       Segenswort

Gottes Licht, das sich in mir spiegelt

Mittwoch

 9.30 Körperarbeit: Bewegungsmeditation (Dehnungen)
 9.50 Sitzen: «Wahrnehmungsübung mit dem Licht»
10.10 Bewegungsübung und Gebetsgebärden
       Sitzen
10.50 Pause
11.10 Informationen:
       Epiphanias-Meditation und Kirchenjahr
11.30 Reigen: «Mache dich auf und werde licht ...»
11.35 Sitzen
11.50 Reigen, danach
       Freiraum bis zum Mittagessen
12.30 Mittagessen, Mittags- und Kaffeepause
15.30 PartnerInnenarbeit zur Wahrnehmung des Atems
16.20 Atemwahrnehmung im Liegen

16.35 Wahrnehmungsübung mit Atem und Licht:
      Abschließend: Gebetsgebärden
16.45 Zeit zur persönlichen Stille   Gespräche
17.55 Kurzes Sitzen
18.00 Abendessen
19.30 Sitzen
19.50 Meditative Tänze
            Gebetsgebärden
            «Navida dau»
            Segen

Gottes Licht, das sich in mir entfaltet

Donnerstag
9.30 Bewegungsübungen
      Gespräch im Plenum:
      «Wo bin ich jetzt auf meinem Übungsweg?»
10.15 Gebetsgebärden
      Meridianmassage
      Sitzen «Licht, das sich in mir entfaltet» (Grundübung)
11.00 Pause
11.15 Indonesische Atem-Übung
      Gebetsgebärden
11.45 Sitzen: «Licht, das sich in mir entfaltet» (Vertiefung, 1. Schritt)
12.05 Gehen
12.10 Sitzen oder Gehen draußen
12.30 Mittagessen, Mittags- und Kaffeepause
15.30 Gedichtmeditation Rilke (Initiative eines Teilnehmers)
16.00 Abklopfen, Hören der Resonanz-Räume des Körpers,
            Abstreichen bis hin zu den Füßen
      Gebetsgebärden
16.20 Sitzen «Licht, das sich in mir entfaltet» (Vertiefung, 2. Schritt)
16.40 Malen auf Tonpapier: «Ich bin Gefäß des Lichtes»
      (gemeinsam im Raum)
17.10 Zeit zur persönlichen Stille   Gespräche
17.55 Kurzes Sitzen in der Stille
18.00 Abendessen
19.30 Betrachten der Bilder
      Blitzlichtrunde
      Gebetsgebärden
      Friedensmeditation (Bezug zu Lichtmeditation und Ich-bin-Blatt)
      «Navida dau» und Segen
      «Gemeinschaft feiern»

Liturgische Meditation des Lichtes

Freitag
10.00 Gottesdienst
       Bewegungsfolge als Eröffnung des Gottesdienstes
       Einleitende Worte zum Lied «Gott ist gegenwärtig ...» (EG 165)
       Lied Vers 1
       «Gott ist gegenwärtig, lasset uns anbeten und in Ehrfurcht vor ihn treten.
       Gott ist in der Mitten, alles in uns schweige und sich innigst vor ihm beuge.
       Wer ihn kennt, wer ihn nennt, schlag die Augen nieder. Kommt ergebt euch wieder.»
       Gebetsgebärden (Akzent: «vom Licht umhüllt»)
       Lied Vers 5
       «Luft, die alles füllet, drin wir immer schweben, aller Dinge Grund und Leben,
       Meer ohn Grund und Ende, Wunder aller Wunder: ich senk mich in dich hinunter.
       Ich in dir, du in mir, laß mich ganz verschwinden, dich nur sehn und finden.»
       Gebetsgebärden (Akzent: «vom Licht durchdrungen»)
       Lied Vers 6
       Du durchdringest alles; laß dein schönstes Lichte, Herr, berühren mein Gesichte.
       Wie die zarten Blumen willig sich entfalten und der Sonne stille halten,
       laß mich so still und froh deine Strahlen fassen und dich wirken lassen.
       Gebetsgebärden (Akzent: «vom Licht erfüllt»)
       Lied Vers 8
       «Herr, komm in mir wohnen, laß mein Geist auf Erden dir ein Heiligtum noch werden;
       komm du nahes Wesen, dich in mir verkläre, daß ich dich stets lieb und ehre.
       Wo ich geh, sitz und steh, laß mich dich erblicken und vor dir mich bücken.»
       Gebetsgebärden (ohne besonderen Akzent)
10.30 Lesung: 2. Korinther 4,6ff als Impuls zum
       Sitzen
10.50 Gehen im Freien mit Impuls, die Erfahrung der Meditation beim Gehen zu bewahren
       Aufgabe, dafür eine Gebärde zu finden
11.10 Teilen der Gebärden
       Teilen von Brot und Wein (Traubensaft) als Symbol für das Licht in
       allen Dingen und Vergegenwärtigung Christi (Brot-, Wein- und
       Einsetzungsworte)
       Austeilung
11.20 Reigen «Navida dau» und
       Segen
       Kurze Pause
11.30 Schlußrunde
       Kurzbesinnung: «So bin ich angekommen – so bin ich jetzt hier»
                        «Was möchte ich hierlassen? – was nehme ich mit?»
       Austausch
       Impulse für den Übungsweg
                Drei Schritte der Lichtmeditation. Zugang entweder vom
                Gebärdengebet oder vom Lied ausgehend oder direkt

178

PASSION

Morgenlob

In jeder Morgenandacht wird als Text für die Stille Jesu Wort vom Weizenkorn Joh. 12,24 gelesen.

Jesus sprach: «Amen, Amen ich sage euch: Wenn das Weizenkorn nicht in die Erde fällt und stirbt, so bleibt es allein. Doch wenn es stirbt, bringt es viel Frucht.»

Aufbrechen und Loslassen

Donnerstag
19.00 Begrüßung, Sitze einrichten
       Sitzen in der Stille mit dem fruchtbarsten Impuls der zurückligenden Zeit
19.30 Austauschrunde: Mein Alltag und die meditativen Impulse
19.50 Rucksack-Übung
20.40 Körperarbeit: Gehen ggf. Indonesische Atemmeditation
20.50 Sitzen mit Achtsamkeit auf das Ausatmen
21.10 Friedensmeditation (Kurzfassung),
       eingeleitet mit einem Friedensgesang, dazu freie Bewegung im Raum
       Schweigen und Segen.

Begegnung mit dem Dunkel (Hindernisse)

Freitag
9.30   Bewegungsübungen
9.45   Händetanz
10.05 Sitzen mit Impuls: «Laß die Übung in Dir nachklingen»
10.25 Körpererfahrung zum Entschluß
10.45 Gehen draußen: Suche nach dem nächsten Schritt
12.20 Sitzen

Umgang mit Hindernissen (Entscheidung Aufbruch)

15.30 Sitzen
15.50 Hindernis auf meinem Weg
       Team legt während dieser Zeit den Seilkreis in den Übungsraum
17.00 Hinweis auf Seilkreis (Kurzvortrag)
       Kurze Stille, um für das Hindernis einen Namen zu finden
       Hindernis an den Seilkreis legen und das Hindernis benennen
17.20 Kurze Stille
       Hinweis zum Kirchenjahr
       und zum Sitzen: Beides gehört zu meinem Leben:
       Das Aufbrechen und das Neue, zu dem hin ich aufbrechen will,
       aber auch der Widerstand gegen den Aufbruch.
       Halte in der Stille aus, wenn diese Spannung in Dir ist.
17.30 Sitzen

Licht bei unseren Hindernissen

19.30 Bei Bedarf: Runde
mit Gelegenheit zu Rückfragen im Blick auf die Übungen des Tages
19.45 Körperarbeit
20.45 Lichterritual: Christus auf meinem Weg
Sitzen
Segen

Ich bin Kreuz

Samstag
9.30 Bewegungsübungen
9.45 Rückblick-Runde: Hinter Dir liegt die Nacht, vor Dir liegt Dein Hindernis.
Was ist dir wichtig, es jetzt mit den anderen in der Gruppe zu teilen?
10.15 Ich bin Kreuz – im Stehen
10.45 Sitzen
11.05 Pause
11.15 Ich bin Kreuz – mit zwei PartnerInnen
11.45 Ich bin Kreuz – im Stehen
11.55 Sitzen
12.10 Gehen, draußen schweigend und allein.

Im Kreuz unterstützt

15.30 Ich bin Kreuz – im Stehen
Ich bin Kreuz – im Stehen mit PartnerIn
16.00 Sitzen
16.20 Impuls für die persönliche Stille:
«Gehe den Erfahrungen nach, wo du Unterstützung erfahren hast?
Was hat dir bisher geholfen, Spannungen zu bestehen?»
16.30 Zeit zur persönlichen Stille   Gespräche
17.50 Kurzes Sitzen

Feierabend

Freie Gestaltung, ggf aus der Gruppe heraus

Unser Kreuz und Christi Kreuz

Sonntag
(Gottesdienst)
9.30 Bewegungsübungen
9.45 Lied «Korn, das in die Erde ...» (EG 98)
Liegen in Kreuzform
Stehen in Kreuzform: Unterstützende Kraft des Atems

10.10 Wort vom Weizenkorn (Joh. 12,24)
    – Gespräch mit persönlichen Deutungen
    Findet eine eigene Formulierung, zustimmend
    oder in kritischer Auseinandersetzung
    Legt eure Sätze in die Mitte.
    Welcher Satz in der Mitte spricht dich besonders an? Warum?
10.40 Abendmahlseinsetzung und Austeilung, gestaltet unter dem Leitgedanken:
    Die unterstützende Kraft Gottes geht mit uns in alle Spannungen.
10.55 Sitzen mit Bild
11.10 Stehen, Gebetsgebärden
11.15 Pause
11.30 Schlußrunde mit Auswertungsfragen nach Struktur,
    Aufbau, Methoden, Freiräumen
    Impulse für den Weg
    Abschiedsritual (Reisesegen)

OSTERN

Morgenlob

Die Emmausgeschichte könnte Leitmotiv für Andachten und den Schlußgottesdienst sein,
vielleicht mit wachsender, sich entfaltender Tendenz:

Freitag: «Sie sprachen untereinander: Brannte nicht unser Herz,
               da er mit uns redete auf dem Weg?»   Lk. 24,32

Samstag: «Da wurden ihre Augen geöffnet und sie erkannten ihn.
               Und er verschwand vor ihnen. Und sie sprachen untereinander:
               Brannte nicht unser Herz, da er mit uns redete auf dem Weg,
               als er uns die Schrift öffnete?
               Und sie standen auf zu derselben Stunde,
               kehrten wieder nach Jerusalem ...»   Lk. 24,31–33

Sonntag: Ganz Lk. 24,13–35
Alternativ dazu ein kurzes Weckwort, gleichbleibend an jedem Tag:
               «Wach auf, der du schläfst,
               und steh auf von den Toten,
               so wird dich Christus erleuchten.»   Epheser 5,14

Vorschlag für den Segen: *«Geht in der Kraft, die euch gegeben ist:*
                            geht einfach, geht leichtfüßig, geht zart.
                            Haltet Ausschau nach der Liebe
                            und Gottes Geist geleite euch.»

Ankommen

Donnerstag
18.00 Abendessen
19.00 Offene Runde. Leitfrage: Aus welchem Alltag komme ich?
19.30 Bewegung: Gehen («Übergänge» von Fahrt, Essen usw. zur Meditation)
19.45 Sitzen in der Stille: «Ich bin hier»
20.05 Runde: «Was hat weitergewirkt bzw. dich begleitet seit der letzten Tagung?»
       Vorstellen der Planung für diese Tagung durch das Team
20.40 Sitzen:
       «Verweile bei dem meditativen Akzent,
       der dir am wichtigsten geworden ist.»
           oder
       Friedensmeditation – bezogen auf Menschen
           oder
       Situationen usw. die du hinter dir gelassen hast.
       Segen

Auferstehung – aufrichtende Kraft

Freitag
9.30   Bewegungsübungen
9.45   Hinführung und Übungen zum Sitzen (Körperarbeit)
10.30 Sitzen mit Impuls:
       «Keim aus dem Weizenkorn bricht durch die Erde ans Licht»
           (Erinnerung an den Abschluß der Passiontagung)
10.50 Pause
11.00 Körperarbeit: «Spiralförmiges Aufstehen»
11.45 Körperwahrnehmung: «Wie neu geboren»
       Stehen und Hören:
       «Auferstehung» (Marie Luise Kaschnitz)
12.30 Mittagsessen
15.00 Kaffeetrinken
15.30 Körpererfahrung: «Sich aufrichten lassen»
       Malen: «Was mich aufrichtet»
       Gespräch über die Bilder (zu zweit)
       Bilder zur Mitte bringen, als Gruppe wahrnehmen
17.00 Zeit zur persönlichen Stille, parallel Einzelgespräche
       Gehen draußen: «Richte deine Aufmerksamkeit
       auf alles in der Natur, was sich aufrichtet.»
17.50 Kurz-Meditation
18.00 Abendessen
19.30 Sitzen (vorher sammelt das Team die Bilder ein)
       Tanzen
       Friedensmeditation

Meditation der Ikone

Sonnabend
9.30 Bewegungsübungen
9.45 Ikone (und Bilder vom Freitag) in die Mitte legen
Freie Bewegung im Raum
Wahrnehmen der Ikone, Assotiationen zum Gesamteindruck
10.30 Sitzen mit Impuls (Team legt Postkarten vor die einzelnen):
«Verweilt bei dem Gesamteindruck des Bildes»
10.25 Runde: «Mein Eindruck von der Ikone»
Bewegung
10.40 Pause
11.00 Information zu Ikonen und zu dieser Ikone
11.15 Rückfragen, Austausch, Bewegung
Sitzen
12.30 Mittagessen
15.00 Kaffetrinken

Erfahrung der Auferstehungskraft in mir

15.30 Bewegung
Sitzen: Meditation des inneren Christus
17.00 Zeit zur persönlichen Stille, parallel Einzelgespräche
Gehen draußen:
Impuls für draußen: Text von der Grünkraft
17.50 Kurz-Meditation
18.00 Abendessen
19.30 frei zum Feiern (Ostern / Geburtstage)

Feier der Auferstehung

Sonntag
Gottesdienst aus der Gruppe heraus gestaltet

PFINGSTEN

Morgenlob

Leitmotiv für Andachten und den Schlußgottesdienst könnten Texte sein wie Jesaja 58,11:
«Du wirst sein wie ein bewässerter Garten
und wie eine Wasserquelle, der es nie an Wasser fehlt.»

Oder das Christuswort in Johannes 7,38:
«Wen da dürstet, der komme zu mir und trinke! Wer an mich glaubt...,
von dessen Leib werden Ströme lebendigen Wassers fließen.»

183

Vertiefende Wiederholung

Freitag

19.30 Bewegung:

Gehen im Raum: Sich selbst, den Raum, einander wahrnehmen

Runde mit Leitfrage:

Was macht es mir schwer, was macht es mir leicht, hier zu sein?

Körperliche Vorbereitung:

von der Erde her sich aufrichten zum Himmel

sich zum Himmel hin ausstrecken, öffnen, zentrieren

Sitzen: Erinnerung an die Oster-Ikone:

Meditation des inneren Christus

Vierergruppen: Erfahrungen mit dieser Übung

Friedensmeditation: Geist, der Einheit ist und schafft

Aus der Mitte in die Weite – Pfingsten

Sonnabend

 9.30 Bewegungsübungen

 9.45 Hinweis auf die Symbolik von Licht und Grünkraft

 9.50 Sitzen

10.10 Entspannungsübung im Liegen: Zur Mitte finden

10.55 Sitzen: Herz als Ort der Erwartung des Gottesgeistes

11.15 Pause

11.30 Körperarbeit: PartnerInnenarbeit im Stehen, (gleiche Größen!):

Rücken an Rücken einander den Rücken stärken

11.45 Sitzen: Geist, der Einheit ist und schafft

Rückblick auf den Vormittag

12.30 Mittagsessen

15.00 Kaffeetrinken

Rückblick auf den Kurs

15.30 Hinführung zu einer stillen Besinnung:

Die direkte Begleitung im Rahmen des Tagungssettings endet.

Das entspricht der Situation der

JüngerInnen nach Jesu Himmelfahrt.

Es verstärkt sich, was bereits begonnen hat:

Eigenständig den Weg weiterzugehen ist angesagt.

Welche Fragen habe ich an dieser Schwelle?

15.45 Plenumsgespräch, ergänzt durch

Hinweise zum «Weitergehen»: Nichts ist zu Ende, Neues fängt an!

Die andere Hälfte des Kirchenjahres

Körperarbeit und Stille (je nach Zeit)

17.00 Pause / Vorbereitungen auf den Abend

Gottesdienst / Fest

18.30 Agape: Altar mit Brot und Wein / Essen auf dem Altar
Tischtücher als «Tisch» auf dem Boden in der Mitte ausgebreitet
Lied: «Aus dem Reichtum deiner Fülle,
laß uns schöpfen Tag um Tag ...»
 dabei Brot und Wein vom Altar holen
Einsetzungsworte als Tischgebet
Austeilung
Lied: «Aus dem Reichtum deiner Fülle,
laß uns schöpfen Tag um Tag ...»
 dabei Kelch und Patene zurück zum Altar
Decken des Tisches mit den übrigen Speisen
Essen, nach dem ersten Hunger: Gesprächsimpuls zu Joh. 7,38
Betrachtendes Gespräch
Fortsetzung des Essens
Umgestaltung des Raumes für
andere Beiträge

Pfingstmeditation und Abschied

Sonntag

 9.30 Fragebogen in Einzelarbeit beantworten
Rückgabe der Fragebögen
10.00 Bewegungsübungen
10.15 Sitzen.
Impuls: Friedensmeditation in Verbindung mit dem
Wort aus dem Gottesdienst:
«... von des Leib werden Ströme lebendigen Wassers fließen.»
freies Gehen
Sitzen
11.00 Pause
11.15 Rückblick
12.05 Reisesegen   Zeit zur Verabschiedung
12.30 Mittagessen

Adressen

Personen, die mit dem Übungsweg dieses Kurses vertraut sind:

Irene Dilling	90402 Nürnberg, Breite Gasse 82	Tel. 0911/209071
Dorothea Hillingshäuser	63512 Hainburg, Ulmenstr. 4	Tel. 06182/65864
Priorin Sr. Edith Krug	97348 Rödelseee, Schloß Schwanberg	Tel. 09323/320
	Communität Casteller Ring	
Ellen Kubitza	22607 Hamburg, Cranachstr. 54	Tel. 040/487975
Irmgard Lenk	22763 Hamburg, Eggersallee 26	Tel. 040/39902626
Wolfgang Lenk	22607 Hamburg, Ebertallee 7	Tel.. 040/89717321
	Gemeindedienst der NEK	
Frank Puckelwald	20251 Hamburg, Löwenstr. 60	Tel. 040/325744012
Gabriele Schmitz	22529 Hamburg, Brunsberg 24	Tel. 040/5604144
Matthias Schwarz	35753 Greifenstein	Tel. 06449/6798
	Haus der Stille Waldhof Elgershausen	
Karsten Schumacher	24306 Plön, Koppelsberg 15	Tel. 04522/507-140
	Ev. Jugendpfarramt	
Peter Wild	CH 3380 Wangen/Aare, Bifangstr. 4b	Tel. 0041/32/6312951
Helga Westermann	72574 Bad Urach, Bismarckstr.12	Tel. 07125/949922
	Stift Urach, Haus der Stille	

Adressen von Institutionen, Häusern und Personen, die Meditationskurse und geistliche Übungen anbieten

Diese Adressen wurden für das Meditationszentrum beim Deutschen Evangelischen Kirchentag 1997 in Leipzig zusammengestellt. Die Sammlung basiert auf Vorarbeiten von Manfred Rompf für frühere Kirchentage. Sie wird z. Z. von mir geführt, ergänzt bzw. berichtigt. Dazu erbitte ich Information an die Adresse Gemeindedienst der NEK (s.o.).

Diese Liste macht keine Aussage über Art und Qualität der angebotenen Übungen.

Deutschland
01099 Dresden, Peter Missbach, Priesswitzerstr. 69, Tel. 0351/5022123
01159 Dresden, Marion Nieder, Clara-Zenthin-Str. 29, Tel. 03501/4225410
01159 Dresden, Dr. med. Ines Schimming, Grohliserstr. 20, Tel. 0351/2616413
01159 Dresden, Arbeitskreis f. Meditation, Emil-Überall-Str.21, Tel. 0351/4213393
01326 Dresden, Roland Sabel, Dresdener Str. 73, Tel. 0351/2616413
01462 Cossebaude, Dr. Petra Leuteritz, Heinr.-Mann-Str.28, Tel. 0351/4521112

01723 Grumbach, Christian Schreier, Am oberen Bach 6, Tel. 035204/48612
04177 Leipzig, Prof. Heidemarie Adam, Cranachstr. 15, Tel. 0341/4797158
04683 Threna, Karin Johne, Oberholzer Str. 67a, Tel. 034293/29586
12051 Berlin, Thomas Ulrich, Hertastr.11, Tel. 030/6251940
12161 Berlin, Christine Paterok, Bundesallee 142, Tel. 030/8520125
12163 Berlin, Gundolf Herz, Rückertstr. 6, Tel. 030/89724116
14089 Berlin, Haus Maria Frieden, Lüdickeweg 5–7, Tel. 030/3654171
14109 Berlin, Ellen Heienbrok, Am Heidesaum 4, Tel. 030/7963939
14109 Berlin, Margitte Niederstucke, Straße zum Löwen 1, Tel. 030/8052166
14109 Berlin, Haus der Stille, Am Kleinen Wannsee 9, Stefan Matthias,
       Tel. 030/8053064
14797 Lehnin, Luise-Henrietten-Stift, Sr. Ruth Sommermeyer
17498 Weitenhagen b. Greifswald, Bischof-Krummacher-Haus/Haus der Stille,
       Wolfgang Breithaupt, Hauptstr.31, Tel. 03834/8033-0 (-13)
20251 Hamburg, Frank Puckelwald, Löwenstr. 60, Tel. 040/482122
20259 Hamburg, Irmgard u. Wolfgang Lenk, Meißnerstr. 34, Tel. 040/39902626
20259 Hamburg, Wolf Heymann, Bei der Christuskirche 5, Tel. 040/403453
21217 Seevetal-Fleestedt, Cella St. Hildegard, An den Ziegelteichen 5, Tel. 04104/5728
21077 Hamburg, Dr. Olav Hanssen, Elfenwiese 1, Tel. 040/7602233
21339 Lüneburg, Kurt Meyer, Boizenburger Str. 11, Tel. 04131/33378
21481 Lauenburg, Dr. Christian Ottemann, Dresdener Str. 17, Tel. 04153 /3355
21493 Schwarzenbeck, Käthe und Christoph Huppenbauer, Markt 5,
       Tel. 04151/896196
21521 Wohltorf, Dr. Otto Diehn, Ahornweg 15, 04104/5159
21521 Wohltorf, Frauke Möller, Kastanienallee 5, 04104/40453
21521 Aumühle, Ansverushaus, Uwe Brunken, Vor den Hegen 20, Tel. 04104/970620
21614 Buxtehude, Eginhard Strelow, Finkenstr. 51, Tel. 04161/82877
22339 Hamburg, Sr. Heidrun Kühn, Nußkamp 6, Tel. 040/597024
22397 Hamburg, Gudrun v. Ekesparre, Huuskoppel 29, Tel. 040/6080477
22459 Hamburg, Inge Reitner, Wählingsallee 15, Tel. 040/550 99 88
22529 Hamburg, Gabriele Schmitz, Brunsberg 24, Tel. 040/560 33 84
22587 Hamburg, Lore Oldenburg, Anne-Frank-Str. 108, Tel. 040/860458
22607 Hamburg, Nordelbischer Gemeindedienst, Ebertallee 7, Tel. 040 /8989717320
22765 Hamburg, Volker Schmidt, Grabbestr. 16, Tel. 040/3898237
22850 Norderstedt, Anas Hamami, Lupinenweg 9, Tel. 040/525 42 32
22949 Ammersbek, Christian Dehm, Wulfsdorfer Weg 33, Tel. 040/ 6050028/6050020
23564 Lübeck, Elisabeth Hämmerling, Schwerinstr. 5, Tel. 0451/602676
23701 Eutin, Horst Grümbel, Albert-Mahlstedt-Str. 37, Tel. 04521/766683
23714 Bad Malente, Dr. Reinhard Deichgräber, Hafkamp, Tel. 04523/889601
23843 Travenbrück, Haus St. Ansgar, Kloster Nütschau, Tel. 04531/5004-0
24159 Kiel, Renate Ebeling, Kanalstr. 37, Tel. 0431/363193
24306 Lebrade, Michael Miller, Pastertwiet 2, Tel. 04383/1016
24306 Plön, Ev. Jugend, Koppelsberg 15, Karsten Schumacher, Tel. 04522/507-140
24395 Gelting-Stenderup, Dr. med. Norbert Freier, Fasanenweg 10, Tel. 04643/922
25421 Pinneberg, Heinz Fast, Königsberger Str. 20A, Tel. 04101/513445

25436 Moorrege, Erhard Warncke, Glinder Weg 75, Tel. 04122/82769
27777 Ganderkesee, Lutherstift in Falkenburg, Hauptstr. 30, Tel. 0422/8209
29221 Celle, Cäcilia von Schöning, Hostmannstr. 9, Tel. 05141/27210
29223 Celle, Gemeindekolleg der VELKD, Berlinstr. 4, Tel. 05141/53014, Fax 53016
29223 Celle, Inge u. Udo Titgemeyer, Bremer Weg 60, Tel. 05141/33196
29320 Hermannsburg, M. Hirata Rüstzeitzentrum d. Ev.-luth. Missionswerks
29640 Schneverdingen/Heber, Forsthaus Scharrl, Felix v. Merveldt, Tel. 05199/221
30169 Hannover, Gisela Hessenauer, Gemeindedienst, Archivstr. 3, Tel. 0511/1241140
30171 Hannover, Hermann Kiersch, Weinstr. 14, Tel. 0511/810124
30173 Hannover, Anne u. Heinz Behnken, Rimpaustr. 1a, Tel. 0511/813551
30173 Hannover, Irene Rotermund, Altenbeker Damm 35, Tel. 0511/802440
30519 Hannover, Siegfried Macht, Wiehbergstr. 39 L, Tel. 0511/863830
30890, Elisabeth Borries, Kloster Barsinghausen, Tel. 05105/515292
30890 Barsinghausen, Inge u. Dietrich Brüggemann, Hoher Kamp 11,
       Tel. 05105/82609
31199 Diekholzen, Gabriele Siemers, Marienburger Str. 33
31303 Burgdorf, Ingrid Sandau, Uelzener Str. 31, Tel. 05136/803219
31162 Bad Salzdetfurth, Barbara Schenkbier, Salinenstr. 26, Tel. 05063/1899
31134 Hildesheim, Einkehrhaus an St. Michael, J. Kern, Hinterer Brühl 11
31545 Rehberg-Loccum, Arbeitskreis f. Meditation e.V., Ev. Akademie,
       Tel. 05766/81239 u.81-132
31582 Nienburg, Kurt Dantzer, Wallstr. 5, Tel. 05021/3228 d. -/5386 p.
31832 Springe, Hans-Christian Müller, Kirchweg 7, Tel. 05044/334
31832 Springe, Communität Christusbruderschaft Kloster Wülfinghausen,
       Tel. 05044/1305
31840 Rohdental, Haus Cassian, Am Möncheberg, Auf der Heide 14,
       Tel. 05152/52314
32067 Bad Salzuflen, Arbeitsgemeinschaft MBK, Magdalene Tanner
32832 Augustdorf, Diether Wegener, Finkenweg 10, Tel. 05237/1384
32427 Minden, Hartwig Herrmann, Reiherweg 10, Tel. 0571/23628
33098 Paderborn, Christine Weiskopf, Baltenweg 10, Tel. 05251/78979
33098 Paderborn, Sr. M. Ruthild Völkel, Am Busdorf 4, Tel. 05251/290625
33397 Rietberg-Varensell, Benediktinerinnenabtei Haus St. Benedikt, Hauptstr. 53,
       Tel. 05244/5297
34346 Hann. Münden, Antje Breede, Am Knick 32, Tel. 05541/5677
34346 Hann. Münden/Kloster Bursfelde, Werner Anisch, Klosterhof 5,
       Tel. 05544/1688
33617 Bielefeld-Bethel, Haus der Stille, Am Zionswald 5, Tel. 0521/1442520
35037 Marburg, Christel Geilke, Frankfurter Str. 43, Tel. 06421/13554
35460 Staufenberg, Takeshi Yasui, Bergstr. 25, Tel. 06406/2810
35510 Butzbach, Margrit Schnell, Aspenweg 18, Tel. 06033/60715
35745 Herborn, Johannes Sell, Freiherr-von-Stein-Str. 3, Tel. 02772 /42416
36179 Bebra, Kommunität Imshausen
36088 Hünfeld, P. Volker, Grundwald, Bonifatiuskloster
36100 Petersberg, Werner Vogel, Neißer Str. 9, Tel. 0661/66254

37290 Meißner-Germerode, Ev. Bildungsstätte, Klosterfreiheit 34,Tel. 05657/ 423

37293 Herleshausen, Dr. Manfred Gerland, Archfelderstr.2,Tel. 05654/1222

37441 Bad Sachsa, Astrid Schwerdtfeger, Bergstr. 36, Tel. 05523/3796

38100 Braunschweig, Eva-Maria u. Dr. Hansgümther Ludewig,
An der Katharinenkirche 4, Tel. 0531/18985

38446 Wolfsburg, Hiltrud Feller, Auemonenweg 12, Tel. 05361/501302

38536 Meinersen-Ohof, Gundula Meyer, Am Dorfanger 2, Tel. 05372/7771

38640 Goslar, Ev. Gethsemanekloster, Riechenberg 1, Tel. 05321/21712

38871 Haus der Stille im Ev. Zentrum Kloster Drübeck, Armin Bernhard,
Klostergarten 6, Tel. 039452/94326 (94300)

40210 Düsseldorf, Marianus Braun, Immermannstr. 20.

40479 Düsseldorf, Volksmissionarisches Amt d. Ev. Kirche im Rheinland, Rochusstr. 44

40625 Düsseldorf, Astrid Gruber, Nymphenburgstr. 52, Tel. 0211/299983

40880 Ratingen, Hans-Joachim Woothke, Pommernstr. 14, Tel. 02102/445244

40885 Ratingen-Lintorf, Gerhard Gruska, Bleibergweg 82, Tel. 02102/34550

42283 Wuppertal, Annette Frickenschmidt, Oberdörnen 84, Tel. 0202/555543

44793 Bochum, Henning Disselhoff, Goldhammer Str. 48, Tel. 0234/681797

44795 Bochum, Hildegunde Sieveking, Am Bremkamp 40, Tel. 0234/430279

45127 Essen, Ev. Erwachsenenbildung II, Hagen 7, Tel. 0201/2205-264

45144 Essen, Luther-Kirchengem. Essen-West, Wolfgang Gronau,
Martin-Luther-Str. 114

45149 Essen, Ev. KG. Marg.-höhe, Ulrich Holste-Helmer, Juistweg 22, Tel. 0201/11150

45219 Essen, Roswitha Maria Gerwin, Landsberger Str. 19 A, Tel. 02054/81041

45257 Essen, Ev. KG. Essen-Kupferdreh, Manfred Rompf/Dr. Gerlind Rompf,
Kupferdreher Str. 125, Tel. 0201/480354 u.480720, Fax 484336

45289 Essen, Liesel Makrutzki, Am Sonnenhang 14, Tel. 0201/570788

45359 Essen, Karin Degenkolbe, Auf dem Eichholz 17,Tel. 0201/600182

45473 Mühlheim a.d. Ruhr, P. Johannes Kopp S.A.C., Bistum Essen,
Büro: Steigerweg 1, Tel. 0208/762912

45479 Mülheim, Ingrid Heckel, Fasanenweg 4, Tel. 0208/422767

45527 Hattingen, Dietrich Redecker, In der Behrenbeck 51 A, Tel. 02324/31496

45888 Gelsenkirchen, Henning Disselhoff, Böhlingshoff 15, Tel. 0209/23963

47166 Duisburg, Pädagogische Akademie d. Gemeinschaft Ev. Erzieher e.V., Franzstr. 9,
Tel. 0203/57244

47166 Duisburg, Kurt u. Judith Abel, Wackerdonkstr. 12, Tel. 0203/464236

47800 Krefeld, Verein f. Kontemplation u. gegenstandsfreie Meditation Leverkusen e.V.,
Uwe Kaiser, Taubenstr. 11, Tel. 02151/591101 u. 592115

48145 Münster, Ralf Stolina, Heißstr. 4, Tel. 0251/394375

48159 Münster, Arbeitskreis f. Meditation u. geistliches Leben i.d. Ev. Kirche in
Westfalen, Joh. Fr. Moes, Althausweg 63

48727 Billerbeck, Haus Ludgerisrast Benediktinerabtei Gerleve, Tel. 02541/800131

49076 Osnabrück, Karin u. Klaus Künkel, Joh.-Seb.-Bach-Str. 2, Tel. 0451/433988

49394 Damme, Priorat St. Benedikt, PF 1180, Tel. 05491/3011 oder 3012

50226 Frechen-Buschbell, Karla Lattrich, Kirchenkamp 5, Tel. 02234/13450

50259 Pulheim-Braunweiler, Hermann Kotthaus, An der Ronne 7, Tel. 02173/24052

51109 Köln, Wilma Alfs, Dattenfelder Str. 36, Tel. 0221/843669
51109 Köln, Ev. Kirchengem. Köln-Brück, Burkhart Demberg, Am Schildchen 1, Tel. 0221/843115
51373 Leverkusen, Ev. Kirchengem., Rolf Drosten, Wilhelm-Busch-Str. 4
51519 Odenthal, Barbara Berger, Reiner-Hütten-Str. 32, Tel. 02174/4516
52080 Aachen, Ursula Pöppinghaus, Heckstr. 25, Tel. 0241/556787; 1685-292
53225 Bonn, Wenzel Graf Stosch, Kaiser-Konrad-Str. 70, Tel. 0228/476578
53639 Königswinter, Freundeskreis Kirche u. geistl. Leben e.V. in der Ev. Kirche im Rheinland, Am Ordensgut 2
53639 Königswinter, Peter Bingel, Am Ordensgut 2, Tel. 02223/21496
53754 St. Augustin, Arnold-Hanssen-Haus, Arnold-Hanssen-Str. 24, Tel. 02241/237296-7
53804 Much, Gerda u. Rüdiger Maschwitz, Hetzenholz 13, Tel. 02245/8177
53902 Bad Münstereifel, Rosalinde Hammesfahr, Im Schwanel 2
54298 Welschbillig b. Trier, Seminarhaus Schmiede, Annette u. Günter W. Remmert, Römerstr. 5, Tel. 06506/577, Fax 578
54534 Großlittgen, Exerzitienhaus Himmerod, Tel. 06575/8445
55543 Bad Kreuznach, Diakonissen-Mutterhaus, Oberin Diakonisse Gertrud Heublein, Ringstr. 58–60, Tel. 0671/6053213
56340 Dachsenhausen, Paul M. Clotz, Rosberg 3, Tel. 06776/333
56379 Holzappel, Rolf Boge, Holzappeler Hütte 20 D, Tel./Fax: 06439/900572
56379 Singhofen, Kurt Österle, Altbäckersmühle, Tel. 02604/5847
56579 Rengsdorf, Haus der Stille, Meditations- u. Einkehrzentrum der Ev. Kirche im Rheinland, Renate Voswinkel, Melsbacher Hohl 5, Tel. 02634/7135, Fax 2579
56588 Waldbreitbach, Bildungshaus Franziskanerinnen, St. Marienhaus, Postfach 1140
57462 Olpe, Pallotti-Haus, Im Osterseifen 1, Tel. 02761/6080
58239 Schwerte, Dr. Halverscheid, Tummelplatz 5, Tel. 02304/70256
58256 Ennepetal-Voerde, Dieter Welsch, Höfinghoffstr. 10, Tel. 02333/88681
58339 Breckerfeld, G. Urban, H. Rosengarth-Urban, Hansering 62, Tel. 02338/2135
58452 Witten, Gabriele Uphoff, Bachstr. 22, Tel. 02302/12202
58769 Nachrodth-Wiblingwerde, Dr.Reinhard Kirste, Am Hardtkopf 17
59065 Hamm, Elke Stephany, Adenauerallee 7, Tel. 02381/25815
59457 Werl, Franziskus-Haus Werl, Steinergraben 37, Tel. 02922/2545
59851 Meschede, Abtei Königsmünster OASE, P. Guido Hügen OSB, Klosterberg 11, Tel. 0291/29950 oder 2995210
59929 Brilon, Luitgard Tusch-Kleiner und Dr. Josef Rafael Kleiner, Laurentiusstr. 52, Tel. 02963/2621
60311 Frankfurt/Main, Ökum. Arbeitskreis Meditation, Ev. Arbeitsstelle für Weltanschauungsfragen, Saalgasse 15, Tel. 069/285502
60329 Frankfurt/Main, Elke Dorothea Badur u. Dr. Helmut Siefert, Windmühlstr. 3, Tel. 069/233642 (K/E)
60433 Frankfurt/Main, Dr. Peter Lipsett, Friedlebenstr. 22, Tel. 069/514045
61250 Usingen, Georg Hartmann, Wiesenbornstr. 3, Tel. 06081/91149
63674 Altenstadt, Benediktinerinnenabtei Kloster Engelthal, Tel. 6047/6088
63743 Aschaffenburg, Giesela Gießelmann, Jahnstr. 15, Tel. 06028/20865

65462 Gustavsburg, Ehrenfried Kissinger, Darmstädter Landstr. 65, Tel. 06134/51478
65549 Limburg/Lahn, Exerzitien und Bildungshaus, Weilburger Str. 5,
Tel. 06431/200955
66123 Saarbrücken, Ursula Schultze, Am Hormburg 104, Tel. 0681/36597
66280 Sulzbach, Wolfgang Struß, Pestalozzistr. 42, Tel. 06897/3105
66597 Gnadenthal-Hünfelden, Kommunität, Haus der Stille
66693 Mettlach-Tünsdorf/Saar, Neumühle – Ökum. Zentrum f. Meditation und
Begegnung, Dr. Willi und Eleonore Massa, Tel. 06868/1215, Fax 1270
67346 Speyer, Institut St. Dominikus, Sr. Mechthild Fricke OP, Vincentiusstr. 4,
Tel. 06232/912217
69115 Heidelberg, Dr. Michael Frickel, Blumenstr. 23, Tel. 06221/10656
69115 Heidelberg, Albert Hennegriff, Bergheimer Str. 108, Pfr., Tel. 06221/22313
69469 Weinheim, Albert Meyer, Breslauer Str. 59, Tel. 06201/65879
70376 Stuttgart, Dr. Karlheinz Bartel, Hallstr. 20, Tel. 0711/542994
71229 Leonberg, Sven Kosnick, Kärntner Str. 35, Tel. 07152/9482
71229 Leonberg, Lore Molly, Marktplatz 30, Tel. 07152/22593 oder 27787
72074 Tübingen, Valeska Dufft, Scheefstr. 27, Tel. 07071/22751
72171 Sulz/N., Berneuchener Haus, Kloster Kirchberg, Tel. 07454/8830
72574 Bad Urach, Stift Urach, Udo Hofmann, Helga Westermann, Bismarckstr. 12,
Tel. 07125/9499-0
73450 Neresheim, Benediktinerabtei, Beda Müller, Tel. 07326/6282
74523 Schwäbisch Hall, Christiane Mehlis, Fritz-Franck-Weg 15, Tel. 0791/2384
74889 Sinsheim, Matthias Uhlich, Kirchenstr. 7, Tel. 07261/5316
75365 Calw, Gerlind Wörner, Hochacker 11, Tel. 07051/5484
76133 Karlsruhe, Ev. Akademie Baden, Hans Martin Leichle, Blumenstr. 1,
Tel. 0721/9175/351
76185 Karlsruhe, St. Lukas Pfarrei, Arbeitsgem. für ungegenständliche Meditation,
Tel. 0721/845280
76646 Bruchsal, Giselher Löffler, Alfred-Wiedemann-Weg 11, Tel. 07251/301341
77880 Sasbach, Geistl. Zentrum Sasbach, Am Kältenbächel 4, Tel. 07841/3025
78176 Blumberg, Paula Grandy, Lindenstr. 18, Tel. 07702/1350
78464 Konstanz, Ingrid Riedel, Sackgasse 1, Tel. 07531/33789
79004 Freiburg, Gemeinsch. Christl. Leben, Okenstr. 15, PF 449, Tel. 0761/5144-145
79102 Freiburg, Ria Eppler, Kartäuser Str. 50 a, Tel. 0761/2021151
79104 Freiburg, Helga Gramlich, Habsburgerstr. 80
79104 Freiburg, Candido u. Gisela Zuniga, Immentalstr. 15, Tel. 0761/23982
79114 Freiburg, Marie-Luise Soltmann (med.Tanz) Lichtenbergstr. 9, Tel. 0761/83806
79117 Freiburg, Christoph Krämer, Mösterstr. 9, Tel. 0761/7071266
79224 Umkirch, Margret Morche, Im Brünnleacker 5, Tel. 07665/6243
79410 Badenweiler, Rolf Langendörfer, Brühlstr. 4, Tel. 07632/5278
79677 Schönau-Holzinshaus, Sonnenhof, Tel. 07673/372
79682 Todtmoos-Rütte, Existential-psychologische Bildungs- u. Begegnungsstätte
Todtmoos e.V., Graf-Dürckheim-Weg 12, Tel. 07674/350
80331 München, ephata Asamhaus, Info bei Weninger, Sendlinger Str. 61/ III,
Tel. 089/887 883

80333 München, Abtei St. Bonifaz, Karlstr. 34, Tel. 089/551710
80336 München, missio München, Internationales Kath. Missionswerk,
       Dr.Michael Krischer, Pettenkoferstr. 26, Tel. 089/5162247, Fax -335
80538 München, Elfriede Krautter, Adelgundenstr. 20, Tel. 089/221563
81475 München, Marianne Sedvy, Königswieser Str.10, Tel. 089/7554527
81669 München, Ev. Gemeinde St. Johannis Cl. Wieland, Treysingplatz 1,
       Tel. 089/481522
81677 München, Leonore Körner, Trudinger Str. 9, Tel. 089/887883
82067 Ebenhausen, Michael Delanoff, Abtei Schäftlarn, Tel. 08178/7953
82205 Gilching, Ingrid Heinrich-Rohrbach, Hackenholzweg 2a, Tel. 08105/8834
83022 Rosenheim, Jan Sedivy, Kastenauerstr. 32, Tel. 08031/62804
83229 Sachrang/Chiemgau, Haus der Stille, Schweibern 2
83620 Feldkirchen, Haus der Stille Schloß Altenburg, Klaus Stuwe, Altenburg 6,
       Tel. 08063/6873
85253 Erdweg, Kath. Landvolkshochschule, Haus Petersberg, Tel. 08138/1288
85354 Freising, Vinzenz-Pallotti-Haus, Pallottinerstr. 2, Tel. 08161/96890
85354 Freising, Maria Brunnhuber, Kardinal-Döpfner-Haus, Domberg 27,
       Tel. 08161/181144
86153 Augsburg, Franziskanisches Zentrum, Sebastianstr. 24, Tel. 0821/416178
86424 Dinkelscherben/Ettelried, Haus «Media-Crea», Rosemarie Lang,
       von Schnurbeinstr. 2a, Tel. 08292/3235
87637 Seeg, Bildungsstätte Seeg, A. u. S. Ostertag, Landhaus, Tel. 08364/1482
88276 Berg, Benediktinerinnenabtei St. Erentraud, Kellenried 3
88410 Bad Wurzach, Christl. Zentrum, Eintürnen 13, Tel. 07527/6687
88631 Beuron/Donau, Erzabtei St. Martin, Gästehaus, Tel. 07466/17158
88631 Beuron/Donau, Christl. Meditationsstätte Sonnenhaus Beuron, Tel. 07466/209
90402 Nürnberg, Irene Dilling, Breite Gasse 82, Tel. 0911/209071
90449 Nürnberg, Arbeitskreis Meditation i. d. Ev.-Luth. Kirche in Bayern, Bernhard
       Wolf, Neuendettelsauer Str. 4, Tel. 0911/678578, Fax 0911/685682
90461 Nürnberg, «Gegenstandsfrei Meditierende e.V.» Nürnberg, Allersbergerstr. 114
       über Pfarramt Lichtenhof, Tel. 0911/446006
90489 Nürnberg, Jörg Wienecke, Rennweg 50
90537 Feucht, Heidi Wienecke, Bahnhofstr. 26, Tel. 09128/2973
91207 Lauf/Regnitz, Dr. Ludwig Frambach, Ottensooser Weg 1, Tel. 0911/214215
91217 Hersbruck, Peter Reuter, Höhensteig 24
91726 Gerolfingen, Ev.-Luth. VHS Hesselberg, Elisabeth Kühnel Tel. 09854/1091
92334 Plankstetten-Berching, Benediktinerabtei Plankstetten, Haus St. Gregor,
       Tel. 06462/1308, Fax 08462/27325
92345 Dietfurt/Altmühl, Meditationshaus St. Franziskus, Klosterstr. 8, Tel. 8464/1333
93152 Nittendorf, Haus Werdenfels, Eichhofen, Tel. 09404/2110
93413 Cham /Opf., Hermann Zeller, Exerzitienhaus, Ludwigstr. 16, Tel. 09971/1517
94034 Passau, Mechthild Henning, Bischof-Landersdorfer-Str. 7, Tel. 0851/55246
94081 Fürstenzell, Geistl. Zentrum im Maristenkloster Fürstenzell, Marienpl. 10,
       Tel. 08502/1578
94557 Niederaltaich, Ökumenisches Institut Abtei Niederaltaich, Tel. 09901/208208

95147 Selbitz, Communität Christusbruderschaft, Wildenberg 23, Tel. 09280/6850
96472 Rödental, Günter Tischer, Steinroder Str. 13, Tel. 09563/2372 o. 4144
97072 Würzburg, Cäcilie von Schöning, Goethestr. 2, Tel. 0931/16715
97072 Würzburg, Haus St. Benedikt, Williges Jäger, St.-Benedikt-Str. 3,
      Tel. 0931/3050410
97082 Würzburg, Exerzitienheim Himmelspforten, Mainaustr. 42, Tel. 0931/450610
97218 Gerbunn, Beatrice Grimm, Zehntweg 5b, Tel. 0931/7059348
97359 Münsterschwarzach-Benediktiner-Abtei
97851 Rothenfels/Main, Burg Rothenfels, Tel. 09393/1015 bzw. 245
97348 Rödelsee, Schloß Schwanberg, Communität Casteller Ring,
      Priorin Sr. Edith Krug, Tel. 09323/320, Fax 32116
97487 Stadtlauringen, Kommunität Jesu Weg, Sr. Lore Scheurer, Schloß Craheim
99423 Weimar, Einkehrtage der Ev.-Luth. Kirche Thüringen, E. Braun, Sophienhaus,
      Trierer Straße 2

Weitere Adressen:

    Haus St. Benedikt, Tel. 0931/3050410, St.-Benedikt-Str. 3, 97072 Würzburg
    Loccumer Arbeitskreis f. Meditation e.V., Ev. Akademie, 31545 Rehberg Loccum,
    Tel. 05766/81239 u. 81-132
    sowie.
    Peter Raab (Hrsg.) «Meditieren – wie und wo»
    Ein Führer mit 500 Adressen, Herder 1994

Schweiz
CH-1661   Le Paquier-Montbarry, Monastère du Carmel, Tel. 029/27274
CH-1700   Friborg, Abbaye de la Maigrauge, Tel. 037/223535
CH-1725   Posieux, Abbaye d'Hauterive, Tel. 037/42783
CH-2015   Areuse, Communautè de Grandchamp
CH-3380   Wangen a. d. Aare, Peter u. Regula Wild, Tel. 04132/6312951
CH-4015   Basel, St. Katharinawerk, Sr. pia Gyger, Hobestr. 123
CH-4229   Beinwil, Ökum. Begegnungsstätte, Kloster Beinwil, Tel. 061/809570
CH-4460   Gelterkinden, Haus Sonnenhof
CH-4500   Solothurn, Kapuziner-Kloster, Kapuzinerstr. 18, Tel. 065/227133
CH-4500   Solothurn, Kloster Namen Jesu, Herrenweg 2, Tel. 065/224806
CH-4708   Cazis, Kloster St. Peter und Paul, Tel. 081/911432
CH-5330   Zurzach, Wolfgang Abt, Salmenweg 2, Tel. 0041/56/2493401
CH-6003   Luzern, Haus Bruchmatt, Bruchmattstr. 9, Tel. 041/224033
CH-6043   Adligenswil, F. X. Jans-Scheidegger, Kuhbüel 7, Tel. 0041/41/3703834
CH-6066   St. Niklausen, Dominikanerinnenkloster Bethanien, Tel. 041/665366
CH-6073   Flüeli-Ranft, Dorothea Schwestern, Friedensdorf, Tel. 041/665045
CH-6283   Baldegg, Kloster Baldegg, Mutterhaus Sonnhalde, Tel. 041/883161
CH-6313   Edlibach/Zug, Lassalle-Haus Bad Schönbrunn, Zentrum f. Spiritualität und
           soziales Bewusstsein, Tel. 041/7571414
CH-6415   Arth, Kapuzinerkloster Arth, Tel. 041/821270

194

CH-6460   Altdorf, Kapuziner des Allerheiligenklosters, Tel. 044/20222
CH-7130   Ilanz, Dominikanerinnenkloster, Tel. 086/22726
CH-8001   Zürich, Bildung und Gesellschaft, Referat Spiritualität, Peter Wild,
          Hirschengraben 7, Tel. 0041/1/2589150, Fax 2589151
CH-8001   Zürich, Prof. Christoph Führer, Glockengassen 18
CH-8840   Einsiedeln, Kloster Einsiedeln, Tel. 055/532432
CH-8910   Affoltern, Elisa-Maria Jodl, Pfr., Mosbachstr. 64, Tel. 0041/1/7601808
CH-8926   Kappel a. A., Haus der Stille u. Besinnung, Tel. 01/7641211, Fax 7642325

Weitere Adressen in:
          Rudolf Sieg, Wegweiser in die Stille. Einkehrmöglichkeiten in Ordenshäusern der
          Schweiz, Rudolf Sieg, Tulpenweg 106, CH-3098 Köniz

Österreich
A-1120   Wien, Dr. Ingrid Vogel, Biedermannsgasse 13/3/1, Tel. 0043/1/80415
A-3002   Purkersdorf, Margret Crome-Brotel, Ziegelfeldgasse 8,
          Tel. 0043/2231/63626
A-5020   Salzburg, Rel.Päd. Inst., Mirabellplatz 5/III, Tel. 0662/876621, Fax 876008
A-5111   Börmoos, Franz Müller, Atriumhaus 14, Tel. 06274/7935
A-5310   Mondsee, Albrecht Strebel, St. Lorenz 356, Tel. 0043/6232/44
A-6020   Innsbruck, Marie Luise Fischer, Rel.Päd. Inst., Riedgasse 11,
          Tel. 0043/512/286534-32
A-8081   Heiligenkreuz a.Waasen b. Graz, Haus der Stille, Kloster Rosental

Frankreich
F-57410   Rohrbach les Bitche, Brigtte-Adelheit Müller, Petit Moulin 1,
          Tel. 0033/87099046
F-6700   Strasbourg, Bernard Durel, 41 B de la Victoire, Tel. 88/351778
F71250   Taizè, Communanauté de Taizé, Tel. 0033/8550-14-14
F-94600   Choisy, Benoit Michel Billot, 8 Avenue L. Gourdault

Niederlande
NL-2114   Am Vogelenzang, De Tiltenberg, International Graeilcentre,
          Zilkerduenweg 375

Adressen für den Erwerb von Meditationsgegenständen:
          Matten, Bänkchen wie Meditationskissen und andere für die Meditation nützliche
          Gegenstände sind u. a. zu beziehen über:
          Buchhandlung Neumühle, 66693 Mettlach-Tünsdorf,
              Tel. 06868/9103-23, Fax -45
          Haus St. Benedikt, St. Benedikt-Str. 3, 97072 Würzburg,
              Fax 0931/3050413
          Fa. Bausinger GmbH, Postfach 5, 72479 Straßberg,
              Tel. 07434/600, Fax -604

Anmerkungen

1 Bei allgemeinen Erörterungen wird gelegentlich im «Wir-Stil» geschrieben; darin spiegelt sich der Hintergrund eines Teams, das den Kurs entwickelt und gestaltet hat.

2 Anselm Grün hat in seinem Vortrag «Die heilende Kraft der Meditation» im Rahmen eines interreligiösen Dialogs beim Deutschen Evangelischen Kirchentag in Hamburg am 16. Juni 1995 darauf hingewiesen, daß selbst in klösterlichen Traditionen dieser Anstoß von außen nötig war, um zu den eigenen Quellen zurückzufinden: «Wir waren mit unserer Tradition im benediktinischen Mönchtum nicht zufrieden, weil uns vieles nicht richtig vermittelt worden ist. Dann, nach einigen Jahren der Übung, sind wir durch die Zen-Meditation und die eigenen Überlieferungen an die Quellen des frühen Mönchtums geraten ... Wir mußten erst in die Schule des Ostens gehen, um die eigenen Quellen neu zu sehen und neu einüben zu können.»

3 entsprechend dem Pauluswort «Wißt ihr nicht, daß euer Leib ein Tempel des heiligen Geistes ist?» 1. Kor. 6,19 sowie der häufig bei Paulus vorkommenden Wendung, daß «Christus in» dem Menschen sei.

4 Vgl. die «1. Christusvision» in Leta Vonzun/Franz-Xaver Jans-Scheidegger, Tore zum Licht, Köselverlag, München 1996, S. 40, sowie die anschließende Deutung im «Antwortbrief 3» S. 41ff.
Zur Veranschaulichung der oben angedeuteten Erfahrungsebene zitiere ich hier Kernsätze aus der Christusvision, in der Leta eine «Szene am Kreuz Jesu» meditierend widerfährt:
«Ich erlebe in diesem Augenblick die Spaltung zwischen der Wahrheit an sich und der Erkenntnismöglichkeit des Menschen mit all meinen Zellen, und ein großes Mitleiden steigt in mir auf. ‹Du wurdest nicht verstanden. Ob ich verstanden werde?› Mir ist, als atme ich seinen Hauch ein und aus, und plötzlich bin ich Er. Ich hänge unter alles durchdringenden physischen Schmerzen am Kreuz. Es schreit mit mir (ich bin mir längst nicht mehr bewußt, daß ich in einer Meditation sitze), und dieses Schreien hilft mir, den unerträglichen Schmerz auszuhalten, ihn mit der Zeit sogar anzunehmen ...»

5 Es könnte sein, daß hier die Schwierigkeiten, ja geradezu Blockaden angelegt sind, die PastorInnen häufig mit Meditation haben. Es war Generationen hindurch Übung, daß evangelische Pastoren das Abendmahl austeilten, ohne es selbst zu empfangen. Vielleicht drückt diese Praxis ein problematisches Selbstverständnis aus, das einen meditativen Übungsweg erschwert.

6 Vgl. als konkretes Beispiel für die hier aufgezeigten Grundlinien die Übungen zur Oster-Ikone. Eine sehr differenzierte, grundsätzliche und an Beispielen entfaltete Einführung in die betrachtende Meditationsweise hat Olav Hanssen geschrieben in dem bei Vandenhoeck & Ruprecht neu aufgelegten Buch «Das betrachtende Gebet», Göttingen 1997.

7 Vgl. die nachträgliche Verurteilung von Meister Eckart als Häretiker, aber auch das

196

Verhältnis der evangelischen Amts- bzw. Staatskirche zum Pietismus, in dessen Anfängen vielfach mystische Traditionen lebendig gewesen sind.

8 Der Gesichtspunkt, daß Meditation ihrem Wesen nach Auseinandersetzung mit dem Tod aus todüberwindenden Kräften ist, wird entfaltet im Zusammenhang mit den Übungen zur Fasten- und Passionszeit.

9 Meditation im Sitzen kann in ebenso tiefe Entspannungszustände führen und wie die entspannte Haltung im Liegen die Bewußtseinsebene der Bilder und Träume berühren und öffnen. Im Sitzen gelingt es jedoch leichter, das Wachbewußtsein und die stärker unbewußte Ebene miteinander zu verbinden, also eine wache Aufmerksamkeit zu gewinnen, die auch die Tiefenschichten der Person einschließt, ohne die Eigenverantwortung auszuschalten. Zu ausdrücklichen Entspannungsübungen oder Übungen der aktiven oder passiven Imagination ist das Üben im Liegen ebenso selbstverständlich wie das Schließen der Augen. Einige KursteilnehemerInnen kommen von Erfahrungen mit solchen Übungsweisen her. Für sie kann es hilfreich sein, darauf ausdrücklich hinzuweisen, daß es sich bei der Meditation um einen anderen Übungsweg handelt. Vgl. auch Kapitel «Das Sitzen».

10 Einige der hier verwendeten Übungen stammen aus der Eutonie. Der Begriff Eutonie geht zurück auf Gerda Alexander, die Übungen zum Gewinnen der Wohlspannung (griechisch = Eutonie) entwickelt und in dem gleichnamigen Buch dargestellt hat: Eutonie. Ein Weg der körperlichen Selbsterfahrung, Kösel-Verlag, München, 2. Auflage 1977. Ihre Übungswege sind in verschiedenen Schulen weitergegeben und weiterentwickelt worden.

Andere Übungen stammen aus der Arbeit mit Moshè Feldenkrais. Eines seiner grundlegenden Bücher ist: Bewußtheit durch Bewegung. Der aufrechte Gang, Suhrkamp Taschenbuch-Verlag, Frankfurt/Main 1978. In der Feldenkrais-Arbeit werden Bewegungen in ihren kleinsten Einheiten bewußt wahrgenommen, d. h. differenziert. Dieses Differenzieren ist die Voraussetzung für fließende, angemessene Bewegungen, aber auch für das Verändern alter und das Gestalten neuer Bewegungsmuster.

11 vgl. dazu: Hilda Maria Lander, Maria-Regina Zohner, Meditatives Tanzen, Kreuz-Verlag, Stuttgart 1987; Maria Gabriela Wosien, Tanz als Gebet. Feiert Gottes Namen beim Reigen, Veritas-Verlag 1990; Hilda Maria Lander, Maria-Regina Zohner, Meditatives Tanzen, Kreuz-Verlag, Stuttgart 1987.

12 vgl. David Steindl-Rast, Die Achtsamkeit des Herzens, Goldmann-Verlag, 1988, 2. Auflage, S. 29 f. «Im klösterlichen Lebensraum ist Zeit etwas völlig anderes als das, was Uhren messen können. Die Zeit gehört nicht uns ... Wir behaupten, Zeit zu haben, Zeit zu gewinnen, Zeit zu sparen; in Wirklichkeit gehört uns die Zeit nicht. Sie wird nicht von der Uhr abgelesen, sondern daran, *wann es Zeit ist.* Deshalb sind Glocken in einem Kloster von so großer Bedeutung ... In Wirklichkeit geht es darum, daß in einem Kloster Dinge nicht getan werden, wenn einem gerade danach zumute ist, sondern wenn es dafür Zeit ist. Nach der Regel des heiligen Benedikt wird von einem Mönch erwartet, daß er die Feder aus der Hand legt im Augenblick, wo die Glocke läutet, und nicht einmal mehr einen Querstrich aufs t oder ein Pünktchen aufs i setzt. Das ist Askese der Zeit.» Askese heißt übersetzt: Übung.

13 Zu diesem radikalen Aspekt spiritueller Schulung und meditativer Übung vgl. auch die einführenden Gedanken zur Passions- und Fastenzeit.

14 Aus der Fülle der Meditationsliteratur sei hier nur verwiesen auf: Karlfried Graf Dürckheim, Übung des Leibes, Verlag Martin Luz, München 1981, besonders Seite 71–80; Peter Wild, Jesus kam als Gleichnis, Walter-Verlag, Olten 1991, S.16–25; Bernard T. Glassmann, Anweisungen für den Koch: Lebensentwurf eines Zen-Meisters, Hoffmann und Campe, Hamburg 2. Auflage S. 52f.

15 Hermann Hesse, zitiert nach der CD: «Hesse between music», Suicide aus Kein und Wagner (1919).

«Die ganze Kunst war: sich fallenlassen … Hatte man das einmal getan, hatte man einmal sich ergeben, hatte man einmal auf alle Stützen und jeden festen Boden unter sich verzichtet, hörte man ganz und gar nur noch auf den Führer im eigenen Herzen, dann war alles gewonnen; dann war alles gut.

Keine Angst mehr, keine Gefahr.

Wunderbarer Gedanke: ein Leben ohne Angst!

Die Angst überwinden – das war die Seligkeit, das war die Erlösung!

Wie hatte er sein Leben lang Angst gelitten! Und nun, wo der Tod ihn schon am Halse würgte, fühlte er nichts mehr davon! Keine Angst, kein Grauen, nur Lächeln, nur Einverstandensein!

Er dachte dies nicht, wie man Gedanken denkt. Er lebte, fühlte, tastete, roch und schmeckte es. Er schmeckte, roch, sah und verstand, was Leben war:

Er sah die Erschaffung der Welt, er sah den Untergang der Welt: beide wie zwei Heerzüge, beständig gegeneinander in Bewegung, nie vollendet, ewig unterwegs. Die Welt wurde immerfort geboren, sie starb immerfort. Jedes Leben war ein Atemzug von Gott ausgestoßen. Jedes Sterben war ein Atemzug von Gott eingesogen.»

16 Vgl. Otto Betz, Elementare Symbole, Herder-Verlag, 1987, S. 117 ff.; sowie: Liliane Juchli, Heilen durch Wiederentdecken der Ganzheit, Kreuz-Verlag, 1985, besonders Modell 2 und 3, S. 100–149.

17 Vgl. Adolf Guggenbühl-Craig, Macht als Gefahr beim Helfer, Karger Verlag, Basel, München, 5. Auflage 1987; besonders den Abschnitt: «Arzt, Psychotherapeut, Sozialarbeiter und Lehrer», S. 70.

18 Vgl. Bieritz, S. 50, der auch überschaubar und umfassend Geschichte und Symbolik des Kirchenjahres und seiner Feste darstellt, worauf hier verzichtet wird.

19 Die Begrenzung des Kurses auf die Zeit von Advent bis Pfingsten hat auch einen pragmatischen Grund: Die Gestaltung einer kontinuierlichen Übungsgruppe ist nicht leicht in einer Jahreszeit, die viele Menschen nach draußen lockt. Der Sommer fordert eine Form der Meditation heraus, die sich stärker in der alltäglichen Außenbeziehung realisiert oder als Tagung einen qualifizierten Urlaub auch für Seele und Geist umfaßt.

20 Vgl. z. B. Karl-Heinrich Bieritz, Das Kirchenjahr, Feste, Gedenk- und Feiertage in Geschichte und Gegenwart. Beckesche Reihe, München 1994, 2. Auflage. Im Folgenden zitiert: Bieritz. Unter spezifischen Aspekten gedeutet: A. Grün, Heilendes Kirchenjahr, Vier-Türme-Verlag Münsterschwarzach 1985. Arnold Bittlinger, Das Geheimnis der christlichen Feste, Kösel-Verlag, München 1995, interpretiert das Kirchenjahr vom Hintergrund Jung'scher Psychologie her. Im Folgenden zitiert: Bittlinger. Olav Hanssen, Das Schönste kommt noch, Vandenhoeck & Ruprecht, Göttingen 1995, erschließt das Kirchenjahr aus einer theozentrisch-monastischen Perspektive. Hans Gerhard Behringer, Die Heilkraft der Feste. Der Jahreskreis als Lebenshilfe, Kösel- und

Claudius-Verlag, München 1997, erschließt vom Kirchenjahr her persönliche Lebensthemen für einzelne wie Gruppen.

21 Am Ende des Buches finden sich Namen und Adressen von Personen, die mit diesem Kurs vertraut sind, sowie ein Verzeichnis von Menschen oder Tagungshäusern, in denen im deutschsprachigen Raum Meditationsübungen vermittelt werden. Über diese Verzeichnisse lassen sich ggf. auch Kontakte zu anderen Übenden vermitteln.

22 Für die Arbeit mit einer Gruppe schlagen wir folgende Variation der Hinweise vor:
Mit der Ausschreibung dieses Kurses haben wir angekündigt:
«Am Ende jeder Zusammenkunft steht eine *Anregung zur Übung im Alltag*. Der Kurs wird fruchtbar vor allem durch die *Bereitschaft*, über den gemeinsamen Abend hinaus Zeit und Raum *zur persönlichen Übung* zu gewinnen.»
Wie jedes Instrument nur zum Klingen kommt, wenn die Spielerin bzw. der Spieler regelmäßig übt, so wird auch die in der Meditation und in den christlichen Grundwahrheiten vermittelte Lebenshaltung nur erfahrbar auf dem Weg regelmäßiger Übung. Darauf zielt der Kurs, zu dem du dich angemeldet hast.
Deine Bereitschaft, dich auf einen solchen Übungsweg einzulassen, braucht Stützen. Denn jedes Üben hat zu tun mit Widerständen und ihrer Überwindung. Folgende Stützen möchten wir dir vorschlagen:
Es folgen die o.a. ersten drei Punkte.
Die Gemeinschaft der Übenden hat aber noch einen anderen Aspekt: Im Kurs können wir als Team dir nur Hinweise und Anleitungen geben, die für alle TeilnehmerInnen in gleicher Weise gelten. Deine besondere Situation wird dabei wenig berücksichtigt. Daher liegt uns daran, daß eine(r) aus dem Team der Anleitenden mit jeder/jedem TeilnehmerIn auch persönliche Gespräche führt.
Wir möchten dir gerne etwa drei Gespräche im Verlauf des Kurses anbieten und dich bitten, dich darauf einzustellen. Solche Gespräche sind nicht zuerst allgemein beratend, seelsorglich oder therapeutisch gemeint, sondern bezogen auf das Gelingen der gemeinsamen wie der persönlichen Übungen, auf die dabei auftretenden Schwierigkeiten oder auf persönliche Alternativen zu den vorgesehenen Übungen. Uns als Team helfen Einzelgespräche über die Gruppengespräche hinaus, die Impulse bei den Zusammenkünften möglichst für alle angemessen vorzubereiten.
Wir freuen uns auf den gemeinsamen Weg mit dir!

23 Bei einigen Übungen kann es hilfreich sein, sich den Anleitungstext auf Kassette zu sprechen, besonders wenn es sich um geführte Meditationen handelt, z. B. «Meditatives Arbeiten mit Ton».

24 Zum Sinn und zur Struktur der Kleingruppen vgl. den Abschnitt «Zur Grundstruktur» (S. 164) bei den «Vorschlägen für einen Meditationsweg mit Gruppen».

25 Alexander Solschenizyn, Ein Tag im Leben des Iwan Denissowitsch und andere Erzählungen, Luchterhand-Verlag, Neuwied und Berlin 1970, S. 393.

26 Romano Guardini, Theologische Gebete, Verlag Joseph Knecht, Frankfurt am Main, 1985, 8. Auflage, S. 14.

27 Bei einer Gruppe, in der alle getauft sind, kann dieser Aspekt ausdrücklich zu einer Erinnerung an die Taufe werden, in der sich die genannten Gesichtspunkte symbolisch verdichten.

28 Chassidische Überlieferung.

29 Gerhard Tersteegen, Gott ist gegenwärtig, Vers 6, Evang. Gesangbuch (EG) 165.
30 Kurt Marti, zitiert nach: Loccumer Brevier, Claudius-Verlag München, 3. Auflage, S. 17.
31 Vgl. Martin Nicol, Meditation bei Luther, Vandenhoeck & Ruprecht, Göttingen 1991, 2. Auflage.
32 Gerda und Rüdiger Maschwitz, Geistliches Leben wagen – gemeinsam meditieren, Burkhardhaus-Lätare-Verlag, 2. Auflage 1994, S. 94.
33 Rainer Maria Rilke, Die Gedichte, Frankfurt 1986, S. 346 und 1021.
34 Lao-Tse, Jenseits des Nennbaren. Sinnsprüche und Zeichnungen nach dem Tao Te King, Herder TB 74, Freiburg 1986.
35 Zitiert nach Gottfried Wolters (Hg.), Inmitten der Nacht. Die Weihnachtsgeschichte im Volkslied, Möseler Verlag, Wolfenbüttel 1957, S.10.
36 Aus Gerhard Tersteegens Weihnachtslied: «Jauchzet ihr Himmel ...» EG 41, Vers 7.
37 Schlußvers von Paul Gerhards Weihnachtslied «Ich steh an Deiner Krippen hier», EG 37, Vers 9.
38 Vergleiche auch die grundsätzlichen Hinweise zum personalen Charakter des Lichtes in den Überlegungen zur Lichtmeditation und zur Lichtatmung.
39 Vgl. dazu die grundsätzlichen Überlegungen zum Thema aktive Imagination im Kapitel «Meditation und Therapie am Beispiel imaginativer Kräfte».
40 Vgl. das Kapitel «Anregungen aus östlichen Traditionen»
41 zitiert nach: Bruno Döring, Schenke dir ein Mandala, S. 24, Verlag am Eschbach 1988.
42 Hier wird wieder ein Grenzbereich zwischen Meditation und Therapie berührt, der eine entsprechende Kompetenz erfordert. Beim Thema Passion tritt dieser Aspekt der Meditation noch stärker in den Vordergrund.
43 Eine gruppendynamisch-selbsterfahrungsorientierte Arbeitsweise hätte ein solches Vorgehen nahegelegt. Es kann hilfreich sein, den Unterschied der Arbeitsweisen den Teilnehmenden an dieser oder einer anderen Stelle bewußtzumachen.
44 Solche Fragestellungen können helfen, einen neuen Zugang zu den traditionell mit der Passionszeit eng verbundenen Begriffen Sünde und Schuld bzw. zu den darin gemeinten Grunderfahrungen des Lebens zu finden. Die Begriffe selbst sind durch jahrhundertelangen Mißbrauch moralistisch verdorben. Wir verzichten deshalb auf ihren Gebrauch.
45 In der Tradition wurde die mit der Meditation intendierte mystische Grunderfahrung immer wieder als Erfahrung von Sterben und Neuwerden beschrieben. Auf diesen tiefsten Zielpunkt spiritueller Erfahrung, der in der asketisch-monastischen Tradition eine zentrale Rolle spielt, kann dieser Kurs nur hinweisen. Das Buch von Olav Hanssen zum Kirchenjahr ist ganz von diesem Geist bestimmt.
46 Vgl. den Abschnitt «Das Wahrnehmen des Kreuzes auf drei Ebenen des Menschseins», S. 40–43.
47 In der indischen Tradition wird der hier gemeinte Aspekt des Atems «Prana» genannt und in entsprechenden Übungen entfaltet.
48 Gesammelte Gedichte, Fischer-Verlag, Frankfurt a. M. 1993.
49 Diese Übung kann ausgeweitet werden zu einem «Wüsten- oder Pilgertag» (ein ganzer oder ein halber Tag allein auf einem Weg mit den Fragen).

50 Dieser Tanz stammt aus der «Misa latino-americana» (Bolivien) und symbolisiert den Gang zur Krippe. M. G. Wosien stellt ihn deshalb in ihrem Buch «Tanz als Gebet, Feiert Gottes Namen im Reigen» (Veritas-Verlag, Linz 1990, S. 73 f.) als Teil von einem Weihnachtszyklus vor. Krippe und Kreuz, «am Anfang der Stall, am Ende der Galgen» (Walter Jens, Kreuz-Verlag, Stuttgart 1972), dieser Zusammenhang kommt symbolhaft in Schrittfolge und Gebärden des Tanzes zum Ausdruck.

51 Gnadenstuhl. Landgrafenpsalter, Anfang des 13. Jh., Landesbibliothek Stuttgart, HB II 24, 172v, als Ansichtskarte gedruckt vom Beuroner Kunstverlag (Nr. 4391).

52 Vgl. Johannesevangelium 3,3ff. Der Sonntag nach Ostern trägt in der evangelischen Kirche in Anlehnung an die ersten Worte des nach alter, vorreformatorischer Tradition gesungenen Psalmengesangs den Namen «Quasi modo geniti ...»(lat.) d. h. «Wie die neugeborenen (Kinder)». Die Antiphon im Psalmengesang nimmt damit die Anrede an die Gemeinde als die «neugeborenen Kinder» aus der Epistel des Vorabends (1. Petrus 2,2) auf. Ostern, das Fest der Auferstehung Christi, und die in der Taufe angelegte Neugeburt des Menschen sind in dieser liturgisch-rituellen Verknüpfung der aufeinander folgenden Sonntage unmittelbar aufeinander bezogen.

53 Es kann bei dieser Bewegungsübung geschehen, daß einzelne TeilnehmerInnen in dem versinken, was sie gefangenhält. Dies ist zu bedenken. Hier hängt viel daran, ob die Eingangsmeditation so weit gelungen ist, daß wenigstens eine Ahnung von der Christuskraft als aufrichtende Kraft im eigenen Inneren erfahren wurde. Das ist jedoch nicht verfügbar. Die theologische Tradititon weist zudem darauf, daß das Wort das Medium sei, durch das sich die Kraft des Auferstandenen vermittelt. Darum werden – falls ein(e) TeilnehmerIn liegen bleibt – folgende Möglichkeiten vorgeschlagen:
Ein Teammitglied tritt zu der/dem Liegenden heran, berührt sie/ihn und sucht mit ihr/ihm einen Weg, den Impuls der aufrichtenden Kraft in sich lebendig werden zu lassen – ggf. auch durch ein ausführlicheres Gespräch im Nebenraum und – falls nötig – darüber hinaus als begleitendes Einzelgespräch.
Alternativ dazu könnte gesagt werden (möglicherweise schon zu Beginn der Übung): «Die meisten haben sich inzwischen aufgerichtet. Für einige wäre sicher noch mehr Zeit nötig, als wir jetzt zur Verfügung haben. Der Ruf des Lebens, der uns hilft, uns aufzurichten, ist uns nicht jederzeit verfügbar als lebendige Erfahrung. Glauben heißt darum manchmal: ‹so tun als ob›. Das ist in unserem Alltag so; das kann auch bei dieser Übung so sein. Darum bitte ich die, für die die diese Übung noch nicht zum Abschluß gekommen ist: Beende nun einfach diese Übung wie eine gewöhnliche körperliche Entspannungsübung und setze die Kraft Deines Willens ein, um Dich behutsam und langsam aufzurichten.»

54 Ausführlich beschreibt sie die Tanzschritte in ihrem Buch «Tanz als Gebet. Feiert Gottes Namen beim Reigen», Veritas-Verlag 1990, S. 80–82.

55 Diese Gebärde kann der gebeugten Haltung eine unterschiedliche Atmosphäre geben, je nach innerer Ausrichtung: mehr die bergende Mutter mit dem Kind im Arm darstellend (Gottesmutter) oder die klagende, die den Toten beweint (Pieta). Mit dieser Haltung berühren wir die Spannung des Menschseins zwischen dem Glück über geschenktem Leben und der bergenden Liebe und andererseits der Verzweiflung über den Verlust des geliebten Lebens. Hier steht die zweite Bedeutung im Vordergrund: Alle erfahrene eigene Sinnlosigkeit, Trauer und Schmerz haben darin Raum.

56 Die verwandelnde Kraft der Auferstehung öffnet den Blick in die Weite der Welt – wie sie Ausgangspunkt der Himmelfahrt Christi und des Beginns eines Weges ist, an dessen Ende Gott «alles in allem» sein wird; 1. Kor. 15,28.

57 Ein Athos-Mönch würde nie von Ikonen-*Malen* sprechen, sondern immer nur von Ikonen-*Schreiben*.

58 Sie ist zu beziehen als Blatt oder Holztafel in den Formaten 19 x 25 cm oder 28 x 37 cm, aber auch als Postkarte beim Verlag Aurel Bongers in Recklinghausen.

59 «Extra ecclesia nulla salus.» «Außerhalb der Kirche gibt es kein Heil.» So lautet der von den römischen Kirchenvätern der ersten Jahrhunderte formulierte und in der katholischen Tradition verbindliche, aber auch in der evangelischen Tradition wirksame Grundsatz, der kirchliches Bewußtsein bis heute bestimmt.

60 Wir haben uns aus verschiedenen Gründen bisher für die Betrachtung dieser Ikone entschieden: Wir suchen mit diesem Kurs einen neuen, wenn auch kritischen Zugang zur spirituell-meditativen Tradition der Christenheit. Deshalb wollen wir uns an dieser Stelle der großen Tradition der Meditationsbilder stellen, die gerade in der Ikonenmalerei einen reflektierten und bedeutsamen Ausdruck gefunden hat.

Die Suche nach einem entsprechend starken Meditationsbild zu Ostern blieb bislang erfolglos. Eine ostkirchliche Darstellung der Höllenfahrt bzw. Auferstehung Christi, in der Christus auch Eva ergreift, kann die Problematik nicht grundsätzlich aufheben. Diese Darstellung bleibt auch in der meditativen Kraft hinter der von uns vorgesehenen Ikone zurück, läßt vor allem den Bezug zur «Grünkraft» vermissen.

Die kraftvolle Dynamik von Einbruch in die dunkle Tiefe und zugleich von aufrichtender Kraft, die in der Person Christi verbunden sind, aber auch die Symbolik der grünen Mandorla scheinen uns eine so elementare Aussage zu sein, daß die russische Höllenfahrt-Ikone bei behutsamer Wahrnehmung der sozialgeschichtlichen Problematik dennoch eine unverzichtbare Meditationsmöglichkeit bietet.

Ein pragmatischer Aspekt ist, daß diese Ikone über den Verlag leicht als als Postkarte zu beschaffen ist.

61 Falls die grundsätzliche Information über Ikonen schon erfolgt ist, wird eine entsprechende Übung wie folgt eingeleitet: Versuche in der folgenden Zeit der Stille noch einmal, alles Wissen über Ikonen und die Symbolik auch dieses Bildes wieder zu vergessen und die Ikone auf dich wirken zu lassen, als sähest du sie zum ersten Mal. (Meditiere also diese Ikone, wie du schon einmal die Kerze meditiert hast.)

62 In der konkreten Übungsanleitung sollte der Begriff «Energien» vermieden werden. Die energetische Arbeit aus der Chakrenmeditation oder der Aura-Wahrnehmung ist bei diesem Sprachgebrauch im Hintergrund und kann wichtige Hinweise geben. Uns scheint der Energiebegriff jedoch in unserem Kulturkreis zu stark mit der technischen Vorstellung einer verfügbaren Kraft verbunden zu sein. Die hier gemeinte transzendente Dimension, die göttliche «Energie», wird in diesem Sprachgebrauch allzuleicht von einem spirituellen Machbarkeitsdenken verdrängt. Daher sprechen wir in unserem Kurs lieber von «Kraft» oder «Wirklichkeit» – Begriffe, die für die personale Dimension grundsätzlich offen sind, jedoch auch den transpersonalen Charakter der göttlichen Dimension offenhalten.

63 Taizegesang, als Kassette erhältlich unter dem Titel: Resurrexit, Chants de Taizé en diverses langues, solos et répons, Taizé, TZ 408, B, 1. Gesang.

64 Marie Luise Kaschnitz in: Dein Schweigen – meine Stimme, Claasen-Verlag Hamburg und Düsseldorf 1962.

65 Karlfried Graf Dürckheim, Erlebnis und Wandlung, Suhrkamp Taschenbuch-Verlag, 1992, darin der Aufsatz: Wann ist der Mensch in seiner Mitte?, besonders Abschnitt 7. Der Weg zur Mitte; S. 236ff.
Grundlegend zur Thematik: ders. Hara. Die Erdenmitte des Menschen, Otto Wilhelm Barth Verlag, 1978, 8. Auflage (Scherz-Verlag).

66 Wer den Naturbezug in unseren mitteleuropäischen Breiten mit in den Blick nimmt, kann leicht wahrnehmen, daß viele Menschen hier den Winter als Zeit des Rückzugs nach innen erleben, während Frühjahr und Sommer als Aufbruch nach außen erfahren wird.

67 Die gewünschte Gruppengröße (drei Menschen) muß eindeutig benannt werden; Nicht darin unterkommende einzelne Gruppenmitglieder ordnen sich nachträglich zu. Andernfalls bilden sich in der Regel größere Gruppen.

68 Der Reigen kann getanzt werden z.B. zu: Siciliano aus Bachs Konzert für Cembalo, E-Dur, BWV 1053. Geeignet für diese Schrittfolge ist jede Musik im kraftvoll akzentuierten Vierer-Rhythmus.

69 Modell-Text für eine Ausschreibung:
Meditation im Alltag
Wege zu einem vertieften spirituellen Leben haben wesensmäßig mit *Einübung* und Wiederholung zu tun. Auf diese Weise kann es gelingen, über Einzelerfahrungen hinaus den *Alltag meditativ zu durchdringen.* Der *Rhythmus des Jahres* in Verbindung mit Motiven und Symbolen christlichen Glaubens (Kirchenjahr) gibt Anstöße, eine persönliche spirituelle Praxis zu gewinnen. Sie werden gestaltet durch Körperübungen, Gespräche, sowie kreative Impulse und Phasen der Schweigemeditation. Am Ende jeder Zusammenkunft steht eine *Anregung zur Übung im Alltag.* Der Kurs wird fruchtbar vor allem durch die *Bereitschaft,* über den gemeinsamen Abend hinaus Zeit und Raum *zur persönlichen Übung* zu gewinnen.
Ort: Gebühr: Anmeldung: Leitung: Termine:

70 Als schwierig haben sich während des gesamten Kurses konstante Dreiergruppen erwiesen, wenn in einigen Kleingruppen intensiver Austausch möglich wurde, in anderen jedoch die Distanz zueinander nicht überwunden werden konnte. Auch kann die Arbeit in konstanten Dreiergruppen erschwert werden, wenn einzelne Teilnehmende an dem Kurs häufiger fehlen, was nicht auszuschließen ist. Andererseits können konstante Dreiergruppen sich zu kleinen Übungteams entwickeln, in denen sehr direkt über die Erfahrungen mit dem Übungsweg gesprochen werden kann.

71 Matten können u. a bestellt werden bei den unter «Adressen» am Ende des Buches genannten Einrichtungen (S. 195).

72 Als Modell geben wir hier die Übungsimpulse am Ende einer Tagung zum Thema Passion:
Anfang der Passionszeit
Meditiere den Weg zur Passion als Zeit des Aufbrechens mit dem Bild des Weizenkorns. Es enthält den Keim des neuen Lebens in sich. So bist du weiter mit der Frage unterwegs:
• Was ist mein nächster Schritt?

- Konzentriere dich aber nicht so sehr auf den äußeren Schritt, sondern auf die zum Aufbruch drängende Kraft (im Inneren des Weizenkorns).

Mitte der Passionszeit

Laß dir die Zeit, dich mit deinem Hindernis auseinanderzusetzen. Das Thema Hindernisse birgt die Gefahr der negativen Meditation in sich. Der Alltag kann diese Gefahr noch verstärken. Wenn du dies spürst, gehe auschließlich zu der drängenden Kraft des Aufbruchs zurück. Übe jedenfalls diese Meditation so, wie wir sie in diesen Tagen gemeinsam auch geübt haben:

- Sieh dir dein Hindernis an von der Kraft her, die darüber hinausdrängt.

Wenn du das Bild des Weizenkorns weitermeditieren willst: Sieh sowohl den Keim im Inneren des Korns an als auch die Kräfte der Erde und des Himmels (Feuchtigkeit, Wärme, Licht), die das Korn trotz aller Hindernisse zum Wachsen bringen.

Ende der Passionszeit/Karwoche

Geh im Sitzen in der Stille, im Stehen oder auch im Gehen gelegentlich in die Körpergeste des Kreuzes hinein und nimm wahr, wie diese Geste auf dich wirkt. Nimm dabei bewußt wahr:

- «Ich bin Kreuz.»

Leg dich zwischendurch auf den Boden, laß dabei deine Kreuzgestalt von unten her stützen und erinnere dich an die Unterstützung, die du auch im Stehen erfahren hast. Nimm mit jedem Atemzug etwas von der immer schon wirksamen unterstützenden Kraft in dir auf.

Widme in der Karwoche deine Übungen der Erfahrung, daß du in den Spannungen und Gegensätzen deines Lebens getragen bist von Gott; oder: daß dein Kreuz von Christi Kreuz getragen ist. Nimm – wenn es dir hilft – das Gnadenstuhl-Bild. Laßt deine Blicke mit halbgeöffneten Augen darauf ruhen und auch deine Gedanken in der Aufmerksamkeit darauf immer wieder zur Ruhe finden.

Nähere dich also mit deiner Meditation der Erfahrung an:

- Ich bin mit meinem Kreuz von Christi Kreuz getragen und gestützt.

73 Modell für einen Fragebogen zum Kurs, der am vorletzten Abend oder während einer Pause den Teilnehmenden gegeben wurde. Er kann auch als persönliche Vorbereitung auf ein Feedback in der Gruppe eingesetzt werden.

Liebe(r) TeilnehmerIn,

Wir bitten Dich, uns durch die Beantwortung dieser Fragen zu helfen, im Team die Erfahrungen dieses Kurses auszuwerten.

1. Wie habe ich mich begleitet gefühlt?
2. Was hat geholfen, was war hinderlich?
3. Welche Rolle haben für mich die Impulse gespielt?
4. Inwiefern sind die Erfahrungen des Kurses für mich zu einem Übungsweg geworden?
5. Wie ging es mir mit der Zeitspanne von Advent bis Pfingsten?
6. Wie habe ich das Verhältnis von «Sitzen in der Stille», «Bewegungsmeditation», «meditativem Tanz» und anderen kreativen Gestaltungsmöglichkeiten erlebt?
7. Was hat es für mich bedeutet, daß zwei Personen angeleitet haben?
8. War der Raum für informelle Kommunikation ausreichend?
9. Hätte ich mir eine größere Kontinuität in der persönlichen Begleitung gewünscht?

74 Das Wort wurde geprägt von Friso Melzer, Innerung. Wege und Stufen der Meditation, Johannes Stauda Verlag, Kassel, 2. Auflage 1977.
75 Vgl. die Abschnitte «Zur Anlage des Buches – eine Gebrauchsanleitung» und «Dank».

Dank

Ich danke den Lehrern und Lehrerinnen auf meinem spirituellen Weg. Hier nenne ich nur die für mich wichtigsten:

Mehr, als ich mir über lange Zeit eingestand, verdanke ich meiner Mutter, die in den Kriegs- und Nachkriegsjahren mit ihrer schlichten Frömmigkeit den Verlust von wirtschaftlicher Existenz, Heimat und Ehepartner bewältigt und mir das Vertrauen auf «den himmlischen Vater» vermittelt hat.

Meditation als Übungsweg und Aufbruch zu dem Gott hinter Gott bzw. allen Bildern von ihm gelehrt hat mich Dr. Olav Hanssen, jetzt Alt-Prior im Gethsemanekloster Goslar-Riechenberg. Auf dem Weg zunächst des Betrachtenden Gebetes, dann des Herzensgebetes hat er mich mehr als zwanzig Jahre hindurch begleitet. Er war es, der vor mir erkannte, daß ich meinen Weg ohne ihn weitergehen müßte: ein schmerzlicher Schnitt, der doch den Grund zu bleibender Dankbarkeit und Freundschaft legte.

Dr. Willi Massa und Eleonore Massa im Ökumenischen Zentrum für Meditation und Begegnung, Neumühle, haben mir den Zusammenhang von Meditation, Psychologie und Körpererfahrung erschlossen und mich durch Zeiten begleitet, in denen mir nicht nur der Übungsweg der Meditation fragwürdig geworden war.

Franz-Xaver Jans-Scheidegger begleitet meinen Weg mit dem Herzensgebet und schärft meine Aufmerksamkeit darauf, daß der spirituelle Weg als via purgativa alle Aspekte des Lebens durchdringen und verwandeln will.

Irene Dilling, Meditationsbeauftragte in Nürnberg, hat mich schließlich auf die Spur gesetzt, im Kirchenjahr selbst eine Meditationsmeisterin zu finden. Mit ihr verbindet mich der freundschaftliche Austausch von Erfahrungen mit diesem Kurs und in der Meditationsarbeit überhaupt.

Meine Frau Irmgard und Ellen Kubitza gaben mit mir gemeinsam dem Kurs über mehrere Jahre hin sein Gesicht. Ellens Erfahrung mit Übungen zur Körperwahrnehmung, Irmgards Erfahrung mit meditativem Tanz und ihrer beider gruppenpädagogische wie therapeutische Kompetenz ist in fruchtbarem Dialog mit theologischen Aspekten und kirchlicher Tradition in alle Teile des Kurses eingeflossen. Der Abschnitt «Vorbereitende Übungen» und eine Vielzahl einzelner Übungen stammen direkt von Ellen, während die Abschnitte «Anregungen aus östlichen Traditionen», «Meditative Tänze» und viele der entsprechenden Übungen sowie die Ausführungen über «Körperlich behinderte TeilnehmerInnen» direkt von Irmgard erarbeitet wurden.

Frank Puckelwald hat dem Kurs nicht nur eine erste äußere Bleibe im Kirchencafe «Kreuz und Quer» gegeben, sondern ihn zusammen mit mir aus dem «Bayrischen» ins «Norddeutsche» «übersetzt».

Gabriele Schmitz, Dorothea Hillingshäuser und Karsten Schumacher haben bei ihrer Mitarbeit in verschieden Teams mit ihren gründlichen Nachfragen den Kurs an vielen Stellen präzisiert und durch neue Übungen bereichert.

Schließlich sind immer wieder durch die Rückmeldungen von KursteilnehmerInnen über ihre Übungserfahrungen wichtige Klärungen und Präzisierungen möglich geworden.

Mein Dank gilt aber auch allen, die zum Entstehen des Buches beigetragen haben:

Klaus Kasch machte mich auf das Thema aufmerksam und ermutigte mich immer wieder bei der Arbeit. Peter Wild brachte mich auf den Gedanken, die Erfahrungen der Kurse zu einem Buch werden zu lassen. Mein Sohn Micha, ohne dessen technische Assistenz mein PC und ich in unlösbare Konflikte geraten wären, begleitete das Werden des Buches auch inhaltlich mit aufmerksamen und kritischen Fragen.

Dank auch allen, die das Manuskript kritisch gelesen und korrigiert haben.

Zu dem Verfasser und den Mitautorinnen

Wolfgang Lenk, Jahrgang 1944, Pfarrer, Referent für Meditation im Gemeindedienst der Nordelbischen Kirche, Vorstandsmitglied der «Arbeitsgemeinschaft für evangelische Einkehrtage», Mitglied im «Loccumer Arbeitskreis für Meditation» (LAM).

Ellen Kubitza, Pädagogin, Jahrgang 1937, Referentin für Erwachsenenbildung in der Nordelbischen Kirche, Ausbildung für Bewegung und Körperbewußtsein (Kinästhetik, Eutonie, Feldenkrais) und Ausbildung für Ehe- und Lebensfragen.

Irmgard Lenk, Jahrgang 1944, Religionspädagogin, Gestaltpsychotherapeutin (HPG/ DVG) in eigener Praxis, Mitglied im «Loccumer Arbeitskreis für Meditation» (LAM).

Klassiker der Meditation
Eine spirituelle Bibliothek